21世纪高等院校金融学教材新系

金融企业会计

Financial Enterprise Accounting

（第二版）

肖 虹 ▶ 主 编
（厦门大学）

张 楠 肖静怡 ▶ 副主编

东北财经大学出版社
Dongbei University of Finance & Economics Press

·大连·

ⓒ 肖 虹 2013

图书在版编目（CIP）数据

金融企业会计／肖虹主编 . —2 版 . —大连 ：东北财经大学
出版社，2013.6（2015.1 重印）
（21 世纪高等院校金融学教材新系）
ISBN 978-7-5654-1176-2

Ⅰ. 金…　Ⅱ. 肖…　Ⅲ. 金融会计-会计-高等学校-教材
Ⅳ. F830.42

中国版本图书馆 CIP 数据核字（2013）第 086037 号

东北财经大学出版社出版
（大连市黑石礁尖山街 217 号　邮政编码　116025）
教学支持：（0411）84710309
营 销 部：（0411）84710711
总 编 室：（0411）84710523
网　　址：http：//www.dufep.cn
读者信箱：dufep@dufe.edu.cn

大连美跃彩色印刷有限公司印刷　　东北财经大学出版社发行

幅面尺寸：170mm×240mm　　字数：249 千字　　印张：15 1/2
2013 年 6 月第 2 版　　　　　2015 年 1 月第 4 次印刷

责任编辑：田玉海　　　　　　　　责任校对：纳　新
封面设计：姜　宇　　　　　　　　版式设计：钟福建

ISBN 978-7-5654-1176-2

定价：26.00 元

第二版前言

金融企业是专门从事货币信用活动的中介组织，也是现代金融市场的重要组成部分，在我国主要包括商业银行（含信用社）、保险公司、证券公司、信托投资公司、期货公司、基金管理公司、租赁公司、财务公司等。金融企业会计是会计核算的一个特定领域，是针对金融企业业务的特点所进行的账务处理。2006年，在国际会计准则趋同背景下，我国由财政部发布了新会计准则体系。为进一步规范我国金融企业会计核算，更真实、完整地提供会计信息，制定了一系列的新金融工具会计处理规则，引入了公允价值计量属性，改变了金融资产和金融负债分类标准，运用金融资产减值现值法，确立了新的金融资产终止确认标准，建立了套期保值会计和保险合同会计，使原有的金融企业会计发生了巨大的变化，对金融企业财务会计产生了重大而深刻的影响。

为方便广大读者根据有关会计法律、法规和新会计准则规定进行新金融企业会计的学习和运用，我们以金融企业为对象，特编撰了本书。本书以金融企业为对象，首先，在阐述金融企业经营特点的基础上，介绍金融企业的会计特点及会计信息质量要求。其次，根据我国有关《企业会计准则》及《企业会计准则——应用指南》，对银行、证券、保险、期货等金融企业的会计处理进行了较为系统的讲解。

本书第一版出版以来，获得了学界同仁的认可和好评，也被众多高校用作本科生的教学用书，还有热心的读者提出了宝贵的意见和建议。承蒙读者厚爱，作者团队决定修订本书。

本书的特点主要是密切结合近年来我国金融体制改革的内容，及时反映现行各项金融制度和规定的变化，比较全面地介绍了相关金融企业的基本业务，因而不仅可用于高等院校的金融企业会计教学，同时也可作为新会计准则下对金融企业会计感兴趣人士的自学材料或工作参考。

本书的编写得到了东北财经大学出版社的支持和帮助，在此一并表示衷心感谢。对于书中可能所存在的不足和问题，欢迎大家批评指正。

编 者
2013 年夏

目 录

第 1 章

绪论

★ 导读

　　金融企业会计是会计核算的一个特定领域，是针对金融企业业务的特点进行的账务处理。常见的金融企业主要有商业银行（含信用社）、保险公司、证券公司、信托投资公司、期货公司、基金管理公司、租赁公司、财务公司等，它们是现代金融市场的重要组成部分。本章从金融市场着手，层层深入，介绍金融企业及其特点。在了解金融企业的基础上，进一步介绍金融企业会计的特点，以及与金融资产、金融负债的确认计量相关的会计准则。

§1.1 金融业经营的特点

1.1.1 金融市场和金融体系

1. 金融市场

金融是指货币资金的融通及信用活动的总和。基本的金融活动包括：货币的发行与回笼；存款的吸收与提取；有价证券的发行与交易；金银和外汇的买卖；国际汇兑、信托、租赁、保险业务等。

金融市场是资金供求双方运用金融工具进行各种金融交易活动的场所。金融市场的构成要素主要有：金融市场的参与者、金融工具、交易价格、组织形式。①金融市场的参与者指参与交易的个人、企业、各级政府及政府机构、金融机构等；②金融工具指在金融市场上的交易工具，是货币资金和书面契约形式的信用工具，包括商业票据、银行承兑汇票、可转让大额定期存单、回购协议、股票和债券等；③金融市场的交易价格指利率，它能通过市场把各种金融工具的价格比较公平地反映出来；④组织形式指金融市场的交易场所。

按不同的标准，金融市场可作不同的分类：①按金融工具的成熟期限划分，可分为货币市场和资本市场；②按金融交易的标的物的性质划分，可分为外汇市场、黄金市场、保险市场、各种有价证券市场等；③按交割期划分，可分为现货市场和期货市场；④按金融工具是否为首次发行划分，可分为初级市场和二级市场（流通市场）；⑤按交易区域划分，可分为国内金融市场和国际金融市场。

2. 金融体系

金融体系是由各种金融机构组成的。各国的金融体系一般都包括银行性金融机构和非银行性金融机构两大部分。

（1）银行

我国的银行包括中央银行、商业银行、政策性银行。

①中央银行。从性质上看，中央银行是国家管理金融的机关，其受国务院的领导，制定和实施货币政策，维护金融稳定，在金融体系中处于领导地位。中央银行的主要职能有：货币的发行与流通，制定相应的货币政策；审批、监管金融机构，监督管理金融市场，发布与其职责有关的命令与规章；代理国库，持有、

管理、经营国家外汇储备和黄金储备，提供财政融资；维护社会支付、清算系统的正常运行；负责金融业的统计、调查、分析和预测；从事国际金融活动等。中国人民银行是我国的中央银行，有时也称作人民银行。

②商业银行。商业银行也称为存款货币银行，是指以吸收公众存款、发放贷款和办理结算为其基本业务的银行。商业银行是以银行利润为主要经营目标的企业法人，具有信用中介、支付中介、信用创造、调节经济和金融服务的职能。商业银行的业务包括负债业务、资产业务和中间业务。我国的商业银行可以分为：国有商业银行，如中国工商银行、中国建设银行、中国农业银行和中国银行等；股份制商业银行，如交通银行、中信实业银行、招商银行、华夏银行、光大银行、深圳发展银行、浦东发展银行、民生银行、广东发展银行、兴业银行、恒丰银行等；城市商业银行和农村商业银行。

③政策性银行。政策性银行是由政府投资设立，以贯彻国家产业政策、区域发展政策为目的，不以营利为目标的金融机构。我国目前的政策性银行有国家开发银行、中国农业发展银行、中国进出口银行等。

（2）非银行金融机构

非银行金融机构包括保险公司、证券公司、基金管理公司、信托投资公司、期货经纪公司、金融租赁公司、财务公司等。

①保险公司。保险公司是指依法成立的在保险市场上提供各类保险商品，分散和转移他人风险并承担经济损失补偿和保险给付义务的法人组织。按照分业经营的原则，可分为人寿保险公司、财产保险公司、再保险公司；按照组织形式不同，可分为国有独资保险公司和股份有限制保险公司；按照经营性质不同，可分为商业保险公司和政策性保险公司。商业保险公司是按商业原则经营，以营利为目的的保险企业；政策性保险公司是由政府或政府机构发起或出资，经营某种特定政策性保险业务的机构，如中国出口信用保险公司。

②证券公司。证券公司是指依法批准成立的从事证券经营业务的有限责任公司或股份有限公司。证券公司分为综合类证券公司和经纪类证券公司。

《中华人民共和国证券法》（以下简称《证券法》）第一百三十条规定，经纪类证券公司只允许专门从事证券经纪业务。中国证监会发布的《证券公司管理办法》第四条规定，经纪类证券公司可以从事下列业务：证券的代理买卖；代理证券的还本付息、分红派息；证券代保管、鉴证；代理登记开户。

《证券法》第一百二十九条规定，综合类证券公司可以经营下列证券业务：证券经纪业务；证券自营业务；证券承销业务；经国务院证券监督管理机构核定的其他证券业务。中国证监会发布的《证券公司管理办法》第五条规定，综合类证券公司除可以从事第四条所列各项业务外，还可以从事下列业务：证券的自营买卖（自营业务是指证券公司为了获取证券买卖价差收入，而在证券市场上进行证券买卖）；证券的承销；证券投资咨询（含财务顾问）；受托投资管理（受托投资管理业务是指证券公司作为受托投资管理人，依据有关法律、法规和投资委托人的投资意愿，与委托人签订受托投资管理合同，把委托人委托的资产在证券市场上从事股票、债券等金融工具的组合投资，以实现委托资产收益最优化的行为）；中国证监会批准的其他业务。

③基金管理公司。证券投资基金是指一种利益共享、风险共担的集合证券投资方式，即通过发行基金单位，集中投资者的资金，由基金托管人托管，由基金管理人管理和运用资金，从事股票、债券等金融工具投资。基金管理公司可从事基金管理、发起设立基金业务。

④信托投资公司。所谓信托，是指委托人基于对受托人的信任，将其财产权委托给受托人，由受托人按委托人的意愿以自己的名义，为受益人的利益或者特定目的，进行管理或者处分的行为。信托投资公司，是指依法设立的主要经营信托业务的金融机构。《信托投资公司管理办法》第二十条规定，信托投资公司可以申请经营下列部分或者全部本外币业务：受托经营资金信托业务，即委托人将自己合法拥有的资金，委托信托投资公司按照约定的条件和目的，进行管理、运用和处分；受托经营动产、不动产及其他财产的信托业务，即委托人将自己的动产、不动产以及知识产权等财产、财产权，委托信托投资公司按照约定的条件和目的，进行管理、运用和处分；受托经营法律、行政法规允许从事的投资基金业务，作为投资基金或者基金管理公司的发起人从事投资基金业务；经营企业资产的重组、购并及项目融资、公司理财、财务顾问等中介业务；受托经营国务院有关部门批准的国债、政策性银行债券、企业债券等债券的承销业务；代理财产的管理、运用和处分；代保管业务；信用鉴证、资信调查及经济咨询业务；以固有财产为他人提供担保；中国人民银行批准的其他业务。

⑤期货经纪公司。期货是一种合约，承诺在固定期限内以一个特定价格买入或卖出固定数量的商品或金融产品。期货交易是在现货交易的基础上发展起来

的，通过在期货交易所买卖标准化的期货合约而进行的一种有组织的交易方式。在期货市场中，大部分交易者买卖的期货合约在到期前，以对冲的形式了结。也就是说，买进期货合约的人，在合约到期前可以将期货合约卖掉；卖出期货合约的人，在合约到期前可以买进期货合约来平仓。先买后卖或先卖后买都是允许的。一般来说，期货交易中进行实物交割的只有很少量的一部分。期货交易的对象并不是商品（标的物），而是商品（标的物）标准化合约，其目的是转移价格风险或获取风险利润。

期货分为商品期货和金融期货。所谓商品期货，是指标的物为实物商品的期货合约。商品期货交易是代表特定商品的标准化合约（即期货合约）的买卖。期货合约对商品的质量、规格，交货的时间、地点等都做统一的规定，唯一的变量是商品的价格。买卖者交纳一定的保证金后，按一定的规则就可通过商品期货交易所公开地竞价买卖。

商品期货合约包括的范围很广，但可以分为三大类：农产品期货、能源期货和金属期货（贵金属和一般工业金属）。这三类商品期货合约加起来，约占世界期货市场交易总量的40%。经中国证监会批准，我国可以上市交易的期货品种有：

中国郑州商品交易所：小麦、绿豆、红小豆、花生仁。

大连商品交易所：大豆、豆粕、啤酒小麦。

上海期货交易所：铜、铝、籼米、胶合板、天然橡胶。

金融期货合约是一种具有法律约束力的买卖承诺，合约双方必须在一个指定的未来日期，按指定的价格买入或卖出一种特定的金融工具。金融期货是传统的商品期货交易的演变和发展，同时也是一种特殊形式的商品期货交易，即非实物商品的金融商品或称金融工具的期货交易。按被交易的金融商品的不同，金融期货可分为外汇期货、利率期货、股票指数期货等。

期货经纪公司是经中国证监会批准并在国家工商行政管理局注册代理客户进行期货交易，并提供有关期货交易服务的独立法人。按照中国证监会的规定，期货经纪公司不能从事自营交易，只能为客户进行代理交易，是收取佣金的中介机构，接受客户的买卖委托指令，通过交易所完成交易。

⑥金融租赁公司。金融租赁公司是指经中国人民银行批准以经营融资租赁业务为主的非银行金融机构。中国人民银行2 000年6月30日发布的《金融租赁

公司管理办法》第十八条规定，经中国人民银行批准，金融租赁公司可经营下列本外币业务：直接租赁、回租、转租赁、委托租赁等融资性租赁业务；经营性租赁业务；接受法人或机构委托租赁资金；接受有关租赁当事人的租赁保证金；向承租人提供租赁项下的流动资金贷款；有价证券投资、金融机构股权投资；经中国人民银行批准发行金融债券；向金融机构借款；外汇借款；同业拆借业务；租赁物品残值变卖及处理业务；经济咨询和担保；中国人民银行批准的其他业务。

⑦财务公司。财务公司是指为集团成员单位提供金融服务的非银行金融机构。《企业集团财务公司管理暂行办法》第二十三条规定，财务公司可以经营下列业务：吸收成员单位的本、外币存款；经批准发行财务公司债券；对成员单位发放本、外币贷款；对成员单位产品的购买者提供买方信贷；对成员单位办理委托贷款业务；办理同业拆借业务；对成员单位办理票据承兑、票据贴出；买卖和代理成员单位买卖债券、外汇；办理成员单位产品的融资租赁业务；办理成员单位的委托投资业务；办理成员单位间的内部转账结算；承销及代理发行成员单位企业债券；为成员办理担保、信用鉴证、资信调查、经济咨询业务；经中国人民银行批准的其他业务。

⑧信用合作组织。信用合作组织包括城市信用合作社和农村信用合作社，是群众性合作制金融组织。1995 年，国务院决定在城市信用合作社的基础上组建城市商业银行，以形成规模，提高规避风险的能力。目前多数城市信用合作社经过清产核资，吸收地方财政、企业入股组建成为城市商业银行。2001 年 11 月，江苏张家港、常熟、江阴三个县级市的农村信用合作社也改制组建成为农村商业银行。

⑨典当行。典当，是指当户将其动产、财产权利作为当物质押或者将其房地产作为当物抵押给典当行，交付一定比例费用，取得当金，并在约定期限内支付当金利息、偿还当金、赎回当物的行为。典当行，是指依法设立的专门从事典当活动的企业法人。我国《典当行管理办法》第二十二条规定，经批准，典当行可以经营下列部分或者全部业务：质押典当业务；房地产抵押典当业务；限额内绝当物品的变卖；鉴定评估及咨询服务；国家经济贸易委员会依法批准的其他业务。

⑩邮政储汇局。邮政储汇局是国家邮政局直属局，它是以个人为服务对象，

以经办储蓄和个人汇兑等负债、结算业务为主的金融机构。各省（区、市）设邮政储汇局，隶属于本地区邮政局。邮政储汇局的国内邮政汇兑业务主要有普通汇款、电报汇款、入账汇款、礼仪汇款等，代理业务品种主要有代理保险、代理国债、代收代付（如代发工资、代发养老金、代收电话费）等。

1.1.2　金融企业及其经营的特点

金融企业包括商业银行（含信用社）、保险公司、证券公司、信托投资公司、期货公司、基金管理公司、租赁公司、财务公司等。

金融企业进行金融交易是一种有偿转让资金的活动，其业务内容是各种方式的资金借贷和证券买卖。作为金融交易对象的借贷资金和有价证券，与工商企业经营的一般商品不同，它具有偿还性，货币资金存入（或借入）及贷出后，并不改变其所有权关系，而只是在一定期限内暂时让渡其使用权。利率是影响金融商品盈利性的基本因素，从而对其流动性、安全性（或风险性）产生重要影响。

金融企业与工商企业有着较大的差别。下面以银行为例说明金融企业的特点。银行是经营货币信用的机构，其主要经济活动是筹集、融通和分配资金。银行经营的基本业务活动主要包括吸收存款、发放贷款、办理储蓄、转账结算、现金收付、票据贴现、金银外汇买卖、信托租赁等。银行经营的业务，绝大部分是货币资金的收、付或返回，即货币资金运动。它既没有工、农、商等企业的经营资金循环周期的内容，也不同于预算单位资金收、支、领、报的单一货币收付工程。在工、农、商等产业部门，各企业从事的经营业务活动与财务活动往往是分离的，如工业企业的产品生产由生产部门负责，财务活动则由财会部门负责。而银行不同，由于它的经营对象本身就是货币，各项业务活动的直接结果大部分是引起货币资金的增减变动，因而银行的经济活动主要表现为财务活动。

§1.2　金融企业会计的特点

1.2.1　金融企业会计的内容

金融企业会计，是指以货币为主要计量手段，采用独特的会计方法（如科目设置、凭证设置、复式计账、账簿登记、财产清查、报表编制等），对金融企业的经营活动过程进行全面、系统、连续的核算和控制，为金融企业的利害关系人提供决策所需的财务和相关经济信息的信息系统。

金融企业会计分为银行会计和非银行金融机构会计两大部分。银行会计由商业银行会计、中央银行会计和政策性银行会计共同构成，而非银行金融企业会计则适用于保险公司、租赁公司、财务公司和证券公司等金融企业。除中央银行会计和政策性银行会计外，其余都属于金融企业会计。

根据我国的《企业会计准则》、《企业会计制度》和《金融企业会计制度》的相关规定，金融企业会计的基本要素，可以分为资产、负债、所有者权益、收入、费用和利润。

1.2.2 金融企业会计的主要特点

由于金融企业自身业务及其资金运动的特殊性，金融企业会计除具有主要基于历史成本核算、以货币为计量单位、按照权责发生制的要求确认收入和费用、会计处理过程需要大量估计和判断等一般企业会计特点外，还有以下特点：

1. 金融企业会计在核算工作中具有自己独特的会计方法

金融企业的经营活动主要是货币资金借贷和有价证券交易，所以在大量资金流动的同时，企业本身并没有多少物资流动。因此，金融企业的流动资产基本上属于货币性资产，而不存在一般意义上的存货。至于负债，由于金融企业属于高度负债经营的企业，所以其负债的种类较多。金融企业的营业收入主要是利息收入、手续费收入、租赁收入，其营业支出主要是利息支出、手续费支出、营业费用；而出售自营买卖和代发行的证券，则以其销售收入与销售成本的差价收入作为营业收入。

与金融企业的业务特点相适应，金融企业会计在会计科目设置、凭证编制、账务处理程序等方面都有别于其他行业。例如，在记账方法上，银行会计同时采用复式记账法和单式记账法，涉及表内科目增减的业务采用复式记账法，涉及表外科目增减变化的业务采用单式记账法，进行表外核算。表外核算业务是金融会计的一大特点。银行的会计凭证（传票）除少量是自行编制外，对外业务绝大多数是其他单位提交的外部凭证。在账簿设置上，银行会计也与一般企业有较大差别，例如，为了便于计算利息，设置计息式账页。

2. 金融企业会计的核算业务具有统一性

金融企业会计的核算业务与其经营业务密切相关，往往是同时进行，具有统一性。以存款业务为例，客户提交存款凭条，银行职员接单审核，对审核过的凭单进行处理、传递和登账的过程，既是银行开展经营业务活动的过程，又是完成会计核算的过程，业务活动结束之时，也是会计核算工作基本完成之时。这种特点在其他行业会计核算中并不多见。

3. 金融企业会计具有严密的内部监督机制

金融企业会计在国民经济中具有举足轻重的地位和作用，要求金融企业会计核算做到准确、及时、真实、完整。[1] 此外，由于货币资金具有极强的流动性，而货币又是金融企业尤其是银行的经营对象，因而容易发生舞弊事件。金融企业的涉及面广，对于金融体系的稳定乃至社会的稳定都具有重要意义，这就决定金融企业在管理上必须有严密的监督机制。

§1.3　金融企业会计的信息质量要求

会计信息是特定经济主体会计行为的结果，在经济生活中发挥着重要作用。会计信息质量要求是对企业财务报告中所提供会计信息质量的基本要求。金融企业会计核算一般相对复杂，尤其需要重视会计信息质量要求。巴塞尔银行监管委员会（Basle Committee on Banking Supervision）1998 年 9 月发布的《增强银行透明度》研究报告认为：披露本身并不必然导致透明；为实现透明，必须提供及时、准确、相关和充分的定性与定量信息披露，且这些披露必须建立在完善的计量原则之上。透明信息的质量特征包括：全面（comprehensiveness）、相关和及时（relevant and timeliness）、可靠（reliability）、可比（comparability）、重大（materiality）。

在我国，根据财政部 2006 年颁布的《企业会计准则——基本准则》的规定，会计信息质量要求包括可靠性、相关性、可理解性、可比性、实质重

---

[1]　王允平、关新红、李晓梅：《金融企业会计学》，6~7 页，北京，经济科学出版社，2007。

于形式、重要性、谨慎性和及时性。这些要求对金融企业会计同样适用，是使财务报告中所提供的会计信息对投资者等使用者决策有用应具备的基本特征。

1. 可靠性

可靠性要求金融企业应当以实际发生的交易或者事项为依据进行会计确认、计量和报告，如实反映符合确认和计量要求的各项会计要素及其他相关信息，保证会计信息真实可靠、内容完整。

2. 相关性

相关性要求金融企业提供的会计信息应当与财务会计报告使用者的经济决策需要相关，有助于财务会计报告使用者对企业过去、现在或者未来的情况作出评价或者预测。

可靠性和相关性是会计信息的主要质量特征，其中可靠性包括如实反映、中立性、可验证性、谨慎性和实质重于形式，相关性包括预测价值、反馈价值和及时性。[①]

3. 可理解性

可理解性要求金融企业提供的会计信息应当清晰明了，便于财务会计报告使用者理解和使用。可理解性包括列报形式、文字措辞和辅助形式等都要清晰准确，便于理解和掌握。

4. 可比性

可比性要求金融企业提供的会计信息应当相互可比。其包括两层含义：同一企业不同时期发生的相同或者相似的交易或者事项，应当采用一致的会计政策，不得随意变更；不同企业发生的相同或者相似的交易或者事项，应当采用规定的会计政策，确保会计信息口径一致、相互可比。

5. 实质重于形式

实质重于形式要求金融企业应当按照交易或者事项的经济实质进行会计确认、计量和报告，不应仅以交易或者事项的法律形式为依据。

6. 重要性

重要性要求金融企业提供的会计信息应当反映与企业财务状况、经营成果和

---

① 王铁燕：《会计信息质量特征研究》，东北财经大学博士论文，2007。

现金流量等有关的所有重要交易或者事项。重要交易或者事项往往指对金融企业的资产、负债、损益等有较大影响，进而影响财务会计报告使用者据以作出合理判断的会计事项，因此需要充分披露。

7. 谨慎性

谨慎性要求金融企业在不影响合理反映经济业务和会计事项的前提下，对交易或者事项进行会计确认、计量和报告时应当保持应有的谨慎，不应高估资产或者收益、低估负债或者费用。①

8. 及时性

及时性要求金融企业对于已经发生的交易或者事项，应当及时进行会计确认、计量和报告，不得提前或者延后。

§1.4　金融企业会计核算

1.4.1　金融企业会计科目的分类

根据我国《企业会计准则——基本准则》、《企业会计准则第 22 号——金融工具的确认和计量》等的规定，金融企业的会计科目可以分为五大类：资产类、负债类、资产负债共同类、所有者权益类和损益类。

其中，资产负债共同类科目是由金融企业业务活动的特殊性所导致的。如银行中的联行往来的核算科目以及清算资金往来、货币兑换、衍生工具等科目，根据其记录业务的性质，有时反映资产的占用或债权的形成，有时反映负债的形成和资金的来源，这类科目的期末余额有时反映在借方，有时反映在贷方，有时借贷方同时反映，具有双重性质。

此外，金融企业还可以设置表外科目对一些资金运动方面的业务事项进行核算。比如或有事项和承诺事项，主要有未收逾期贷款利息、商业汇票的承兑与贴现、开出或收到信用证保证凭证等，还有各种重要的有价单证和财产的保管等。表外科目采用收或付方式进行单式记账。②

---

① 相关会计信息质量要求具体内容参见 2006 年 2 月 15 日财政部颁布的《企业会计准则——基本准则》。

② 王允平、关新红、李晓梅：《金融企业会计学》，10～12 页，北京，经济科学出版社，2007。

1.4.2 金融资产和负债的确认和计量

1. 金融资产和负债的分类

考虑到金融业务的特点，新准则对金融资产和金融负债进行了新的表述和分类。金融资产是企业资产的重要组成部分，主要包括库存现金、银行存款、应收账款、应收票据、其他应收款项、股权投资、债权投资、衍生工具形成的资产等，在初始确认时将金融资产划分为四类：

（1）以公允价值计量且其变动计入当期损益的金融资产，包括交易性金融资产和指定为以公允价值计量且其变动计入当期损益的金融资产；

（2）持有至到期投资；

（3）贷款和应收款项；

（4）可供出售金融资产。

2005 年 8 月，国际会计准则委员会完成了对《国际会计准则第 39 号——金融工具确认和计量》的修订，其中指出，金融资产包括：以公允价值计量且其变动计入当期损益的金融资产；持有至到期的投资；贷款和应收款项；可供出售的金融资产。可见，在金融资产的分类上，我国企业会计准则与国际会计准则是一致的。

在金融负债方面，金融负债是指企业向其他单位支付现金或其他金融资产的合同义务。我国新会计准则将金融负债划分为两类：

（1）以公允价值计量且其变动计入当期损益的金融负债；

（2）其他金融负债。

与我国会计准则相区别的是，国际会计准则并无金融负债分类方面的相关规定。

2. 金融资产和负债的确认计量

《企业会计准则第 22 号——金融工具确认和计量》第二十四条规定：企业成为金融工具合同的一方时，应当确认一项金融资产或金融负债。

第二十五条规定：金融资产满足下列条件之一时，应当终止确认：

（1）收取该金融资产现金流量的合同权利终止；

（2）该金融资产已转移，且符合《企业会计准则第 23 号——金融资产转移》规定的金融资产终止确认条件。

第二十六条规定：金融负债的现时义务全部或部分已解除时，才能终止确认该金融负债或其一部分。企业将用于偿付金融负债的资产转入某个机构或设立信托，偿付债务的现时义务仍存在的，不应当终止确认该金融负债，也不能终止确认转出的资产。

《国际会计准则第 39 号——金融工具确认和计量》的不同之处在于其规定了准则的主体，包括企业、政府机构、个人、信托等，其适用的主体范围比我国广。国际会计准则规定：当且仅当主体成为一项金融工具合同条款的一方时，主体才应在其资产负债表中确认为一项金融资产或金融负债。

3. 会计计量属性

（1）历史成本

在历史成本计量下，资产按照购置时支付的现金或者现金等价物的金额，或者按照购置资产时所付出的对价的公允价值计量。负债按照因承担现时义务而实际收到的款项或者资产的金额，或者承担现时义务的合同金额，或者按照日常活动中为偿还负债预期需要支付的现金或者现金等价物的金额计量。

（2）重置成本

在重置成本计量下，资产按照现在购买相同或者相似资产所需支付的现金或者现金等价物的金额计量，负债按照现在偿付该项债务所需支付的现金或者现金等价物的金额计量。

（3）可变现净值

在可变现净值计量下，资产按照其正常对外销售所能收到现金或者现金等价物的金额扣减该资产至完工时估计将要发生的成本、估计的销售费用以及相关税费后的金额计量。

（4）现值

在现值计量下，资产按照预计从其持续使用和最终处置中所产生的未来净现金流入量的折现金额计量。负债按照预计期限内需要偿还的未来净现金流出量的折现金额计量。

（5）公允价值

在公允价值计量下，资产和负债按照在公平交易中，熟悉情况的交易双方自愿进行资产交换或者债务清偿的金额计量。

公允价值被提出可以追溯至 1898 年。美国高等法院在 1898 年史密斯与阿迈斯一案的判例中裁定，投资者应予容许按投资财产的公允价值，而不是按历史成本来获得公正的利润。会计上正式提到公允价值是在 1953 年美国注册会计师协会发布的第 43 号会计公告。1990 年 9 月，美国证券交易委员会主席理查德·C. 布雷登首次提出，应当以公允价值作为金融工具的计量属性。①

应用公允价值计量金融资产，符合谨慎性原则，提高了会计信息的相关性、可靠性，以及信息的可比性，体现了衍生金融工具会计处理的完整性和一贯性，为积极的金融风险管理提供了会计依据。此外，公允价值计量方法避免了稳健性原则下企业只能汇报资产价值减少，而不能汇报资产价值增加的偏向，这种方法追求的是信息的准确性，对于股权投资者来说，会计信息的准确性比可靠性更重要。②

但同时对公允价值计量的批评之声也不绝于耳，尤其是受金融危机的影响，对公允价值的批评更是一浪高过一浪。首先，公允价值的取得比较困难，尤其是在没有公开市场的情况下，利用模型进行估价不得不依赖于一些假设条件，而现实中这些假设往往很难实现或很容易发生变化，这就使得用公允价值进行计量的准确性降低；其次，如果按照活跃的市场价值对相关资产进行计量，那么，由于市场的波动性，将会使企业利润产生较大的波动性，不利于对企业管理层进行绩效考核，以及对企业进行比较分析；最后，公允价值变动收益是企业尚未实现的利得，并没有现金流入，它作为企业利润的一部分，如果像经营利润一样参与企业的利润分配，势必会增加企业的现金流出。

★ 本章小结

1. 金融是指货币资金的融通及信用活动的总和。基本的金融活动包括：货币的发行与回笼；存款的吸收与提取；有价证券的发行与交易；金银和外汇的买卖；国际汇兑、信托、租赁、保险业务等。

2. 金融市场是资金供求双方运用金融工具进行各种金融交易活动的场所。金融市场的构成要素主要有：金融市场的参与者、金融工具、交易价格、组织形式。

---

① 任世驰、陈炳辉：《公允价值会计研究》，载《财经理论与实践》，2005（1）。
② 姜国华、张然：《稳健性与公允价值：基于股票价格反应的规范性分析》，载《会计研究》，2007（6）。

3. 金融体系是由各种金融机构组成的。各国的金融体系一般都包括银行性金融机构和非银行性金融机构两大部分。

4. 金融企业包括商业银行（含信用社）、保险公司、证券公司、信托投资公司、期货公司、基金管理公司、租赁公司、财务公司等。

5. 金融企业会计，是指以货币为主要计量手段，采用独特的会计方法（如科目设置、凭证设置、复式计账、账簿登记、财产清查、报表编制等），对金融企业的经营活动过程进行全面、系统、连续的核算和控制，为金融企业的利害关系人提供决策所需的财务和相关经济信息的信息系统。

6. 金融资产是企业资产的重要组成部分，在初始确认时将金融资产划分为四类：以公允价值计量且其变动计入当期损益的金融资产，包括交易性金融资产和指定为以公允价值计量且其变动计入当期损益的金融资产；持有至到期投资；贷款和应收款项；可供出售金融资产。金融负债是指企业向其他单位支付现金或其他金融资产的合同义务。我国新会计准则将金融负债划分为两类：以公允价值计量且其变动计入当期损益的金融负债；其他金融负债。

7. 金融企业会计计量属性包括：历史成本、重置成本、可变现净值、现值、公允价值。其中，公允价值作为一种计量属性在学术界颇有争议。

★ 关键概念

金融市场　商业银行　金融企业会计　公允价值

★ 综合训练

1.1　单项选择题

1. 下列不属于金融企业的是(　　　)。

A. 中国人寿保险公司　　　　　　B. 中信证券公司

C. 中国工商银行　　　　　　　　D. 中国国家开发银行

2. 下列不是中央银行的职责的是(　　　)。

A. 审批、监管金融机构，监督管理金融市场，发布与其职责有关的命令与规章

B. 代理国库，持有、管理、经营国家外汇储备和黄金储备，提供财政融资

C. 贯彻国家产业政策、区域发展政策，不以营利为目标

D. 维护社会支付、清算系统的正常运行

3. 甲企业发行期权用"衍生工具"科目核算,乙企业买入期权也通过"衍生工具"科目核算,这说明"衍生工具"具有(   )科目的特点。

A. 资产类   B. 负债类

C. 所有者权益类   D. 资产负债共同类

4. 租赁公司将资产以融资租赁方式租出后,不再将其视为企业的资产计提折旧,体现的会计信息质量要求是(   )。

A. 实质重于形式   B. 可靠性

C. 谨慎性   D. 相关性

5. 下列不属于金融资产的是(   )。

A. 存放在保险柜里的现金   B. 应收客户的销售款项

C. 发行在外的债券   D. 持有的甲公司的股权

1.2 多项选择题

1. 按交割期划分,金融市场可分为(   )。

A. 现货市场   B. 资本市场

C. 初级市场   D. 期货市场

2. 商业银行的职能包括(   )。

A. 信用中介   B. 支付中介

C. 金融服务   D. 发行货币

3. 下列银行属于中央银行的有(   )。

A. 汇丰银行   B. 中国人民银行

C. 美国联邦储备局   D. 英格兰银行

4. 金融企业会计的特点包括(   )。

A. 金融企业会计有严密的内部监督机制

B. 金融企业会计的经营业务活动和会计核算过程往往同时进行

C. 金融企业的流动资产主要是货币资产,会计核算主要是核算资金业务的收支

D. 金融企业采用复式记账法进行会计核算

5. 应用公允价值计量金融资产,符合(   )要求。

A. 相关性   B. 可比性

C. 谨慎性　　　　　　　　　　　　D. 可靠性

1.3　思考题

1. 我国的金融机构有哪几类？

2. 金融企业经营的特点是什么？

3. 金融企业会计的特点是什么？

4. 金融企业会计信息质量要求有哪些？

5. 金融资产的计量属性是怎样的？

第 2 章

金融企业收入、
成本费用和利润

★ **导读**

　　金融企业由于其自身的特点，在收入、费用和利润的核算上区别于其他行业。金融企业的收入主要包括：利息收入、手续费及佣金收入、保费收入、租赁收入、其他业务收入、汇兑损益、公允价值变动损益、投资收益和营业外收入等。金融企业的成本费用主要包括：利息支出、手续费及佣金支出、提取未到期责任准备金、提取保险责任准备金、赔付支出、保单红利支出、退保金、分出保费、分保费用、其他业务成本、营业外支出等。本章在介绍金融企业各项收入及成本费用的基础上，引出利润的计算，并举例进行介绍，以加深读者的理解。

§2.1 金融企业收入、成本费用

金融企业是专门经营货币和信用业务，为金融市场中借贷双方提供中介服务的中介机构。它包括银行机构以及保险公司、证券公司、信托公司、融资租赁公司等非银行机构两类。作为主要从事存贷款、代理证券销售与发行、租赁、外汇买卖等经营活动的特殊企业，金融企业的收入、费用内容与核算方法，与其他行业相比具有很大的不同。

2.1.1 营业收入的确认与分类

根据我国《金融企业会计制度》的规定，金融企业提供金融商品服务所取得的收入，主要包括利息收入、手续费及佣金收入、保费收入、租赁收入、其他业务收入、汇兑损益、公允价值变动损益、投资收益和营业外收入等。[①]

不同性质的金融企业，其主营收入的主要内容也有所不同。例如，信托投资公司的主营收入包括信托贷款利息收入、委托贷款手续费收入、汇兑收益等；基金公司的主营收入包括股票差价收入、债券差价收入、卖出回购证券收入和股利收入；租赁公司的主营收入包括融资租赁的利息收入、手续费收入、经营租赁的租金收入以及转租赁业务的租入与租出的租金差价收入；证券公司的主营收入包括证券发行差价收入、证券自营差价收入、买入返售证券收入、卖出回购证券收入等；利息收入、手续费收入、贴现利息收入等是银行的主营收入，而保费收入则为保险公司的主营收入。

在收入方面，现将我国《企业会计准则第 14 号——收入》与《国际会计准则第 18 号——收入》进行比较，见表 2—1。

金融企业应当根据收入的性质，按照收入确认的条件，合理地确认和计量各项收入。

1. 利息收入

利息收入是金融企业因发放各项贷款和办理贴现等融出资金业务而按照适用利率和计息期限计算收取的利息，包括短期与中长期信用贷款、信托贷款、保证

---

① 参见《金融企业会计制度》（2007）新会计科目表。

表 2—1   《企业会计准则第 14 号——收入》

与《国际会计准则第 18 号——收入》比较①

项目	我国企业会计准则	国际会计准则
定义	收入是指企业在日常活动中形成的、会导致所有者权益增加的、与所有者投入资本无关的经济利益的总流入	收入指主体在正常经营活动中形成的、导致本期内权益增加的经济利益的总流入，但不包括与权益出资者相关的权益增加
适用范围	涉及的收入包括商品销售收入、提供劳务收入和让渡资产使用权收入 采取权益法核算的长期股权投资、非货币性资产、建造合同、租赁、原保险合同、再保险合同等形成的收入，适用于其他相关会计准则	收入包括商品销售收入、提供劳务收入和提供他人使用主体的资产产生的利息收入、特许权使用费收入和股利 不涉及以下几个方面形成的收入：租赁协议；按权益法核算的投资所产生的股利；保险公司的保险合同；金融资产和金融负债公允价值的变动或其处置；其他流动资产价值的变动；与农业资产相关的生物资产的初始确认及其公允价值变动；农产品的初始确认；矿产的开采
计量	企业应当按照从购货方已收或应收的合同或协议价款确定商品销售收入金额，已收或应收的合同或协议价款显失公允的除外 企业应当按照从接受劳务方已收或应收的合同或协议价款确定提供劳务收入总额，已收或应收的合同或协议价款显失公允的除外	收入按其已收或应收对价的公允价值计量
提供劳务收入确认	企业在资产负债表日提供劳务交易的结果能够可靠估计的，应当按照完工百分比法确认提供劳务收入 企业在资产负债表日提供劳务交易结果不能够可靠估计的，应当分别下列情况处理： （1）已发生的劳务成本预计能够得到补偿，应按已经发生的劳务成本金额确认收入，并按相同金额结转成本； （2）已发生的劳务成本预计不能够得到补偿的，应当将已经发生的劳务成本计入当期损益，不确认提供劳务收入	在实务中，如果特定时间内提供劳务的作业量不能确定，则该期间的收入应采用直线法确认，除非有证据说明其他方法能更好地反映完工程度
让渡资产使用权收入确认	让渡资产使用权收入同时满足下列条件的，才能予以确认： （1）相关的经济利益很可能流入企业； （2）收入的金额能够可靠计量	只有与交易相联系的经济利益很可能流入企业时，收入才被确认。然而，如果早已包括在收入中的某一金额的可收回性出现不确定因素时，对于无法收回的金额或者不再是很可能补偿的金额，则应确认为费用，而不是作为原已确认收入金额的调整数

贷款、抵押和质押贷款利息收入、贴现利息收入等，金融企业应在实际持有期内

---

① 表格参考王建新：《国际财务报告准则简介及与中国会计准则比较》，北京，人民出版社，2008。

按利率逐日计提的金额入账。对于各项贷款，我国《金融企业会计制度》第八十五条规定："金融企业发放的贷款，应当按期计提利息并确认收入。发放贷款到期（含展期，下同）90 天后尚未收回的，其应计利息停止计入当期利息收入，纳入表外核算；已计提的贷款应收利息，在贷款到期 90 天后仍未收回的，或在应收利息逾期 90 天后仍未收回的，冲减原已计入损益的利息收入，转作表外核算。非银行金融企业除贷款以外的融出资金，其计提的利息按上述原则处理。"

（1）金融企业在计息当期收到利息时，会计分录为：

借：××存款等科目

　　贷：利息收入

（2）金融企业本期应收取利息，计提应收利息时，会计分录为：

借：应收利息

　　××贷款（利息调整）

　　贷：利息收入

或：

借：应收利息

　　贷：利息收入

　　　　××贷款（利息调整）

收到利息时，会计分录为：

借：××存款等科目

　　贷：应收利息

2. 手续费收入

手续费收入是指金融企业提供在办理各种自营及代理业务时，按规定所收取的各项手续费，包括结算业务手续费收入、咨询业务手续费收入、担保业务手续费收入、委托及代理业务手续费收入、证券买卖手续费收入、其他手续费收入等。

（1）金融企业确认手续费收入时，会计分录为：

借：应收账款等科目

　　贷：手续费收入

（2）金融企业实际收到手续费收入时，会计分录为：

借：库存现金或存放中央银行款项等科目

贷：应收账款等科目

3. 保费收入、分保费收入

保费收入核算金融企业根据原保险合同准则确认的原保险合同保费收入的增减变动情况；分保费收入核算金融企业根据再保险合同准则确认的再保险合同分入保费所取得收入的增减变动情况。保险公司的保费、分保费收入应在保险合同成立并承担相应保险责任、与保险合同相关的经济利益能够流入以及与保险合同相关的收入和成本能够可靠地计量等条件均能满足时予以确认。

（1）确认保费收入时，会计分录为：

借：应收账款等科目

　　贷：保费收入

非寿险保险合同提前解除，按合同规定退还投保人部分保费时，会计分录为：

借：保费收入

　　贷：库存现金等科目

（2）确认分保费收入时，会计分录为：

借：应收分保账款

　　贷：分保费收入

4. 租赁收入

租赁收入科目用于核算金融企业根据租赁准则确认的租赁收入的增减变动情况，按照租赁资产类别进行明细核算。租赁分为经营租赁和融资租赁，根据《企业会计准则第 21 号——租赁》的规定，对于经营租赁的租金，出租人应当在租赁期内各个期间按照直线法确认为收入，其他方法更为系统合理的，也可以采用其他方法。对于融资租赁，出租人应当在租赁期开始日，将租赁开始日最低租赁收款额与初始直接费用之和作为应收融资租赁款的入账价值，并同时记录未担保余值，将最低租赁收款额、初始直接费用与未担保余值之和与其现值之和的差额确认为未实现融资收益。

（1）确认租赁收入时，融资租赁会计分录为：

借：未实现融资收益等科目

　　贷：租赁收入

（2）确认租赁收入时，经营租赁会计分录为：

借：应收账款或银行存款等科目

　　贷：租赁收入

5. 其他业务收入

其他业务收入是指金融企业经营的除主营业务收入以外的其他业务所取得的收入，包括出租固定资产（租赁公司出租固定资产取得的收入通过"租赁收入"科目核算）、转让无形资产等取得的收入。其他业务收入应在全部款项收妥后才予以确认。

确认其他业务收入时，其会计分录为：

借：应收账款等科目

　　贷：其他业务收入

6. 汇兑收益

汇兑收益是金融企业在经营外汇买卖、外币兑换以及结售汇业务过程中，有效利用利率、汇率变动而发生的收益。汇兑收益应根据买入、卖出价差和汇率变动的净收益确认。金融企业采用分账制核算的，期（月）末将所有以外币表示的"货币兑换"科目余额按期（月）末汇率折算为记账本位币金额，折算后的记账本位币金额与"货币兑换——记账本位币"科目余额进行比较，如为贷方差额的，借记"货币兑换——记账本位币"科目，贷记"汇兑收益"科目，为借方差额的做相反的会计分录。[①]

（1）如为贷方余额，即发生收益，会计分录为：

借：货币兑换——记账本位币

　　贷：汇兑收益

（2）如为借方余额，即发生损失，会计分录为：

借：汇兑收益

　　贷：货币兑换——记账本位币

7. 公允价值变动损益

公允价值变动损益是金融企业持有的金融资产或金融负债，由于公允价值变动形成的损益。该科目核算商业银行在初始确认时划分为以公允价值计量且其变动计入当期损益的金融资产或金融负债（包括交易性金融资产或金融负债和直接指定为以

---

① 孟艳琼：《金融企业会计》，271～272 页，武汉，武汉理工大学出版社，2007。

公允价值计量且其变动计入当期损益的金融资产或金融负债），以及采用公允价值计量模式的衍生工具、套期业务中公允价值变动形成的应计入当期损益的利得或损失。金融企业持有的金融资产或金融负债公允价值可能高于或低于账面余额，因此公允价值变动收益减去公允价值变动损失后，以净额在利润表中进行列报。

以交易性金融资产或以公允价值模式计量的衍生工具等的核算为例：

（1）资产负债表日，交易性金融资产或以公允价值模式计量的衍生工具的公允价值与其账面余额比较，分为高于和低于情况，会计分录为：

借：交易性金融资产——公允价值变动

  贷：公允价值变动损益

或：

借：公允价值变动损益

  贷：交易性金融资产——公允价值变动

（2）出售时，会计分录为：

借：存放中央银行款项等科目

    投资收益

  贷：交易性金融资产——公允价值变动（账面余额）

或：

借：存放中央银行款项等科目

  贷：交易性金融资产——公允价值变动（账面余额）

      投资收益

同时，将原计入该金融资产或金融负债的公允价值变动转出，会计分录为：

借：公允价值变动损益

  贷：投资收益

或：

借：投资收益

  贷：公允价值变动损益

8. 投资收益

投资收益是金融企业在一定的会计期间通过购买有价证券或以现金、无形资产、实物等对外投资所取得的收益。金融企业通过各种形式的对外投资所取得的收益，应设置"投资收益"科目进行核算。投资收益主要包括：企业对外进行长期股权投资按照长期股权投资准则确认的损益；企业根据投资性房地产准则确认的采用公允价值模式计量的投资性房地产的租金收入和处置损益；企业处置交易性金融资产、交易性金融负债实现的损益；企业处置可供出售金融资产实现的损益；企业的持有至到期投资和买入返售金融资产在持有期间取得的投资收益和处置损益；证券公司自营证券所取得的买卖价差收入等。

"投资收益"科目可按投资项目进行明细核算，期末将该科目余额转入"本年利润"科目，本科目结转后无余额。在利润表上，投资收益应按对外投资所取得的收益，减去发生的投资损失后的净额列报。

2.1.2　金融企业的成本费用

金融企业的营业成本，是指在业务经营及管理工作中发生的各项支出，包括利息支出、手续费支出、提取未到期责任准备金、提取保险责任准备金、赔付支出、保户红利支出、退保金、分出保费、分保费用、其他业务成本等。[①] 这些成本在具体内容上，与其他行业企业有很大的区别，充分反映了金融企业的业务特点。

金融企业的营业费用核算其在业务经营及管理工作中发生的各项费用，包括固定资产折旧、业务宣传费、业务招待费、电子设备运转费、安全防卫费、企业财产保险费、邮电费、劳动保护费、外事费、印刷费、公杂费、低值易耗品摊销、理赔勘查费、职工工资、差旅费、水电费、租赁费（不包括融资租赁费）、修理费、职工福利费、职工教育经费、工会经费、房产税、车船税、土地使用税、印花税、会议费、诉讼费、公证费、咨询费、无形资产摊销、长期待摊费用摊销、待业保险费、劳动保险费、取暖费、审计费、技术转让费、研究开发费、绿化费、董事会费、上交管理费、广告费、银行结算费等。金融企业应设置"业务及管理费"科目核算在业务经营和管理过程中发生的各项费用，并按照费用项目进行明细核算。发生各项费用时，借记"业务及管理费"科目，贷记"库存现金"、"银行存款"等科目，期末将科目余额转入"本年利润"科目，"业务及管理费"科目无余额。

金融企业的会计核算充分遵循谨慎性原则，对各项财产可能存在的减值风险，按照制度规定计提相应的减值准备。例如，从事保险业务的金融企业，其长期准备

---

① 参见《金融企业会计制度》（2007）新会计科目表。

金包括长期责任准备金、寿险责任准备金、长期健康险责任准备金和保险保障基金等。其中，长期责任准备金是指金融企业对 1 年（不含 1 年）以上的长期财产险业务和再保险业务，为承担未来保险责任而按规定提取的准备金，应于期末按系统合理的方法计算的结果入账；寿险责任准备金是指金融企业对人寿保险业务为承担未来保险责任而按规定提存的准备金，应于期末按保险精算结果入账。

此外，金融企业的费用会计核算内容，还因企业的不同性质而各自不同。例如，基金费用包括管理人报酬、基金托管费、卖出回购证券支出、利息支出和其他费用。其中，管理人报酬和基金托管费应按照基金契约和招募说明书规定的方法和标准计提，并按计提的金额入账。卖出回购证券支出应在该证券持有期内采用直线法逐日计提，并按计提的金额入账。利息支出应在借款期内逐日计提，并按借款本金与适用的利率计提的金额入账。发生的其他费用如果影响基金单位净值小数点后第五位的，即发生的其他费用大于基金净值十万分之一，应采用待摊或预提的方法，待摊或预提计入基金损益；反之，应于发生时直接计入基金损益。基金管理人和基金托管人因未履行义务导致的费用支出或资产的损失，以及处理与基金运作无关的事项发生的费用等不得列入费用。

金融企业的"其他业务支出"科目核算除主营业务活动以外的其他经营活动所发生的支出，如出租固定资产的累计折旧、出租无形资产的累计摊销等；"营业税金及附加"科目核算金融企业经营活动发生的营业税、消费税、城市维护建设税、资源税和教育费附加等相关税费；"营业外支出"科目核算金融企业发生的与业务经营无直接关系的各项净支出，如处置非流动资产损失、非货币性资产交换损失、债务重组损失、罚款支出、捐赠支出、非常损失等。

由于金融企业成本费用支出难以与业务收入直接配比，在核算上与制造业等行业的复杂成本费用核算相比更为简单，应首先将其分类计入对应的会计分录，而后在利润表中集中配比，以最终核算出本期损益。

§2.2 金融企业利润

2.2.1 利润的构成

金融企业利润总额，是指金融企业营业利润加上营业外收入，减去营业外支出后的金额。金融企业一般应按月计算利润，按月计算利润有困难的可以按季或者按年计算利润。在利润总额基础上减去所得税后所得到的金额，为金融企业净利润。金融企业资产损失是指金融企业按规定提取（或转回）的贷款损失和其他各项资产损失，而所得税费用的核算按照新会计准则的要求应采用资产负债表债务法处理。有关计算公式为：

$$\frac{营业}{利润}=\frac{营业}{收入}-\frac{营业}{成本}-\frac{营业税金及附加}{}-\frac{业务及管理费用}{}-\frac{资产减值损失}{}+\frac{公允价值变动收益}{}\left(-\frac{公允价值变动损失}{}\right)+投资净收益\left(-投资损失\right)+汇兑净收益\left(-汇兑净损失\right)$$

利润总额＝营业利润＋营业外收入－营业外支出

净利润＝利润总额－所得税费用

根据我国《金融企业会计制度》的规定，金融企业当年实现的净利润，加年初未分配利润（或减去年初未弥补亏损）和其他转入后的余额，为可供分配的利润。金融企业进行利润分配时，首先应当按照《中华人民共和国公司法》（以下简称《公司法》）的有关规定提取法定盈余公积和法定公益金，提取之后，从事存贷款业务、保险业务、证券业务和信托投资业务的金融企业，还应当分别按照规定比例提取一般准备、总准备金、一般风险准备和信托赔偿准备，它们也是所有者权益的组成部分。其中，一般准备是指从事存贷款业务的金融企业按一定比例从净利润中提取的一般风险准备；总准备金是指从事保险业务的金融企业按规定从净利润中提取的风险准备金；一般风险准备是指从事证券业务的金融企业按规定从净利润中提取，用于弥补亏损的风险准备；信托赔偿准备是指从事信托业务的金融企业按规定从净利润中提取，用于赔偿信托业务损失的风险准备。金融企业实现的净利润在作上述分配后的余额再分配给股东或提取任意盈余公积。

外商投资金融企业应当按照法律、行政法规的规定，按净利润提取储备基金、企业发展基金、职工奖励及福利基金等。

2.2.2 营业利润的核算

1. 营业收入与营业支出的核算

现以证券公司为例，说明金融企业营业收入与营业支出的核算。

【例2—1】假设某证券公司2012年12月发生的营业收入与营业支出部分分

录汇集如下：

（1）营业收入部分

①取得利息收入90 000元。

借：吸收存款——公司　　　　　　　　　　　　　　　90 000

　　贷：利息收入——公司利息收入户　　　　　　　　　　　　　90 000

②取得各项手续费收入560 000元。

借：银行存款　　　　　　　　　　　　　　　　　　140 000

　　应收款项　　　　　　　　　　　　　　　　　　420 000

　　贷：手续费收入　　　　　　　　　　　　　　　　　　　560 000

③取得保费收入1 300 000元。

借：应收账款　　　　　　　　　　　　　　　　　1 300 000

　　贷：保费收入——公司　　　　　　　　　　　　　　　1 300 000

④取得分保费收入700 000元。

借：应收分保账款　　　　　　　　　　　　　　　　700 000

　　贷：分保费收入　　　　　　　　　　　　　　　　　　　700 000

⑤取得租赁收入50 000元。

借：银行存款　　　　　　　　　　　　　　　　　　50 000

　　贷：租赁收入　　　　　　　　　　　　　　　　　　　　50 000

⑥取得其他业务收入900 000元。

借：应收账款　　　　　　　　　　　　　　　　　　900 000

　　贷：其他业务收入　　　　　　　　　　　　　　　　　　900 000

⑦交易性金融资产公允价值变动收益500 000元。

借：交易性金融资产——公允价值变动　　　　　　　500 000

　　贷：公允价值变动损益　　　　　　　　　　　　　　　　500 000

（2）营业支出部分

①发生利息支出20 000元。

借：利息支出　　　　　　　　　　　　　　　　　　20 000

　　贷：应付利息　　　　　　　　　　　　　　　　　　　　6 000

　　　　代买卖证券款　　　　　　　　　　　　　　　　　　10 000

　　　　银行存款　　　　　　　　　　　　　　　　　　　　4 000

②发生手续费支出 446 000 元。

借：手续费支出　　　　　　　　　　　　　　　446 000

　贷：库存现金　　　　　　　　　　　　　　　　　　　6 000

　　　存放同业　　　　　　　　　　　　　　　　　　440 000

③发生营业费用 684 000 元。

借：业务及管理费用　　　　　　　　　　　　　684 000

　贷：银行存款　　　　　　　　　　　　　　　　　　　9 000

　　　累计折旧　　　　　　　　　　　　　　　　　　　5 000

　　　应付职工薪酬　　　　　　　　　　　　　　　　600 000

　　　应交税费——应交营业税等科目　　　　　　　　　60 000

　　　长期待摊费用　　　　　　　　　　　　　　　　　10 000

④发生其他业务成本 100 000 元。

借：其他业务成本　　　　　　　　　　　　　　100 000

　贷：银行存款　　　　　　　　　　　　　　　　　　100 000

⑤按规定计算出本期应交纳的各项税金和附加 260 000 元。

借：营业税金及附加　　　　　　　　　　　　　260 000

　贷：应交税费——应交营业税等科目　　　　　　　　260 000

2. 营业利润的核算

金融企业在期末核算营业利润时，应将"手续费收入"、"利息收入"、"保费收入"、"分保费收入"、"租赁收入"、"公允价值变动收益"、"其他业务收入"和"营业外收入"等科目余额，转入"本年利润"科目贷方，将"手续费支出"、"利息支出"、"业务及管理费用"、"其他业务成本"、"营业税金及附加"科目的余额，转入"本年利润"科目借方。

【例 2—2】上述某证券公司将本月取得的各项营业收入、营业支出及"证券销售"科目余额转入"本年利润"科目：

（1）借：利息收入　　　　　　　　　　　　　　90 000

　　　　手续费收入　　　　　　　　　　　　　560 000

　　　　分保费收入　　　　　　　　　　　　　700 000

　　　　保费收入——公司　　　　　　　　　1 300 000

　　借：他业务收入　　　　　　　　　　　　　900 000

借：租赁收入   50 000

　　公允价值变动损益   500 000

　　贷：本年利润   4 100 000

（2）借：本年利润   1 510 000

　　贷：手续费支出   446 000

　　　　利息支出   20 000

　　　　业务及管理费用   684 000

　　　　其他业务成本   100 000

　　　　营业税金及附加   260 000

【例2—3】上述某证券公司在2012年度终了核算出营业利润之后，还应将"投资收益"、"资产减值损失"和"营业外收入"与"营业外支出"科目的净收益（或净损失）转入"本年利润"科目。根据扣除资产损失后的利润总额计算所得税，从而得到企业净利润。假设该公司实现投资收益300 000元、营业外收入62 000元，并发生营业外支出8 000元、资产减值损失59 000元（包括自营证券跌价准备10 000元，坏账准备4 000元，长期投资减值准备10 000元，固定资产减值准备20 000元，在建工程减值准备10 000元，无形资产减值准备5 000元），做会计分录如下：

（1）借：投资收益   300 000

　　　　贷：本年利润   300 000

（2）借：资产减值损失   59 000

　　　　贷：自营证券跌价准备   10 000

　　　　　　坏账准备   4 000

　　　　　　长期投资减值准备   10 000

　　　　　　固定资产减值准备   20 000

　　　　　　在建工程减值准备   10 000

　　　　　　无形资产减值准备   5 000

（3）借：本年利润   59 000

　　　　贷：资产减值损失   59 000

（4）借：营业外收入   62 000

　　　　贷：本年利润   62 000

（5）借：本年利润　　　　　　　　　　　　　　　　8 000

　　　　贷：营业外支出　　　　　　　　　　　　　　　　　8 000

　　据此可知，该公司本年扣除资产损失后利润总额为 2 885 000 元，因此年终交纳所得税 721 250 元。

（6）借：本年利润　　　　　　　　　　　　　721 250

　　　　贷：所得税　　　　　　　　　　　　　　　　721 250

§2.3　金融企业利润报表

　　金融企业的利润报表的结构内容因不同金融企业的性质与业务而异。现以上述某证券公司的利润报表为例，据此资料，编制其 2012 年 12 月利润表①如表 2—2 所示。

表 2—2　　　　　　　　　　　　　　**利润表**

编报单位：某证券公司　　　　　　　2012 年 12 月　　　　　　　　　单位：元

项目	行次	本期数	本年累计数
一、营业收入	1	4 400 000	（略）
1. 利息收入	2	90 000	
2. 手续费收入	3	560 000	
3. 分保费收入	4	700 000	
4. 保费收入	5	1 300 000	
5. 租赁收入	7	50 000	
6. 公允价值变动损益	8	500 000	
7. 其他业务收入	9	900 000	
8. 汇兑收益	10	—	
9. 投资收益	11	300 000	
二、营业支出	12	1 569 000	

---

①　金融企业可以根据其特殊性来列示利润表项目。

项目	行次	本期数	本年累计数
1. 利息支出	13	20 000	
2. 手续费支出	14	446 000	
3. 业务及管理费用	15	684 000	
4. 其他业务支出	16	100 000	
5. 营业税金及附加	17	260 000	
6. 资产减值损失	18	59 000	
三、营业利润	19	2 831 000	
加：营业外收入	20	62 000	
减：营业外支出	21	8 000	
四、利润总额	22	2 885 000	
减：所得税费用	23	721 250	
五、净利润	24	2 163 750	

★ 本章小结

1. 金融企业，是专门经营货币和信用业务，为金融市场中借贷交易双方提供中介服务的中介机构。它包括银行机构以及保险公司、证券公司、信托公司、融资租赁公司等非银行机构两类。作为主要从事存贷款、代理证券销售与发行、租赁、外汇买卖等经营活动的特殊企业，金融企业的收入、费用内容与核算方法，与其他行业相比具有很大的不同。

2. 利息收入是金融企业因发放各项贷款和办理贴现等融出资金业务而按照适用利率和计息期限计算收取的利息，包括短期与中长期信用贷款、信托贷款、保证贷款、抵押和质押贷款利息收入、贴现利息收入等，金融企业应在实际持有期内按利率逐日计提的金额入账。

3. 手续费收入是指金融企业在办理各种自营及代理业务时，按规定所收取的各项手续费收入，包括结算业务手续费收入、咨询业务手续费收入、担保业务手续费收入、委托及代理业务手续费收入、证券买卖手续费收入、其他手续费收入等。

4. 保费收入核算金融企业根据原保险合同准则确认的原保险合同保费收入的增减变动情况；分保费收入核算金融企业根据再保险合同准则确认的再保险合同分入保费所取得收入的增减变动情况。

5. 租赁收入科目用于核算金融企业根据租赁准则确认的租赁收入的增减变动情况，按照租赁资产类别进行明细核算。

6. 汇兑收益是金融企业在经营外汇买卖、外币兑换以及结售汇业务过程中，有效利用利率、汇率变动而发生的收益。

7. 金融企业利润总额，是指金融企业营业利润减去营业税金及附加，加上营业外收入，减去营业外支出后的金额。在利润总额基础上减去所得税后所得到的金额，为金融企业净利润。

★ 关键概念

金融企业　利息收入　汇兑收益

★ 综合训练

2.1　单项选择题

1. 甲金融企业以每股 10 元的价格购入乙上市公司的股票 10 000 股作为可供出售金融资产核算，并支付相关交易费用 2 000 元。1 个月后，乙上市公司股票上涨至每股 11 元，甲金融企业应计入公允价值变动损益的金额为(　　)。

A. 10 000 元 　　　　　　　　　　B. 12 000 元

C. 8 000 元 　　　　　　　　　　　D. 11 000 元

2. 金融企业在业务经营和管理过程中发生的各项费用在(　　)会计科目核算。

A. 销售费用　　　　　　　　　　　B. 业务及管理费用

C. 财务费用　　　　　　　　　　　D. 管理费用

3. 金融企业对各项财产可能存在的减值风险，按照制度规定计提相应的减值准备体现了(　　)。

A. 谨慎性原则　　　　　　　　　　B. 可靠性原则

C. 相关性原则　　　　　　　　　　D. 实质重于形式原则

4. 金融企业出租固定资产的累计折旧费用通过(　　)会计科目核算。

A. 业务及管理费用　　　　　　　B. 管理费用

C. 财务费用　　　　　　　　　　D. 其他业务支出

5. 下列公式中符合利润总额的计算的是(　　)。

A. 利润总额=营业收入-营业成本-营业税金及附加-业务及管理费用-资产减值损失+公允价值变动收益（-公允价值变动损失）+投资净收益（-投资净损失）+汇兑净收益（-汇兑净损失）+营业外收入-营业外支出

B. 利润总额=营业收入-营业成本-营业税金及附加-业务及管理费用-资产减值损失+公允价值变动收益（-公允价值变动损失）+投资净收益（-投资净损失）+汇兑净收益（-汇兑净损失）

C. 利润总额=营业收入-营业成本-营业税金及附加-业务及管理费用-资产减值损失+公允价值变动收益（-公允价值变动损失）+投资净收益（-投资净损失）+汇兑净收益（-汇兑净损失）-所得税费用

D. 利润总额=营业收入-营业成本-营业税金及附加-业务及管理费用-资产减值损失+公允价值变动收益（-公允价值变动损失）+投资净收益（-投资净损失）+汇兑净收益（-汇兑净损失）+营业外收入-营业外支出-所得税费用

2.2　多项选择题

1. 让渡资产使用权收入同时满足(　　)条件时才能予以确认。

A. 相关的经济利益很可能流入企业

B. 成本预计能够得到补偿

C. 收入的金额能够可靠计量

D. 成本的金额能够可靠计量

2. 下列属于投资收益的有(　　)。

A. 企业根据投资性房地产准则确认的采用公允价值模式计量的投资性房地产的租金收入和处置损益

B. 企业处置可供出售金融资产实现的损益

C. 企业对外进行长期股权投资按照长期股权投资准则确认的损益

D. 企业处置交易性金融资产、交易性金融负债实现的损益

3. 公允价值变动损益可以核算下列(　　)项目由于公允价值变动形成的

损益。

A. 采用成本模式核算的投资性房地产

B. 直接指定为以公允价值计量且其变动计入当期损益的金融资产或金融负债

C. 交易性金融资产或金融负债

D. 持有至到期投资

4. 下列属于成本费用类科目的有(　　)。

A. 提取未到期责任准备金　　　　B. 退保金

C. 分出保费　　　　　　　　　　D. 利息支出

5. 下列项目取得的收益属于汇兑收益的有(　　)。

A. 甲公司购入以美元计价的股票,作为交易性金融资产核算,月末美元兑人民币汇率发生变动而产生的收益

B. 乙银行以低于中间价的价格购入外汇,又以高于中间价的价格售出外汇,买入价和卖出价间的差额产生的收益

C. 丙公司应付国外某公司美元货款,由于美元贬值,导致期末美元折算的人民币金额低于原记账金额产生的差额

D. 丁公司在银行的欧元存款由于期末汇率高于期初记账汇率而产生的差额

2.3　思考题

1. 金融企业的营业收入应如何确认与分类?

2. 金融企业的成本费用包括哪些内容? 应如何进行会计处理?

3. 金融企业的利润如何构成?

第 3 章

银行会计

- ★ 导读
- §3.1 银行会计概述
- §3.2 中央银行业务
- §3.3 商业银行业务
- ★ 本章小结
- ★ 关键概念
- ★ 综合训练

★ 导读

  银行会计业务可以笼统地分成两大部分：中央银行会计业务和商业银行会计业务。中央银行业务主要包括：货币发行业务、国库业务、商业银行缴存款业务、贷款业务（对商业银行等金融机构发放的贷款）、金银业务等。商业银行业务主要包括：存款业务、贷款业务、中间业务、外汇业务、同业拆借业务、联行往来业务等。本章首先从总体上介绍银行的含义和特征、银行的分类、银行会计的含义和内容，然后介绍中央银行和商业银行在具体业务中的会计核算，并引用中国工商银行 2012 年度财务报表，具体介绍商业银行财务报表的特征。

§3.1　银行会计概述

3.1.1　银行的含义和特征

1. 银行的含义

"银行"概念来源于拉丁文"banco",其原意为"柜台",即办理货币业务的最基本设施。银行的前身是货币兑换业。随着业务的发展和大量货币的聚集,货币兑换业由单纯的支付中介转变为信用中介,由此产生了银行。

随着商品经济的进一步发展,现代银行以资金作为纽带,通过存款、贷款、汇兑等业务把整个社会经济活动联结在一起,成为现代经济的核心。而金融全球化和网络技术的发展,则进一步使银行所提供的支付服务手段和技术更为先进多样,速度更加快捷,客户服务渠道更加多样。目前,通过依托计算机和网络与通信技术,在互联网上出现了网上银行(又称网络银行、电子银行、虚拟银行)。它采用先进的安全控制技术保证交易的安全性和信息的保密性,提供转账、外汇买卖、证券业务、在线支付、账户管理、代缴费用、异地汇款、个人质押贷款、个人理财等一系列功能,使客户可以不受时间、空间的限制而享受银行的服务。与传统的实体银行相比,网上银行在降低经营成本、提高盈利水平方面具有无可比拟的竞争优势。以网点数量规模优势建立起来的业务壁垒,逐步让位于依托科技创新优势建立起来的业务壁垒。

2. 银行的特征

作为经营货币信用的特殊企业,与一般企业相比,银行具有以下特征:

(1)信用中介是银行的基本性质,也是银行的最基本职能。银行在吸存放贷并赚取利差收入或持有利得的过程中,不仅集合社会资源为企业提供资金,而且与社会各层面产生广泛的信用关系,对整个经济和社会生活具有巨大的影响力,具有很强的社会性和政策性。

(2)银行的经营对象是货币资金,以货币资本的有条件暂时让渡为主要经营方式,其业务活动始终表现为货币资金的运动,即货币资金的收付及管理。因此,银行是经济生活中货币资金的周转服务和管理中心。

(3)银行存款业务的弹性和贷款业务的刚性,以及由于经济发展的周期性所造成的银行资金经常性头寸紧张局面，决定了银行在业务经营中要保持适当的流动性，在业务经营过程中要追求盈利性、安全性、流动性的协调统一，要建立、健全对存款、贷款、结算、呆账等各项情况的稽核、检查制度，加强风险管理。

在国际上，1988 年，巴塞尔银行监管委员会发布了著名的《巴塞尔协议》，即《关于统一国际银行资本衡量和资本标准的协议》，将资本与资产负债表上的不同种类资产以及表外项目按风险加权来对银行资本进行评估，对银行的核心资本充足率及总资本充足率标准进行规范。2001 年，巴塞尔银行监管委员会对资本比率标准进行了再次修订，方案被称为《巴塞尔协议 II》，提出了银行监管的最低资本要求、监管当局的监督检查和市场纪律的"三大支柱"概念。2007 年，美国次贷危机爆发引发全球性金融危机后，各国监管当局和巴塞尔委员会开始反思现行的监管体系。2010 年 9 月 12 日，在巴塞尔银行监管委员会的会议上，27 个成员方的中央银行代表就加强银行业监管达成一致并出台改革方案，该方案被称为《巴塞尔协议 III》。

在我国，《中华人民共和国商业银行法》（以下简称《商业银行法》）第三十九条明确指出：商业银行贷款应当遵守资产负债比例管理的规定，即资本充足率不得低于 8%；贷款余额与存款余额的比例不得超过 75%；流动性资产余额与流动性负债余额的比例不得低于 25%；对同一借款人的贷款余额与商业银行资本余额的比例不得超过 10%。

在此，银行资产分布或其负债来源的集中程度，是判断银行业务状况的重要因素。如果银行贷款或存款的大部分对象为某国家或某行业，则该国或该行业经济风险或提现可能性决定了银行所要承担风险的大小。与此同时，在银行体系内部，各银行之间在支付和结算过程中，相互都有大量的资金存款，一家银行与其他银行发生交易业务并因此依赖其他银行的程度也是其银行资产分布或其负债来源集中的一层含义。

3.1.2　银行的分类

银行分为中央银行、商业银行、政策性专业银行等几类。其中，中央银行最初是以商业银行的"最后贷款人"的角色出现的。作为政府宏观金融调控的重要工具，中央银行在金融机构体系中处于核心地位，是金融体制高度发达的自然产物，是经济发展的专业化需要。其与一般银行的根本区别在于，它是发行的银行（the issuing bank）、政府的银行（the government's bank）和银行的银行（the bankers' bank）。它独占货币发行权，研究和制定货币政策，监督和管理本国银行体系及其金融活动，负责保管商业银行按照规定提取的存款准备金，对商业银行办理再贴现和再抵押的融资业务。就组织形式而言，中央银行可以采取单一式中央银行制度，即设立一家中央银行，全面行使权力和履行职责，逐级垂直隶属；也可以采取复合式中央银行制度，即由若干家银行机构共同组成中央银行体系；还可以实行准中央银行制度，即国家设立类似中央银行的金融管理机构，并授权部分商业银行执行中央银行的职能。

商业银行是以安全性、流动性、盈利性为经营原则，实行自主经营、自担风险、自负盈亏、自我约束的金融企业，是银行体系的主体。它在不同国家有不同的称呼：在美国称商业银行（commercial bank），在英国称清算银行（clearing bank），在德国称信贷银行（credit bank），在日本称普通银行（general bank），在澳大利亚称交易银行（trading bank）。其共同点在于，作为经营存贷业务的特殊企业，均以追逐利润为其主要经营目标。

商业银行按其组织形式可以分为分支行制（branch banking system）与单一行制（unit banking system）两类。分支行制是指在大城市设立总行，然后根据需要在国内的其他地区或国外设立不同级别的分支机构。而单一行制的银行，其经营机构以一个为限，不设立分支机构。

在商业银行演化和发展的历史进程中，按照能否从事证券业务，可以将其划分为分业和混业两种经营模式。两种模式各具特点，满足了商业银行在不同国家或同一国家不同阶段发展的需要。

商业银行的基本功能在于：以信用方式融通资金，充当借贷双方的中间人；通过业务活动，将社会各阶层的非资本货币转化为货币资本，贷放给工商企业使用；受托办理货币收付、结算、汇兑和保管等业务，执行支付服务功能；发行支票等信用工具，代替货币流通。作为经营货币资金的机构，商业银行在货币资金经营中承担着风险，因而相应地也享有这种经营带来的收益，即存贷款利息之差。客户存款是商业银行运作的前提和基础，贷款业务是商业银行利润的主要来源。

政策性专业银行是由政府出于特定目的设立，或由政府施以较大干预，以完成政府的特定任务，满足整个国家社会经济发展需要而设立的专业银行。这类银行包括开发银行、农业发展（信贷）银行、进出口信贷银行等，一般不与商业性金融机构相竞争，不以利润为经营目标，可享受政府优惠政策补贴，但要自担风险，保本经营。而商业性专业银行则是以营利为目的，从事专门性金融业务的银行，主要包括储蓄银行、投资银行、抵押银行等。

在我国银行体系中，中国人民银行是国家的中央银行。中国工商银行、中国建设银行、中国农业银行、中国银行为我国的四大国有控股商业银行；其次，是13家股份制商业银行：交通银行、招商银行、中信银行、民生银行、华夏银行、深圳发展银行、广东发展银行、上海浦东发展银行、兴业银行、光大银行、恒丰银行、浙商银行、渤海银行。此外，在城市有大量的城市商业银行，在农村，有信用社以及村镇银行。根据2003年修改后颁布的《中华人民共和国中国人民银行法》（以下简称《中国人民银行法》）第九条规定，我国将中国人民银行对银行、金融资产管理公司、信托投资公司及其他存款类金融机构的监管职能分离出来，成立了中国银行业监督管理委员会，并从2004年2月1日起开始实施《中华人民共和国银行业监督管理法》。银行业监督管理委员会负责对全国银行业金融机构及其业务活动监督管理的工作。《中华人民共和国银行业监督管理法》对监管权力的运作进行了规范和约束，商业银行执行央行利率政策、准备金政策、信贷政策的情况，是银监会对商业银行监管的重点内容，对此央行也保留了必要的检查权。

3.1.3　银行会计的含义和内容

1. 银行会计的含义

银行会计以货币银行学和会计学为理论基础，对银行的经营活动内容、过程和结果进行核算和监督，是银行内部管理的重要方面。银行经营过程中各种贷款、存款、现金出纳、货币资金的往来、资金款项的汇出和解付等业务活动所引起的银行资产、负债、所有者权益及收入、支出的增减变化过程及结果，是银行会计的核算对象。

银行业务的特殊性，使其他企业的会计框架不能完全适应于银行的经营需要，因而客观上要求建立专门针对银行的会计政策和披露框架。对此，1990年，国际会计准则委员会颁布了第30号会计准则《银行和金融机构财务报表的披露》（IASC30），建立了对银行财务报表披露框架的最低标准，要求银行对损益账户进行详细披露，并按照性质对资产和负债进行分类，以其流动性为顺序，在资产负债表中列示。对或有事项、承诺及其他表外项目，以及贷款呆账准备和未到期贷款进行详细披露。1995 年 6 月，国际会计准则委员会颁布了第 32 号会计准则《金融工具：披露与列报》，要求银行列报赎回金融工具或再融资的利息、股利和盈亏，以及金融资产与金融负债可以相互抵销的情况。1999 年 10 月，巴塞尔银行监管委员会与国际证券事务监察委员会组织（IOSCO）联合发布了《银行和证券公司交易及衍生产品业务公开披露建议》。在美国，财务会计准则委员会（FASB）制定的有效银行特定会计准则有多项，如《特定抵押银行业务会计》（FASB65）、《银行或储蓄机构特定的购并活动会计》（FASB72）、《与发生或获得贷款有关的不可退回的费用和成本，以及租赁初始直接成本的会计处理》（FASB91）、《现金流量表——特定现金收支的减值报告及套期交易的现金流量》（FASB104）、《抵押银行业务企业将为销售持有的抵押贷款证券化后对保留的抵押证券的会计处理》（FASB134）、《金融资产转让和服务以及债务解除的会计处理》（FASB140）等。在英国，财务报告准则第 13 号（FRS13）《衍生工具及其他金融工具：披露》对银行相关业务活动的财务报告进行了规范。从总体来看，银行会计应当根据业务特点，配合管理需要，真实地反映银行风险状况。

2. 银行会计的特点

银行会计的特点主要表现在以下几个方面：

（1）银行会计与银行业务运行过程、银行监督管理过程具有统一性。与其他行业企业中主要业务活动与会计相分离的情况不同，银行业务均表现为货币资金的收付，因而银行的业务活动与银行会计紧密相联。银行的各项业务处理离不开银行会计的记录、核算。如果没有银行会计的记录和核算，银行就无法完成其各项业务，也就无法进行银行的经营管理。银行的各项业务处理必须严格执行相关政策规定，而银行会计的信息系统则反映了国民经济各部门、社会各企业及个人的经济活动，体现着各方面错综复杂的债权、债务关系，既是宏观经济与微观经济的双重反映与监督，也是银行自身经营管理的有机组成部分。

（2）在收入、费用的确认上，银行会计应当根据交易业务性质，遵循配比原则、谨慎性原则和实质重于形式原则，反映交易的性质和动机。应将一定时期内为客户提供的连续性服务和相关的手续费递延确认，并尽可能地将该手续费收入与提供该项服务所发生的成本相配比。对于承诺、承兑、担保、承销等与银行所承担风险相关的手续费，应在与这些风险相关的期间内分期确认。对于资产负债表中不能自我维持的那些资产项目，如不代表确切义务的有可能发生的准备金，不适用配比原则。应当对贷款、银行卡透支、贴现、信用垫款、进口押汇、拆出资金等计提损失准备，以充分反映银行抵御风险的能力。

（3）在计价上，银行会计应在运用历史成本计价原则的同时，考虑某些特殊的替代性计价方法，如市场价值或成本加应摊销的折价等公允价值计价法，为相关决策和监管提供信息。对此，美国审计总署（General Accounting Office，缩写为 GAO）在 1990 年的《银行保险基金：改革并增加额外准备金以壮大基金》报告中指出，以历史成本计量的季度银行财务报告不利于银行问题的提前预警，并妨碍了现场和非现场监管的有效进行。

（4）银行会计科目可按照与报表的关系分为表内科目和表外科目。其中，表外科目用于反映不涉及银行资金实际增减变化的或有事项，如超过规定期限而应收未收利息、重要有价单证或空白凭证。此外，由于各银行系统的业务特点不同，因而必须在基本分类的基础上，从各自业务特点及经营管理需要出发，分别设置各行系统内会计科目。其中，可以增设资产负债共同类会计科目，对系统内各级联行往来进行核算。该类科目日常核算的资产负债性质不确定，最终性质视其期末余额而定，余额在借方为资产，在贷方则为负债。但在编制银行业会计报表时为保证核算口径一致，仍应按银行业会计科目加以归属。相应的，银行会计的账务记账方法包括复式记账法和单式记账法。对于涉及表内科目增减变化的经济业务，采用复式记账法；对于未引起表内科目增减变化，但须承担一定经济责任的重要经济业务，采用单式记账法，业务发生或增加时记收入，销账或减少时记付出，余额表示结存。

（5）银行会计账务组织中，银行会计凭证习惯上又称为"传票"，除少量需要根据业务事实自行编制外，银行对外业务绝大部分都是以客户向银行提交的各种原始凭证作为记账凭证。凭证的名称、会计分录与记账符号相一致，如记账符号为"借"与"贷"，转账凭证的名称也相应确定为"借方凭证"、"贷方凭证"。按照凭证的使用范围，银行会计凭证可以分为基本凭证与特定凭证。基本凭证是银行根据有关原始凭证及业务事实自行编制并凭以记账的凭证，包括现金收入传票、现金付出传票、转账借方传票、转账贷方传票、特种转账借方传票、特种转账贷方传票、表外科目收入传票、表外科目付出传票。特定凭证是银行根据某项业务的特殊需要而制定的专用凭证，可以用以代替记账凭证。每日结账后，应将凭证按科目清分，附在各科目日结单后，每一科目的凭证按现金付出、现金收入、转账借方、转账贷方顺序整理，而后按科目代号顺序排列、装订。科目日结单是轧平当天账务，监督明细账户发生额的工具，也是总账的依据。

分户账是按照会计科目的具体内容设立的银行会计明细分类账，其常用格式有甲、乙、丙、丁四种。登记簿是为了适应某些业务需要而设置的专用账簿，凡不必在分户账上记录而又需要进行登记考查的业务，均在此反映。余额表是核对分户账余额与总账余额是否相符的工具，可以分为计息余额表和一般余额表两种。综合核算主要由科目日结单、总账和日计表组成，银行会计根据科目日结单登记总账，根据总账编制日计表。

（6）在信息披露上，银行会计报表由各银行逐级编制并汇总，最后由央行汇总编制全国银行会计报表。在银行会计报表中，对于衍生金融工具、有价证券，以及其本身或其组成部分存在流动的、活跃的市场的其他金融资产或负债等金融工具，不论在资产负债表内或表外，都应当披露其公允价值，并对交易账户和非交易账户的公允价值分别进行披露，说明用于确定公允价值的方法和重要假设。此外，银行所从事的许多承担风险并日益成为创造收入重要组成部分的经营活动，如承诺、承兑、担保、证券化、资本市场业务，在资产负债表中并未得到反映，而是在其表外进行恰当披露。银行应当按照交易业务、金融工具或风险类别来披露利润表中金融工具交易的净利得或损失，反映其资产与负债来源的集中程度，对重大的风险集中业务，应区分不同地区、行业或银行自身与其他银行的交易业务以及本行与非银行机构发生的交易业务，在财务报表上分别列示，不得将其资产与负债相抵销。在基本报表之外，为反映银行内部各级受托责任的履行情况，为内部管理提供决策相关信息，银行往往还编制种类丰富的内部管理报表，如成本分析表、盈利分析表、绩效报表、重要项目分析表等。为满足金融监管部门对银行的业务运营进行非现场监管的需要，银行还必须报送专门报表。

在我国，2002 年中国人民银行依据《中国人民银行法》、《商业银行法》等法律、法规，制定了《商业银行信息披露暂行办法》，对资产总额高于 10 亿元人民币或存款余额低于 5 亿元人民币的商业银行披露信息加以规范。该办法指出，商业银行财务会计报告由会计报表、会计报表附注和财务情况说明书组成，其中会计报表应包括资产负债表、利润表（损益表）、现金流量表、所有者权益变动表及其他有关附表。商业银行应按照该办法规定披露财务会计报告、各类风险管理状况、公司治理、年度重大事项等信息。特别是信用风险管理、信用风险披露、信贷质量和收益的情况；有关流动性状况的指标及影响流动性的因素；市场汇率、利率变动而产生的风险，分析汇率、利率的变化对银行盈利能力和财务状况的影响；内部控制制度的完整性、合理性和有效性说明等。商业银行应在会计报表附注中说明本行的重要会计政策和会计估计，说明会计报表中重要项目的明细资料，或有和承诺事项、资产负债表日后非调整事项、关联方关系及交易等需要说明的事项，披露资产负债表日后、财务报告批准报出日前提议或宣布发放的股利总额和每股股利金额，以及有助于理解和分析会计报表需要说明的其他事项。

根据中国人民银行颁布的《关于印发商业银行非现场监管报表填报说明和商业银行非现场监管报表报告书的通知》，我国商业银行非现场监管报表体系由季报和半年报组成。其中，季报由资产负债表和利润表，以及资本净额计算表、贷款质量比例报表、最大十家贷款比例指标报表、备付金比例指标报表、拆借资金比例指标报表、境外资金运用比例指标报表、存贷款比例指标报表、中长期贷款比例指标报表、短期资产流动性比例指标报表、监测性指标报表、股东贷款比例报表构成；半年报则在季报基础上，增加了加权风险资产比例指标报表、表内加权风险资产计算表、表外加权风险资产计算表和资本充足率报表4张报表。

§3.2 中央银行业务

中央银行处于货币供应和信用创造的控制地位，是维护国家货币与金融制度稳定的非营利性机构，因而在开展业务活动时，其业务经营不以营利为目标，不经营一般商业银行业务。我国2003年修订颁布的《中国人民银行法》规定，中国人民银行的主要职责自2004年2月1日起由原来的制定和执行货币政策、实施金融监管、提供金融服务，调整为制定和执行货币政策、维护金融稳定、提供金融服务，具体为：发布与履行其职责有关的命令和规章；依法制定和执行货币政策；发行人民币，管理人民币流通；监督管理银行间同业拆借市场和银行间债券市场；实施外汇管理，监督管理银行间外汇市场；监督管理黄金市场；持有、管理、经营国家外汇储备、黄金储备；经理国库；维护支付、清算系统的正常运行；指导、部署金融业反洗钱工作，负责反洗钱的资金监测；负责金融业的统计、调查、分析和预测；从事有关的国际金融活动。

中国人民银行对于商业银行的调控与监管的手段，包括贷款限额、再贷款、法定存款准备金、再贴现和利率等。改革之后，中国人民银行调控利率方式为间接调控，通过调整基准利率影响商业银行资金成本，或者通过公开市场操作影响资金供求格局，有效地对市场利率进行调节。在此，对其以下主要业务的会计核算进行分析。

3.2.1 货币发行业务

1. 发行基金和发行库

发行基金是中央银行为国家保管的待发行的货币，是调节市场货币流通的准备基金。人民币发行库（以下简称"发行库"）是中央银行为国家保管发行基金的金库。

货币发行业务包括发行基金的入库和调拨、货币发放和回笼，以及损伤票币销毁。它是通过各级发行库和业务库之间的调拨往来实现的。发行库依次分为总库、分库、中心支库、支库四级。发行库由中央银行根据经济发展和业务需要决定设置。根据需要，总行在部分地区设置重点库和委托分库代总库保管发行基金，重点库和委托分库保管的发行基金归总行直接调拨。中央银行发行货币遵循信用保证原则，以一定的外汇、黄金或有价证券作保证。

货币发行业务的会计核算实行账、实分管的原则，办理发行库业务要配备专职发行会计人员，坚持序时记账和先入库后记账、先记账后出库，不得并笔记账和轧差记账。发行业务的会计账务自成系统，专列科目，独立核算，分级管理。全国的货币发行、回笼数均在总行账面上集中反映。会计核算的任务是，根据国家相关制度，准确、及时、全面地反映货币发行、回笼和发行基金的印制、销毁、库存以及流通中货币情况，保护国家财产，为金融管理决策提供及时、完整的有用信息。

2. 发行基金印制入库和调拨的核算

中国人民银行总行根据国家核准的货币发行计划，结合损伤货币销毁和发行基金库存变动等因素，制订货币需要量计划，交付印制企业统一印制。由于发行基金印制入库，不引起中央银行资金的增减变化，因此核算时以单式记账法记账。在此，要用到的专用会计科目为"总行重点库发行基金"科目，用于反映总行重点库及总行代保管库发行基金库存变化情况。收入方记录印制货币入库及调入发行基金事项，付出方记录发行基金调出事项，余额在收入方，表示发行基金库存数；"印制及销毁票币"科目，用于反映货币产品生产及残损货币销毁变化情况，收入方记录印制企业的货币产品解缴事项，付出方记录残损货币销毁事项，余额在收入方，表示全国发行基金库存和流通中货币总数。

发行基金调拨命令一式三联。

第一联：存查，并代签发库记账凭证。

第二联：调出命令。

第三联：调入命令。

发行基金调拨应由调出库根据发行基金调拨命令打印发行基金调拨凭证一式六联。

第一联：调出库记账凭证。

第二联：出库凭证。

第三联：调入库记账凭证。

第四联：入库凭证。

第五联：调出行发行基金科目传票。

第六联：调入行发行基金科目传票。

【例3—1】印制企业将人民币产品800万元，送达指定的总行重点库入库时，发行会计根据入库单第二联和入库凭证第一联记发行基金账：

收入：总行重点库发行基金   8 000 000

总行根据所接收的相关数据，打印总库发行基金传票一式两联，分别记：

收入：印制及销毁票币——××券别户   8 000 000

收入：总行重点库发行基金——××分库户   8 000 000

发行基金调拨是组织货币投放的准备工作，是发行库与发行库之间发行基金的转移，包括逐级库及同级库之间的调拨。发行基金在途是指由于凭证传递、运输等原因而造成的发行基金实际可用数与账面余额的差异。调拨业务同样不引起人民银行资金的增减变化，应以单式记账法记账。发行库的专用科目包括："分支库发行基金"科目，用于反映全辖发行基金实物库存变化情况，余额在收入方，表示发行基金库存数；"分支库发行基金在途"科目，用于反映全辖发行基金调拨变化情况，签发调拨命令作为发行基金调拨上途，按调出、调入库不同，分为发行基金调出上途和发行基金调入上途。调拨命令执行完为发行基金下途，同样按调出、调入库不同，分为发行基金调出下途和发行基金调入下途。余额在收入方为发行基金在途调入净额，在付出方为发行基金在途调出净额，年终应为零。分库按本库、辖属库分设账户。

"总行重点库发行基金在途"用于反映总行重点库及总行代保管库发行基金调拨变化情况。收入方记录发行基金调入在途、调出在途，付出方记录发行基金调出在途、调入在途，余额在收入方为发行基金在途调入净额，在付出方为发行基金在途调出净额，年终应为零。总库按辖属库分设账户。

【例 3—2】总行签发发行基金调拨命令，要求调拨发行基金 9 000 万元。根据其所签发的发行基金调拨命令第一联记：

收入：总行重点库发行基金在途——调入库分户　　　　　90 000 000
付出：总行重点库发行基金在途——调出库分户　　　　　90 000 000

若因某些原因而需撤销原发行基金调拨命令，则应做相反分录。

当总行收到调入库、调出库执行项目电报后，记：

收入：总行重点库发行基金在途——调出库分户　　　　　90 000 000
付出：总行重点库发行基金在途——调入库分户　　　　　90 000 000

对于调出库，应根据调拨命令打印发行基金调拨凭证，记：

付出：总行重点库发行基金　　　　　　　　　　　　　　90 000 000

待货币出库后，将调拨命令送本行会计部门，据以记：

付出：发行基金　　　　　　　　　　　　　　　　　　　90 000 000

对于调入库，应在办理入库后，根据发行基金调拨凭证第三联记：

收入：总行重点库发行基金　　　　　　　　　　　　　　90 000 000

同时送发行基金调拨凭证第六联至本行会计部门，据以记：

收入：发行基金　　　　　　　　　　　　　　　　　　　90 000 000

3. 货币投放和回笼的核算

货币发放业务是中央银行将发行基金向商业银行或中央银行业务库投放的活动，包括从中央银行的发行库通过各商业银行的业务库流向社会，以及从中央银行流出货币数量大于流入货币数量的净流出等部分。

办理现金出纳业务的中央银行业务库，在中央银行业务库根据核准的业务周转限额向发行库取款时，应填制支取发行库现金凭单，经行长和出纳签章后送会计部门。会计部门通过"发行基金往来"科目进行核算，交存现金时记借方，支取现金时记贷方，余额轧差反映。

【例3—3】人民银行业务库向发行库取款6 000万元，会计部门填制"发行基金往来"科目现金收入传票及发行基金表外科目付出传票，做会计分录：

借：库存现金   60 000 000

    贷：发行基金往来   60 000 000

付出：发行基金   60 000 000

货币回笼是指商业银行或中央银行业务库将超过库存周转限额的现金交存中央银行发行库，返回发行基金形态。中央银行凡发生货币发行、回笼业务，均应于发生日分别逐级上报总行，月度"发行基金对账单"则必须与会计部门"发行基金往来"科目发生额核对一致，并经会计部门盖章后逐级上报。

【例3—4】中国银行向人民银行交存现金550万元，发行库会计做会计分录：

收入：分支库发行基金   5 500 000

中央银行会计部门根据发行部门转来的商业银行现金交款凭单和发行基金入库凭证第三联，填制发行基金往来科目现金付出传票和发行基金表外科目收入传票，做会计分录：

借：发行基金往来   5 500 000

    贷：中国银行准备金存款   5 500 000

收入：发行基金   5 500 000

【例3—5】人民银行业务库向发行库交存现金8 700万元，会计部门根据现金交款凭单和发行基金入库凭证第三联，填制发行基金往来科目现金付出传票和发行基金表外科目收入传票，做会计分录：

借：发行基金往来   87 000 000

    贷：库存现金   87 000 000

收入：发行基金   87 000 000

4. 损伤票币销毁的核算

损伤货币的销毁，是货币发行的最终环节，关系到国家财产的安全性和市场流通货币数字的准确性。损伤货币的销毁，一般由总行授权分行负责，集中办理。分行的销毁表按月汇总上报总行，凭以转销发行基金。在我国，根据《中国人民银行法》和《中华人民共和国人民币管理条例》规定，中国人民银行在2003 年 12 月修订颁布了《中国人民银行残缺污损人民币兑换办法》，并从 2004年 2 月 1 日起施行。

【例 3—6】接到销毁点上报的损伤票币销毁项目 670 万元电报，分库打印出发行基金付出传票，做会计分录：

付出：分支库发行基金——××分户　　　　　　　　　　　　　6 700 000

总库根据分库销毁项目电报，打印两份发行基金付出传票，做会计分录：

付出：分支库发行基金——××分库户　　　　　　　　　　　　6 700 000

付出：印制及销毁票币——××券别户　　　　　　　　　　　　6 700 000

3.2.2　国库业务

国库是国家金库的简称，是办理预算收入的收纳、划分、留解和库款支拨的专门机构。国库制度是指对国家预算资金的保管、出纳及相关事项的组织管理与业务程序安排，一般分为金库制和银行制。其中，金库制又分为独立金库制和委托金库制两种形式。独立金库制下国家专门设立相应的机构办理国家财政预算收支的保管、出纳工作；委托金库制下国家不单独设立机构，而是委托银行代理国库业务。银行制是指国家直接将预算收入存入银行，银行按存款办法管理。

《中华人民共和国国家金库条例》和《中国人民银行法》以法律形式，确定由中国人民银行经理国库，因此我国采用的是委托金库制。目前，我国国库分为中央国库和地方国库两个工作机构。中央国库业务由中国人民银行经理，并接受财政部的指导和监督，对中央财政负责。地方国库业务由中国人民银行分支机构经理，接受本级政府财政部门的指导和监督，对地方财政负责。中央银行经理国库收缴业务，便于国家预算收入的及时入库和预算支出的按时拨付，有利于中央银行的宏观调控，是其履行政府银行职能的具体体现。中央国库与地方国库应当按照有关规定向财政部门编报预算收入入库、解库及库款拨付情况的日报、句报、月报和年报。在政府财政部门、预算收入征收部门和国库之间建立健全相互间的预算收入对账制度，预算执行中按月、按年核对预算收入的收纳及库款拨付情况，以确保预算收入的征收入库以及库存金额的准确无误。

1. 预算收入收纳、退库与报解的核算

预算收入可以划分为中央预算固定收入、地方预算固定收入和中央与地方共享收入三部分。中央预算收入是指按照分税制财政管理体制，纳入中央预算、地方不参与分享的收入，包括中央本级收入和地方按照规定向中央上缴的收入。地方预算收入是指按照分税制财政管理体制，纳入地方预算、中央不参与分享的收入，包括地方本级收入和中央按照规定返还或者补助地方的收入。中央和地方预算共享收入是指按照分税制财政管理体制，中央预算和地方预算对同一税种的收入，按照一定划分标准或者比例分享。

国库的吸纳主要有就地缴库、集中缴库、自收汇缴三种吸纳方式，预算收入的收纳即各项收入缴入基层库的处理过程。在此过程中，设在商业银行基层营业单位的国库经收处所收纳的预算收入，属代收性质，应及时上划管辖支行，然后转划支库；支库应将各经收处收纳的预算收入，及时办理库款的划分、留解。属于同级财政的收入，应列入地方财政库款有关账户；属于地区级的预算收入及分成上解收入，应上划中心支库；属于中央级、省级的预算收入，应直接上划分库。中心支库及分库除将同级财政收入列入地方财政库款有关账户外，应将属于上级财政收入的库款上划上级国库。

其业务的会计处理因不同环节而异。国库经收处收纳的代收收入，应以"待结算财政款项"科目核算，每日库款上划支行或支库之后该科目结平。支库收纳的预算收入处理，包括直接收纳预算收入、商业银行管辖支行划转预算收入和乡（镇）国库上划预算收入的处理。"待报解中央预算收入"科目属过渡性负债类科目，核算人民银行各分支库当日收纳的、未报解的中央预算收入款项，收入时记贷方，报解、退付时记借方，每日报解后，科目无余额。"待报解地方预算收入"科目、"待报解中央和地方共享收入"科目的性质与使用方法与"待报解中央预算收入"科目相似。"行库往来"属于资产负债共同类科目，核算人民银行国库部门与会计营业部门的往来款项。国库部门与会计营业部门并表后，会计报表上，借、贷双方发生额相同，无余额。

【例3—7】支库收到甲缴款单位填送的缴款书，金额876万元，属中央预算收入。经审核无误后，办理转账。会计分录为：

借：××科目——甲单位户　　　　　　　　　　　　　　　8 760 000

　　贷：待报解中央预算收入　　　　　　　　　　　　　　　　8 760 000

【例 3—8】支库收到乡（镇）国库上缴的地方预算收入 535 万元。经审核无误后，办理转账。会计分录为：

借：行库往来　　　　　　　　　　　　　　　　　　　5 350 000

　　贷：待报解地方预算收入　　　　　　　　　　　　　　　　5 350 000

预算收入退库，指由于某种原因或按照有关规定，如因技术性差错、改变企业隶属关系、企业计划上缴税利而实际超过应缴数额等，将已经入库收入全部或部分退回缴款单位的处理过程。一般通过银行转账而不支付现金，其会计转账处理为：借记"待报解地方预算收入"或"中央预算收入"，贷记"××银行存款"。其中，"中央预算收入"为总库专用的负债类科目，用于核算总库收纳的中央预算收入、预算收入的退付款项、中央对地方的预抵税收返还等款项。

预算收入报解是指国库按照国家财政管理体制和分成留解比例的规定，对入库的预算收入在各级预算间进行划分，并向上级国库和财政机关报告预算收入，解缴财政库款至其银行账户上。在此过程中，应编制预算收入日报表和分成收入计算表，并据以进行会计处理。

【例 3—9】某国库分库根据当日收纳的中央与地方预算共享收入及分成计算日报表，划分转账中央预算收入 1 987 万元，地方预算收入 665 万元。

　划分时的会计分录为：

借：待报解中央与地方预算共享收入　　　　　　　26 520 000

　　贷：待报解中央预算收入　　　　　　　　　　　　　19 870 000

　　　　待报解地方预算收入——省户级　　　　　　　　　6 650 000

　报解时的会计分录为：

借：待报解中央预算收入　　　　　　　　　　　　19 870 000

　　贷：行库往来　　　　　　　　　　　　　　　　　　19 870 000

2. 预算款项支拨的核算

预算款项支拨是指财政部门根据核定的年度支付预算、季度计划，依照拨款程序，将国库收纳的预算资金拨付给各预算单位。由于国库设在人民银行，而用款单位在商业银行开户，因而当财政部门签发拨款凭证委托国库拨款时，国库一方面减少库款，另一方面增加商业银行在人民银行的存款。在其会计处理中，

"中央预算支出"会计科目属于资产类科目，用于核算总库办理财政核准的中央预算资金支出情况，支出增加时记借方，余额在贷方；"地方财政库款"会计科目属于负债类科目，分支库用于核算地方财政预算的固定收入、共享收入、补助收入、专项收入和基金预算收入以及地方财政预算资金的支出、拨款的缴回、补助支出、专项支出和基金预算支出等款项。拨款时记借方，收入增加时记贷方。当财政部门与用款单位处在异地时，国库拨款通过联行往来拨入下级国库，使用"联行往账"会计科目。当它们同处一地时，使用"银行存款"会计科目。

【例3—10】某国库收到财政部门的拨款凭证，金额178万元，经审核无误后，办理异地转账，会计分录为：

借：中央预算支出   1 780 000
　　贷：联行往账   1 780 000

下级库收到该上级库拨款，经审核无误后，将款项转入用款单位乙开户银行建设银行的存款账户，转账的会计分录为：

借：联行来账   1 780 000
　　贷：银行存款——乙单位户   1 780 000

3.2.3　商业银行缴存款业务

商业银行应缴存中央银行的存款，包括财政性存款和一般存款。财政性存款是指商业银行受中央银行委托办理的国家金库款、地方金库款、国库券及各项债券款项，应全部缴存中央银行。一般存款是指除财政性存款以外的各项存款，包括企业存款、储蓄存款、信托存款等，商业银行必须按规定准备金比率和吸收存款的增减变化，提取存款准备金并缴存中央银行。准备金包括支付准备金和法定准备金，其中按照法定准备金比率提取的准备金称为法定准备金，用于保证日常资金支付的备用金为支付准备金。存款准备金比率因存款类别而异。一般来说，活期存款准备金比率最高，定期存款次之，储蓄存款最低。

各商业银行总行或总部在中央银行开立的准备金存款账户，为法定准备金和支付准备金合一的账户，除用于考核法定存款准备金以外，还用于向中央银行存取资金、资金调拨、资金清算以及其他日常支付的款项。商业银行各分支机构在中央银行开立的存款账户为支付准备金账户，用于向中央银行存取现金、资金调拨、资金清算和其他日常支付，不得透支。中央银行根据商业银行报送的有关旬、月报表，经核对，对少缴的金额部分应从最后调整日起至补缴日止，每日按规定罚息计收。

商业银行办理缴存存款时，应分别填制"缴存（调整）财政性存款划拨凭证"和"缴存（调整）一般存款划拨凭证"各一式四联，使用"存放中央银行准备金"科目加以核算，该科目属资产性质账户。中央银行对商业银行的准备金存款账户，用"××银行准备金存款"科目核算，该科目属负债性质账户。

【例3—11】××银行的某分行向人民银行缴存财政性存款时，填制"缴存财政性存款各科目余额表"一式两份，按照规定比例计算出应缴存金额650万元，填制"缴存财政性（一般）存款划拨凭证"，以第一、二联分别作贷方（借方）传票，会计分录为：

借：存放中央银行准备金   6 500 000

    贷：库存现金   6 500 000

人民银行收到××银行某分行划拨凭证的第三、四联和缴存存款科目余额表，作会计分录：

借：库存现金   6 500 000

    贷：××银行准备金存款   6 500 000

如果商业银行在中央银行的存款账户余额不足，无法如数缴存时，对本次能实缴的金额仍应及时缴存，不足部分即为欠缴存款。商业银行对欠缴存款应填欠缴凭证和表外科目收入传票，在待清算凭证登记簿上记"收入：待清算凭证——人民银行户"，人民银行在收到欠缴凭证第三、四联的同时，也在其待清算凭证登记簿上记录"收入：待清算凭证——××银行户"。对于超过规定时间的欠缴存款，中央银行按照规定计收罚息，并记入"××银行准备金存款"借方和"业务收入——罚款净收入户"贷方。

3.2.4 贷款业务

中央银行的贷款，是对商业银行等金融机构发放的、以解决其短期资金周转困难的贷款，也是中央银行的主要资产。一般贷款利率比较优惠，贷款期限较短，不以营利为目的。按照贷款的时间不同可分为年度性贷款、季节性贷款、日拆性贷款。其中，年度性贷款是中央银行用于解决商业银行因经济合理增长引起的年度性资金不足而发放给商业银行在年度周转使用的贷款，一般限于省分行或二级分行；季节性贷款、日拆性贷款是中央银行用于解决商业银行因各种因素，如信贷资金先支后收、存贷款季节性变化、汇划款未达和清算资金不足，造成临时性资金短缺而发放给商业银行的贷款。如果贷款银行在贷款到期后原款偿还，中央银行应于到期日将该笔贷款转入逾期贷款账户，并按规定标准计收逾期贷款罚息，待商业银行存款账户有款支付时再一并扣收。

中央银行贷款业务会计处理应使用"存放中央银行款项"和"向中央银行借款"会计科目。"向中央银行借款"为负债科目，用于核算各银行向中央银行借入的各种款项。借入时记贷方，归还时记借方，余额在借方。

【例3—12】建设银行某分行向中央银行申请年度性贷款50 000万元，经中央银行审核无误后，根据退回的第三联借款凭证办理转账会计处理，分录为：

借：存放中央银行款项　　　　　　　　　　　　　500 000 000

　　贷：向中央银行借款　　　　　　　　　　　　　　　　500 000 000

建设银行某分行归还贷款时，会计分录为：

借：向中央银行借款　　　　　　　　　　　　　　500 000 000

　　利息支出——中央银行往来支出户　　　　　　　　10 000

　　贷：存放中央银行款项　　　　　　　　　　　　　　　500 010 000

再贴现，是中央银行对商业银行发放贷款的另一种形式。商业银行为了提前取得票款，将已贴现而尚未到期的商业汇票，向中央银行申请再贴现，并贴付一定利息。中央银行通过调整再贴现利率和票据再贴现申请资格来干预和影响市场利率及货币市场的供给和需求，影响商业银行的资金成本和超额准备，进而影响商业银行的融资决策。办理再贴现时，商业银行填制一式五联的再贴现凭证，中央银行计算再贴现利息和实付再贴现额。

再贴现利息＝再贴现汇票面额×再贴现天数×年再贴现利率÷360

再贴现实付金额＝再贴现汇票面额－再贴现利息

【例3—13】工商银行某支行因资金周转发生困难，2009年5月19日将未到期的商业贴现票据500万元向中央银行申请再贴现，再贴现实付金额为453万元。

办理再贴现的银行会计分录为：

借：再贴现——工商银行再贴现户　　　　　　　5 000 000

　　贷：利息支出——中央银行往来支出户　　　　　　　470 000

　　贷：再贴现——××汇票贴现户　　　　　　　　　　　　　4 530 000

该工商银行支行取得再贴现款项时：

　　借：存放中央银行款项　　　　　　　　　　　　　4 530 000

　　　金融企业往来支出——中央银行往来支出　　　470 000

　　　贷：贴现负债——××汇票贴现户　　　　　　　　　5 000 000①

再贴现到期时，中央银行直接从申请再贴现的商业银行存款账户中扣收该再贴现款项，并通知商业银行。其会计分录为：

　　借：联行来账　　　　　　　　　　　　　　　　　4 530 000

　　　贷：再贴现——工商银行再贴现户　　　　　　　　4 530 000

工商银行会计分录为：

　　借：再贴现——××汇票贴现户　　　　　　　　　5 000 000

　　　贷：存放中央银行款项　　　　　　　　　　　　　5 000 000②

3.2.5　金银业务

　　中央银行所持有的黄金、白银和外汇所占用的资金是中央银行重要的资金占用之一，金银管理业务是国家根据金融、外汇管理、金银储备等方面政策的需要，对金银收购、配售、加工、调拨和库存等方面进行管理的行为。由于1999年10月人民银行发出《关于白银管理改革有关问题的通知》，取消白银统购统配的管理体制，从2000年1月起人民银行不再办理白银收购、配售的业务。因而，在此所介绍的金银业务仅指黄金业务。黄金业务由中国人民银行专管专营，黄金价格由中国人民银行总行统一制定，黄金成本由中国人民银行总行统一核算。采用收支两条线的核算方法，即收购和配售分别核算。

　　金银业务在会计处理上使用"贵金属"科目，对金银收购与配售、调拨和储备情况加以反映。该科目为资产类科目，以金银的品种设置明细科目。借方记录金银的收入数，贷方记录金银的配售、调拨数，余额在借方，表示金银的实存数。

　　1. 金银收购的核算

　　金银收购分为商业银行交售代收与中国人民银行直接收购两种方式。商业银

①　王晓枫：《金融企业会计》，177～178页，大连，东北财经大学出版社，2007。
②　王保平等：《商业银行会计实务》，191～197页，北京，中国财政经济出版社，2008。

行收购金银时需在验色、称重之后填制"收兑金银计价凭证"一式三联，经复核员核实毛重、成色、纯重和金额，加盖经办人和复核员名章。一联代付出传票凭以付款，并及时转会计部门记账；一联同价款交出售人；一联凭以记金银实物账。会计分录为：借记"贵金属——××户"，贷记"现金"或"××存款——××单位户"。商业银行收购的金银，应按原收购价全部交售中国人民银行，当收到中国人民银行转账凭证时，会计分录为：借记"存放中央银行款项"科目，贷记"贵金属"科目。

中国人民银行直接收购金银的核算方法与上述方法基本相似，但因交售单位大多在商业银行开户，所以价款要先通过商业银行备付金账户记录，然后再由商业银行转入交售单位存款账户。交售的黄金经商业银行转入时，中国人民银行会计部门审核无误后，填制一借两贷三张特种转账传票，据以作会计处理，即借记"贵金属——收兑金银户"，贷记"××银行准备金存款"。营业终了，应填制"金银入库票"，将金银入库保管，并登记金银库存簿。各级商业银行收购的金银应按实际收购价格逐级上售中国人民银行总行，不得截留、私自兑换或擅自动用。

【例3—14】中国人民银行直接收购某厂矿所生产的黄金445万元，经称重、验色无误后，根据"收兑金银计价凭证"一式三联，填制一借两贷三张特种转账传票，进行会计处理，其分录如下：

借：贵金属——某厂矿户　　　　　　　　　　　4 450 000

　贷：××银行准备金存款　　　　　　　　　　　　　　　4 450 000

该厂矿的活期存款开户行中国工商银行接到中国人民银行的收账通知后，作会计分录：

借：存放中央银行款项　　　　　　　　　　　　4 450 000

　贷：吸收存款——某厂矿户　　　　　　　　　　　　　　4 450 000

2. 金银配售的核算

金银配售须根据中国人民银行总行规定的供应原则，在上级行批准的指标额度内办理。中国人民银行将黄金按调拨价调给商业银行时，借记"××银行准备金存款"，贷记"贵金属"。商业银行调入黄金时，借记"贵金属"，贷记"存放中央银行准备金"。商业银行配售黄金时，金银（出纳）部门填制"配售金银计价单"一式四联，经复核无误后，一联留存，一联凭以收款，一联连同实物交购买单位，一联凭以填制"金银出库票"，办理实物出库，并记金银库存登记簿。买卖收益作为营业收入入账，会计分录为：借记"吸收存款——××单位户"，贷记"贵金属"和"其他业务收入——金银买卖收益"，如为损失则借记"其他业务成本——金银买卖损失"。中国人民银行处理账务后，将使用单位签发的支票，通过票据交换，提到其开户行。

贵金属在保存期间发生纯重量的正常升降及价格变动时，其变动额应通过"其他业务收入"或"其他业务成本"科目核算。如发生丢失、短缺等非正常变动，应借记"其他应收款——待处理黄金短缺款"，贷记"贵金属"。

必须指出的是，中央银行业务除了上述资产、负债业务之外，还包括中间业务，即中央银行为商业银行和其他金融机构办理资金划拨清算和资金转移的业务。由于中央银行集中了商业银行的存款准备金，因而商业银行彼此之间由于交换各种支付凭证所产生的应收应付款项，就可以通过中央银行的存款账户划拨来清算，从而中央银行成为全国清算中心。对于这类业务，中央银行会计账务上主要通过"××银行准备金存款"会计科目及其业务明细账进行处理。

§3.3　商业银行业务

3.3.1　商业银行业务概述

商业银行业务从总体上看，主要由存款业务、贷款业务和中间业务三方面组成。其中，存款业务是银行以信用方式吸收与再分配社会闲置资金的活动，是商业银行的主要负债业务。银行按照管理的要求，将存款账户划分为基本存款账户、一般存款账户、临时存款账户和专用存款账户几种。目前，我国商业银行存款业务的主要类型有活期存款、定期存款、定活两便存款、储蓄存款、通知存款、单位协定存款等。

银行贷款业务按照期限划分，可以分为短期贷款、中期贷款和长期贷款三类。短期贷款，是指根据有关规定发放的、期限在 1 年以下（含 1 年）的各种贷款，包括质押贷款、抵押贷款、保证贷款、信用贷款、进出口押汇、票据贴现等。中期贷款，是指银行发放的贷款期限在 1 年以上 5 年以下（含 5 年）的各种贷款。长期贷款，是指银行发放的贷款期限在 5 年（不含 5 年）以上的各种贷款。

中间业务是商业银行不动用自己资金，依托自身资金、技术与人才等方面的优势，通过代替客户办理各种委托事项，从中收取手续费或佣金的服务性业务。它通常不构成商业银行表内资产、表内负债，形成非利息收入，属于表外业务范畴。商业银行发展中间业务与金融环境变化及市场条件密切相关。当前，金融市场竞争日趋激烈，政府监管力度进一步加大，法定存款、准备存款、保险资本充足率等一系列监管规定使银行经营成本不断上升，商业银行仅凭传统的资产负债业务获取利润已不能满足其生存发展需要。与此同时，金融创新发展所产生的大量金融工具给商业银行拓展新业务提供了手段和途径。中间业务的发展，既迎合了公众对流动性的要求，又提高了商业银行的盈利能力。根据中国人民银行2001年制定的《商业银行中间业务暂行规定》第三条，中间业务可分为九大类：①支付结算类中间业务，包括国内外结算业务；②银行卡业务，包括信用卡和借记卡业务；③代理类中间业务，包括代理证券业务、代理保险业务、代理金融机构委托、代收代付等；④担保类中间业务，包括银行承兑汇票、备用信用证、各类银行保函等；⑤承诺类中间业务，主要包括贷款承诺业务；⑥交易类中间业务，如远期外汇合约、金融期货、互换和期权等；⑦基金托管业务，如封闭式或开放式投资基金托管业务；⑧咨询顾问类业务，如信息咨询、财务顾问等；⑨其他类中间业务，如保管箱业务等。

此外，商业银行业务还包括外汇业务、联行往来和同业拆借业务等部分。其中，外汇业务包括外汇存款业务、外汇贷款业务和外汇结售业务等几方面。在外汇存款方面，根据存款对象可以分为单位外汇存款和个人外汇存款两类。单位存款分为甲种外汇存款和外债专户存款两种，个人外汇存款则分为乙种和丙种存款两种。对于外汇贷款业务，除按贷款期限可分为短期贷款和中长期贷款之外，还可以按照发放方式分为现钞贷款、买方信贷和抵押贷款。在外汇买卖方面，目前我国对经常项目下的外汇实行结汇、售汇制，即除按规定可以保留的外汇外，境内企业的外汇收入应按当日汇价卖给银行，企业需要对外付汇的，应持有关凭证向银行购买。

同业拆借是商业银行之间为解决资金周转需要而相互开展的资金借出借入业务，其利率水平与计结息办法由借出入双方自行协商确定，另外，借出方有权向借入方收取一定比例的约定承诺费。在我国，相互拆借的资金应通过人民银行存款账户进行转账结算，不得用现金直接拆借。拆出资金限于交足存款准备金、留足备付金和归还人民银行到期贷款之后的闲置资金，拆入资金用于弥补票据结算、联行汇差头寸的不足和解决临时性周转资金的需要。对于商业银行同业拆借双方借入与借出资金规模，人民银行按照商业银行资产负债比例管理要求进行考核。

联行往来是同一银行系统内所属各行间由于办理结算业务和资金调拨而发生相互代收、代付所发生的资金账务往来。目前，我国不少商业银行各自建立了独立的联行清算系统，以电子资金汇划与清算系统取代了原来的联行往来制度，加速了资金周转速度。在人民银行则同时存在并运转原有的手工联行系统和电子联行系统，它除办理本系统内资金划拨、国库款项上缴下拨外，还要为一些不能通过电子联行系统处理的业务提供服务。

在上述各项业务中，存贷款业务是商业银行的传统业务，也是其他业务开展的前提和基础，存贷款之间的利差是其主要资金来源部分。在开展各项业务的经营过程中，商业银行在风险管理、内部控制、资本充足率、资产质量、损失准备金、风险集中、关联交易、资产流动性等方面，必须严格遵守法定审慎经营要求，执行法律以及国务院银行业监督管理机构的有关规定。

3.3.2　商业银行业务的核算

1. 存款业务

存款业务是商业银行重要的负债业务和信贷资金的主要来源。商业银行通过吸收存款，将大量分散的社会闲散资金聚集为巨额资金，形成巨大的货币力量，通过其信用中介作用，将资金有计划地贷放出去，投入到社会再生产过程中，从而对社会经济活动进行有效的调节。[①]

（1）商业银行存款业务的分类

①按存款期限的不同，可以将存款分为活期存款和定期存款。活期存款是存入时不约定存期，可随时存取，按结息期计算利息的存款，主要包括单位活期存款和个人活期存款。定期存款是在存入时约定存期，到期支取本息的存款，主要

---

① 孟艳琼：《金融企业会计》，55～56 页，武汉，武汉理工大学出版社，2007。

包括单位定期存款和个人定期存款。

②按存款产生来源的不同，可以分为原始存款和派生存款。原始存款，又称为现金存款或直接存款，是客户将现金或现金支票送存商业银行而形成的存款，包括公款存款、私人存款、同业存款。派生存款，又称为转账存款或间接存款，是商业银行通过发放贷款、购买证券等资产业务而创造的存款。

③按存款资金性质的不同，可以分为一般存款和财政性存款。一般存款是商业银行吸收单位、个人存款项。财政性存款是商业银行经办的各级财政拨入的预算资金、待缴财政的各项资金以及财政安排的专项资金形成的存款。

④按存款币种的不同，可以分为人民币存款和外币存款。

（2）账户使用规定

前面已经介绍，单位在银行开立的存款账户可分为基本存款账户、一般存款账户、临时存款账户和专用存款账户几种。各单位必须正确使用账户，遵守有关的规定：

①一个单位只能在一家银行的一个营业机构开立一个基本存款账户。申请开立基本存款账户时，应向银行出具当地工商行政管理机关核发的"企业法人执照"或"营业执照"正本，有关部门的证明、批文、登记证书等证明文件之一。

②申请开立一般存款账户时，应向银行出具其开立基本存款账户规定的证明文件、基本存款账户开户登记证和借款合同或其他结算需要的相关证明。申请开立专用存款账户时，应向银行出具其开立基本存款账户规定的证明文件、基本存款账户登记证和经有权部门批准立项的文件或有关部门的批文或证明。申请开立临时存款账户时，应向银行出具当地工商行政管理机关核发的营业执照、临时执照或当地有权部门同意设立外来临时机构的批文。因注册验资的需要而申请开立临时存款账户时，应向银行出具工商行政管理部门核发的企业名称预先核准通知书或有关部门的批文。①

③开户实行双向选择，存款人可以自主选择开户银行，银行也可以自主选择存款人开立账户。

④存款人开立的账户只能办理存款人自身的业务活动，不能出租和转借他人；否则，对出租和转借发生的金额处以罚款并没收非法所得。②

---

① 孟艳琼：《金融企业会计》，58～59 页，武汉，武汉理工大学出版社，2007。
② 王晓枫：《金融企业会计》，55～56 页，大连，东北财经大学出版社，2007。

（3）具体业务的核算

银行会计在办理存款业务时，要根据不同的存款业务和不同账户的存款，运用"吸收存款"、"利息支出"、"应付利息"等会计科目分别进行处理。

①存入现金的核算。

单位存入现金时：

借：库存现金

　　贷：吸收存款——活期存款——××单位存款户（本金）

个人活期储蓄存款开户时：

借：库存现金

　　贷：吸收存款——活期储蓄存款——××户（本金）

②支取现金的核算。

单位支取现金时：

借：吸收存款——活期存款——××单位存款户（本金）

　　贷：库存现金

个人支取活期储蓄存款时：

借：吸收存款——活期储蓄存款——××户（本金）

　　贷：库存现金

储户支取全部存款不再续存，进而销户时：

借：吸收存款——活期储蓄存款——××户（本金）

　　　利息支出

　　贷：库存现金

　　　　应交税费——代扣利息税

个人利息所得税，税率在 2007 年 8 月 15 日前为 20%，8 月 15 日至 2008 年 10 月 8 日间为 5%，从 2008 年 10 月 9 日起免征。

③单位定期存款的核算。

单位存入定期存款时：

借：吸收存款——活期存款——××单位活期存款户（本金）

　　贷：吸收存款——定期存款——××单位定期存款户（本金）

到期转存为活期存款时：

借：吸收存款——定期存款——××单位定期存款户（本金）

借：利息支出——定期存款利息支出户

　　贷：吸收存款——活期存款——××单位活期存款户

【例3—15】某企业1年定期存款47 000元，6月26日到期时支取，月利率为1.88‰，银行转账会计处理为：

利息=47 000×12×1.88‰=1 060.32（元）

借：吸收存款——定期存款——某企业定期存款户　　　47 000

　　利息支出——某企业定期存款户　　　　　　　　　　　1 060.32

　　贷：吸收存款——活期存款——某企业活期存款户　　　　　　　　48 060.32

④定期储蓄存款业务的核算。

A. 整存整取定期储蓄存款的核算。

整存整取定期储蓄存款是在存款时约定存款期限，本金一次存入，到期一并支取本息的一种储蓄存款方式。

开户时：

借：库存现金

　　贷：吸收存款——定期储蓄存款——整存整取定期储蓄存款××户

到期支取时：

借：吸收存款——定期储蓄存款——整存整取定期储蓄存款××户

　　利息支出——定期储蓄利息支出户

　　贷：库存现金

提前支取时：①

借：吸收存款——定期储蓄存款——整存整取定期储蓄存款××户（全部本金）

　　利息支出——定期储蓄利息支出户（提前支取部分利息）

　　贷：库存现金

借：库存现金

　　贷：吸收存款——定期储蓄存款——整存整取定期储蓄存款××户（未支
　　取部分本金）

B. 零存整取定期储蓄存款的核算。

---

① 本例中列举的是部分提前支取情况的核算，如果为全部提前支取，其处理手续与到期支取相同，但按提前支取的规定计付利息。过期支取的处理手续与到期支取也是相同的，但计付的利息应包括到期利息和过期利息。

零存整取定期储蓄存款是存款时约定存款期限，每月固定存入一定数额的本金，到期一次支取本息的一种储蓄存款方式。如中途漏存一次，应在次月补存。未补存者或漏存次数在一次以上者，视同违约，并在存折上打印违约标志，对违约后存入的部分，支取时按活期存款利率计息。零存整取定期储蓄存款核算时的会计分录与整存整取定期储蓄存款相似，只是吸收存款的三级科目由"整存整取定期储蓄存款××户"变为"零存整取定期储蓄存款××户"。

C. 存本取息定期储蓄存款的核算。

存本取息定期储蓄存款是指本金一次存入，在约定存期内分次支取利息，到期支取本金的一种储蓄存款方式。存本取息定期储蓄存款开户时的会计分录与上述两种方法雷同，支取利息时，会计分录为：

借：利息支出——定期储蓄利息支出户

　　贷：库存现金

D. 整存零取定期储蓄存款的核算。

整存零取定期储蓄存款是在存款时约定存款期限，本金一次存入，分次支取，到期支取利息的一种储蓄存款方式。整存零取定期储蓄存款开户时要在存单内约定支取本金次数和每次支取数额，其核算手续与存本取息定期储蓄存款基本相同。

E. 定活两便储蓄存款的核算。

定活两便储蓄存款是存入时不约定期限，本金一次存入，可随时支取本息的一种存款方式。定活两便储蓄存款的核算手续与整存整取定期储蓄存款的核算手续基本相同。

F. 教育储蓄。

教育储蓄是银行为有中、小学子女的家庭量身定做的一个理财品种。教育储蓄存款的开户对象为在校小学四年级（含四年级）至高中的学生。教育储蓄存款为零存整取定期储蓄存款，50 元起存，每户本金合计最高限额为 2 万元，取款时储户可以享受免收利息税的优惠。

G. 个人通知储蓄存款。

个人通知储蓄存款是一次存入一定数额的本金，不约定存期但约定支取存款的通知期限，支取时按约定通知期限提前通知银行，一次或多次提取存款的一种储蓄。

⑤存款利息的计算。

利息计算的公式为：

利息＝本金×存期×利率

利率分为年利率、月利率、日利率，其相互关系如下：

年利率＝月利率×12

月利率＝日利率×30

利息计算期间从存入日起，至支取的前1日止。定期存款一般按对年、对月计算，其中对年按360天，对月按30天计算。单位活期存款和活期储蓄存款按照实际天数计算利息，按季结息。

银行在实际工作中通常采用累计日积数法计算单位活期存款利息，累计日积数是各存款户每日最后余额的逐日累积数。银行计算累计日积数时可以采用余额表和乙种账两种辅助方法。

累计日积数＝Σ（每次存取款后的余额×该余额实存天数）

利息＝累计日积数×日利率

【例3—16】某商业银行20×2年4月计息余额表部分摘要如表3—1所示，本计息期内活期存款利率为0.3‰，没有发生利率调整变化。

表3—1   ××银行

计息余额表

科目名称：活期存款   20×2年4月   单位：元

科目代号：   利率：0.3‰

第 页 共 页

日期	账号 3012022 户名 甲公司 余额		3012023 乙集团		…… ……		合计	复核盖章
1	467 000	00	略		略			
2	303 000	00						
3	475 000	00						
4	418 000	00						
5	562 000	00						

账号 / 户名 / 日期 / 余额	3012022 甲公司		3012023 乙集团		…… ……		合计	复核盖章
6	462 000	00						
7	539 000	00						
8	592 000	00						
9	684 000	00						
10	653 000	00						
10 天小计	5 155 000	00						
11	617 000	00						
⋮								
20 天小计	10 768 000	00						
21	354 000	00						
⋮								
本月合计	16 212 000	00						
至上月底未计息积数	5 361 000	00						
应加积数								
应减积数	182 000	00						
至结息日累计计息积数	15 947 000	00						
至本月底累计未计息积数	5 444 000	00						
结息日计算利息数	159	47						

会计　　　　　　　　复核　　　　　　　　记账

表 3—1 中，甲公司本计息期的利息计算如下：

至结息日累计计息积数 = 至上月底未计息积数 + 4 月 1—20 日累计计息积数 + 应加积数 − 应减积数

= 5 361 000 + 10 768 000 + 0 − 182 000

= 15 947 000（元）

至本月底累计未计息积数 = 本月合计 - 本月 1—20 日累计计息积数

$$= 16\ 212\ 000 - 10\ 768\ 000$$

$$= 5\ 444\ 000\ （元）$$

4 月 20 日计算利息数 = 至结息日累计计息积数 × （月利率 ÷ 30）

$$= 15\ 947\ 000 × （0.3‰ ÷ 30）$$

$$= 159.47\ （元）$$

4 月 21 日编制"利息清单"，办理利息转账，其会计分录为：

借：应付利息——活期存款利息户   159.47

 贷：吸收存款——活期存款——甲公司户   159.47

资产负债表日（4 月 30 日）计提利息费用 = 本月合计 × （月利率 ÷ 30）

$$= 16\ 212\ 000 × （0.3‰ ÷ 30）$$

$$= 162.12\ （元）$$

借：利息支出———活期存款利息支出户   162.12

 贷：应付利息———活期存款利息户   162.12

个人定期储蓄存款由于采取的储蓄存款种类不同，所以采用的计算公式也不尽相同，现介绍如下：

零存整取定期储蓄存款：

每元存款利息基数 = （1 + 存款月数）÷ 2 × 月利率

利息 = 存款本金 × 每元存款利息基数

存本取息定期储蓄存款：

每次支取利息数 = （本金 × 存款月数 × 月利率）÷ 支取利息次数

2. 贷款业务

贷款是金融企业向借款人提供的、按约定的利率和期限还本付息的货币资金。银行发放的贷款应当遵循长期贷款本息分别核算，商业性贷款与政策性贷款分别核算，以及自营贷款与委托贷款、应计贷款和非应计贷款分别核算的原则。非应计贷款是指贷款本金或利息逾期 90 天没有收回的贷款。应计贷款是指非应计贷款以外的贷款。当贷款的本金或利息逾期 90 天时，应由应计贷款转为非应计贷款单独核算，同时将已入账的利息收入和应收利息予以冲销。在资产负债表中，应计贷款与非应计贷款应当分别列示。从应计贷款转为非应计贷款后，在收到该笔贷款的还款时，首先应冲减本金；本金全部收回后，再收到的还款则确认为当期利息收入。

（1）贷款的分类

①按期限划分，贷款可以分为短期贷款、中期贷款和长期贷款。短期贷款是指贷款期限在1年以内（含1年）的贷款；中期贷款是指贷款期限在1年以上5年以内（含5年）的贷款；长期贷款是指贷款期限在5年以上的贷款。

②按对象划分，贷款可以分为单位贷款和个人贷款。单位贷款是指银行向企事业单位及机关团体等组织发放的贷款；个人贷款是指银行向个人发放的贷款，包括个人住房贷款、个人汽车贷款、信用卡透支、个人助学贷款等。

③按有无担保划分，贷款可以分为信用贷款和担保贷款。信用贷款是指仅凭借款人的信用而发放的贷款。担保贷款按担保方式划分，又可分为保证贷款、抵押贷款和质押贷款。保证贷款是指按《中华人民共和国担保法》（以下简称《担保法》）规定的方式，由第三人承诺在借款人不能偿还贷款时，按约定承担一般保证责任或连带责任而发放的贷款；抵押贷款是指按《担保法》规定的抵押方式，以借款人或第三人的财产作为抵押物而发放的贷款；质押贷款是指按《担保法》规定的质押方式，以借款人或第三人的动产或权利作为质押物而发放的贷款。

④按风险程度划分，贷款可以分为正常贷款、关注贷款、次级贷款、可疑贷款和损失贷款。正常贷款是指借款人能够履行合同，有充分把握按时足额偿还本息的贷款；关注贷款是指尽管借款人目前有能力偿还贷款本息，但是存在一些可能对偿还产生不利影响因素的贷款；次级贷款是指借款人的还款能力出现了明显问题，依靠其正常的经营收入已无法保证足额偿还本息的贷款；可疑贷款是指借款人无法足额偿还本息，即使执行抵押或担保，也肯定要造成一部分损失的贷款；损失贷款是指在采取了所有可能的措施和一切必要的法律程序之后，本息仍然无法收回或只能收回极少部分的贷款。

从2006年春季开始逐步显现的美国次贷危机，全称是美国房地产市场上的次级按揭贷款危机。相对来说，美国次级按揭贷款的借款人没有或缺乏足够的收入或还款能力证明，或者其他负债较重，所以他们的资信条件较"次"。

次级按揭贷款的借款人通常要支付更高的利率，并遵守更严格的还款方式。然而受美国过去的数年以来信贷宽松、金融创新活跃、房地产和证券市场价格上涨的影响，这些要求没有得到真正的实施，使得次级按揭贷款的还款风险产生了潜在变成现实的可能性。在这个过程中，美国一些金融机构纵容次贷的过度扩张及其关联的贷款打包和债券化规模，使得在一定条件下发生的次级按揭贷款违约事件规模的扩大，到了引发危机的程度。

次贷危机发生的条件，是信贷环境改变，特别是房价下降。在这种情况下，再融资，或者把抵押的房子收回来再转售就不容易实现，乃至办不到，或发生亏损。在较大规模地、集中地发生这类事件时，危机就出现了。①

（2）贷款的损失准备

银行应当在期末分析各项贷款（不包括质押贷款和委托贷款，下同）的可收回性，并预计可能产生的贷款损失。对预计可能产生的贷款损失，计提贷款损失准备。贷款损失准备应根据借款人的还款能力、贷款本息的偿还情况、抵押品的市价、担保人的支持力度和金融企业内部信贷管理等因素，分析其风险程度和回收的可能性，合理计提。贷款损失准备包括专项准备和特种准备两种。专项准备按照贷款五级分类结果，及时、足额计提；具体比例由金融企业根据贷款资产的风险程度和回收的可能性合理确定。特种准备是指金融企业对特定国家发放贷款计提的准备，具体比例由金融企业根据贷款资产的风险程度和回收的可能性合理确定。提取的贷款损失准备计入当期损益，发生贷款损失冲减已计提的贷款损失准备。已冲销的贷款损失，以后又收回的，其核销的贷款损失准备予以转回。计提贷款损失准备的资产，是指金融企业承担风险和损失的贷款（含抵押、质押、保证、无担保贷款）、银行卡透支、贴现、信用垫款（如银行承兑汇票垫款、担保垫款、信用证垫款等）、进出口押汇等。

对由银行转贷并承担对外还款责任的国外贷款，包括国际金融组织贷款、外国买方信贷、外国政府贷款、日本国际协助银行不附条件贷款和外国政府混合贷款等资产，也应当计提贷款损失准备。对不承担风险的委托贷款等，银行不计提贷款损失准备。

（3）会计科目的设置

在会计处理上，应设置"贷款"科目，对贷款的发放、回收进行核算。当银行发放贷款时记入借方，到期收回贷款时记入贷方。对于因特殊原因不能按期归还而需要展期的贷款，会计部门根据审查批准意见，在原借据上批注展期后的还款日期，不再进行账务处理。未办理贷款展期手续或贷款到期（含展期后）

---

① 相关内容参见人民网（www. people. com. cn）。

接受贷款单位无正当理由而不归还的贷款为逾期贷款，将原贷款从"贷款"转入"逾期贷款"资产类会计科目进行核算。对于贷款本金或利息逾期90天没有收回的贷款，则转为非应计贷款，记入"非应计贷款"资产类会计科目并在表外备查登记，其应计利息停止计入当期利息收入，也纳入表外核算。非应计贷款还款时，首先应当冲减贷款本金，如有余额再确认为当期利息收入。

对于贷款损失准备应单独设置"贷款损失准备"会计科目，用于反映贷款损失准备的提取和使用情况。提取的贷款损失准备计入当期损益，发生贷款损失冲减已计提的贷款损失准备。已冲销的贷款损失，以后又收回的，其核销的贷款损失准备予以转回。在资产负债表上，应将贷款损失准备作为贷款的减项，加以单独反映。

应设置"贷款——抵（质）押贷款"资产类会计科目，用于反映抵（质）押贷款的发放、收回或核销情况。在发放抵（质）押贷款时，除了记入该科目，同时还应对抵（质）押物通过"代保管有价值品"表外科目进行记载。到期不能收回者，应向借款人填发"处理抵（质）押品通知单"，而后依法对抵（质）押物出售、拍卖。当拍卖、变卖抵押物的价款超过贷款本金和利息时，应将超过贷款本金和利息的多余部分归还抵押人；若拍卖、变卖抵押物的价款低于贷款本息及处理费用，债务人应以其他资产拍卖或变卖偿还贷款本息，但抵押权人不再享有优先受偿权。

在票据贴现方面，则应使用"贴现资产"资产类会计科目，对汇票贴现受理、汇票到期收回贴现票款进行核算。

（4）贷款业务的核算

贷款的利息主要有定期结息和利随本清两种计息方法。定期结息方法是指按规定的结息期结利息，并采用计息余额表计算累计计息积数、乘以日利率的方法计算，转入"应收利息"科目；利随本清则指在规定的贷款期限，在收回贷款的同时逐笔计收利息。贷款时间算头不算尾，采用对年对月对日的方法计算，对年按360天，对月按30天，不满月的零头天数按实际天数计算，计算公式为：

本金×时期×利率＝利息

【例3—17】工商银行某支行向某单位发放6个月的短期贷款30万元，登记借据并以借款凭证第二联代转账借方传票，第三联代转账贷方传票，作会计分录：

借：贷款——短期贷款——某单位贷款户   300 000

　　贷：吸收存款——活期存款——某单位存款户   300 000

6 个月后支行收回该贷款，注销借据，并以还款凭证、特种转账传票第一、二联代转账借方传票、贷方传票，作会计分录：

借：吸收存款——活期存款——某单位存款户   300 000

　　贷：贷款——短期贷款——某单位贷款户   300 000

【例3—18】民生银行某支行对某单位的一笔中长期贷款 70 万元展期后到期，该笔贷款逾期 90 天仍没有收回，因而转为非应计贷款，作会计分录：

借：贷款——非应计贷款——某单位户   700 000

　　贷：贷款——应计贷款——某单位户   700 000

【例3—19】建设银行根据有关规定，对金额为 700 万元的贷款提取贷款损失准备金 70 万元，作会计分录：

借：资产减值损失   700 000

　　贷：贷款损失准备   700 000

借：贷款——已减值   7 000 000

　　贷：贷款——本金   7 000 000

【例3—20】兴业银行某支行经法定程序审批后，核销某单位贷款损失准备 50 万元，作会计分录：

借：贷款损失准备   500 000

　　贷：贷款——已减值——某单位户   500 000

7 个月后，已核销的该贷款收回 10 万元，作会计分录：

借：贷款——已减值——某单位户   500 000

　　贷：贷款损失准备   500 000

借：吸收存款——活期存款——某单位存款户   100 000

　　资产减值损失   400 000

　　贷：贷款——已减值——某单位户   500 000

票据贴现即持票人在汇票到期前，为提前取得票款而向银行贴付一定利息所作的票据转让行为，也是商业银行以购买未到期商业票据方式发放的贷款。票据签发、取得与转让的基础是真实的交易关系或债权债务关系。银行接到汇票和贴现凭证后，按照规定的贴现率计算贴现息，计算公式为：

贴现利息=贴现金额×贴现期限（天数）×贴现率

实付贴现金额=贴现金额×贴现息

在会计处理上，应设置"贴现"科目进行核算。

【例3—21】招商银行某支行受理某企业面额为40万元的商业汇票贴现申请，经会计部门核算，贴现利息为1.83万元，实付贴现金额为38.17万元，作会计分录：

借：贴现资产——商业承兑汇票户　　　　　　　　　　　　　400 000
　　贷：吸收存款——活期存款——某企业单位存款户　　　　　　　381 700
　　　　利息收入——贴现利息收入户　　　　　　　　　　　　　　18 300

商业汇票到期，招商银行某支行作为收款人，通过承兑人开户行以联行划转方式将款项收回，作会计分录：

借：清算资金往来　　　　　　　　　　　　　　　　　　　　400 000
　　贷：贴现资产——商业承兑汇票户　　　　　　　　　　　　　400 000

3. 中间业务的核算

大多数中间业务的会计核算只有收取手续费和表外科目记账的处理，如咨询类、保管类业务等。

（1）支付结算类及银行卡业务

支付结算是银行代客户清偿债权债务、收付款项的一项业务量大、风险小、收益稳定的传统业务，是在银行存款业务基础上产生的中间业务。按照涉及区域的不同，结算种类分为异地结算、同城结算和同城异地通用型结算三种。

①支付结算的原则

A. 恪守信用，履约付款

办理支付结算业务时，当事人必须按照约定，依法承担义务和行使权利。付款人应按照规定，履约付款，不得任意拖欠款项和无理拒付款项。收款方也应按合同规定履行义务，提供商品。银行应准确及时传递凭证，按规定为双方办理收付款项，维护正常结算秩序，保障各方当事人的经济利益。

B. 谁的钱进谁的账，由谁支配

银行在办理支付结算业务时，应按照委托人的要求收款和付款，保护客户对其存款的所有权和自主支配权：按照收款人的账号、户名，及时为其收账；按照付款人的委托，办理款项的支取。对存款人的资金，除法律另有规定外，其他任何单位、个人及银行本身不得对其资金进行干预和侵犯。

C. 银行不垫款

银行在办理支付结算过程中，必须坚持"先付后收，收妥抵用"。银行代收的款项，在尚未收妥入账之前，客户不得支用；客户委托银行代付款项，必须在账户上有足够的存款余额。执行这一规定，有利于保护银行资金安全，从而划清银行与客户的资金界限。

②支付结算纪律

A. 单位和个人应遵守的结算纪律

单位和个人办理支付结算业务时，必须严格执行《中华人民共和国票据法》、《支付结算办法》、《银行账户管理办法》等规定，不准签发没有资金保证的票据或远期支票，套取银行信用；不准签发、取得和转让没有真实交易和债权债务关系的票据，套取银行和他人资金；不准无理拒付，任意占用他人资金；不准违反规定开立和使用账户。

B. 银行应遵守的结算纪律

银行应按照相关法律和支付结算制度办理结算，不准以任何理由压票、任意退票、截留挪用客户和他行资金；不准无理拒付；不准违章签发、承兑、贴现票据；不准签发空头银行汇票、本票及办理银行汇款；不准在支付结算制度之外附加条件，影响汇路畅通；不准违反规定为单位和个人开立账户；不准拒绝受理、代理他行正常结算业务；不准改变对企事业单位和个人违反结算纪律的制裁；不准受理无理拒付、不扣或少扣滞纳金、罚金；不准逃避向中央银行转汇大额汇划款项。

③支付结算的方式

我国支付结算的方式按照使用的支付结算工具的不同，分为三类：票据、结算凭证、信用卡，具体包括支票、银行本票、银行汇票、商业汇票、汇兑、托收承付、委托收款和信用卡等。其中，银行汇票、汇兑、托收承付用于异地支付结算；银行本票和支票用于同城支付结算；商业汇票、委托收款和信用卡同城异地均可使用（如图3—1所示）。

A. 支票

支票是由出票人签发的委托办理支票存款业务的银行在见票时无条件支付确定的金额给收款人或持票人的票据。

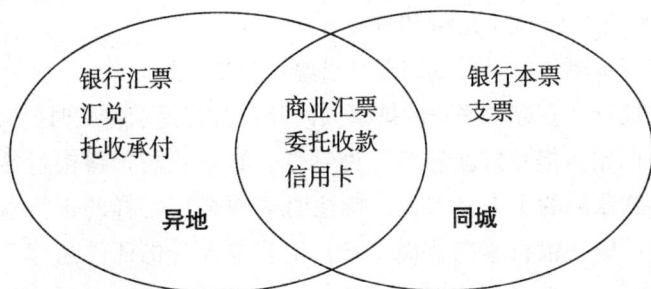

图 3—1　结算方式按收付款地区不同进行的划分

支票有现金支票、转账支票和普通支票三种。支票上印有"现金"字样的为现金支票，现金支票只能用于支取现金。支票上印有"转账"字样的为转账支票，转账支票只能用于转账。支票上未印有"现金"或"转账"字样的为普通支票，普通支票既可以用于转账，也可以用于支取现金。在普通支票左上角划两条平行线的为划线支票，划线支票只能用于转账，不得支取现金。

出票人签发的支票必须记载下列内容：表明"支票"的字样；无条件付款的委托；确定的金额；付款人名称；出票日期；出票人签章。缺乏记载上列事项之一的，支票无效。签发支票应使用碳素墨水或墨汁填写。

支票的提示付款期为 10 天，自出票的次日起算，到期日遇法定假日顺延。对超过提示付款期限的，持票人开户银行不予受理，付款人不予付款。

B. 银行本票

银行本票是指银行签发的，承诺自己在见票时无条件支付确定的金额给收款人或持票人的票据。银行本票见票即付，支付功能强，信用高。

签发银行本票必须记载下列事项：表明"银行本票"的字样；无条件支付的承诺；确定的金额；收款人的名称；出票日期；出票人签章。欠缺上列事项之一的，银行本票无效。

银行本票的基本规定主要有：

第一，银行本票可以用于转账，填明"现金"字样的银行本票，也可以用于支取现金，现金银行本票的申请人和收款人均为个人。

第二，银行本票可以背书转让，填明"现金"字样的银行本票不能背书转让。

第三，银行本票分为定额本票和不定额本票两种，定额银行本票面额为

1 000元、5 000 元、10 000 元和 50 000 元。

第四，银行本票的提示付款期限自出票日起 2 个月。

第五，在银行开立存款账户的持票人向开户银行提示付款时，应在银行本票背面"持票人向银行提示付款签章"处签章，签章须与预留银行签章相同。未在银行开立存款账户的个人持票人，持注明"现金"字样的银行本票向出票银行支取现金时，应在银行本票背面签章，记载本人身份证件名称、号码及发证机关。

第六，银行本票丧失，失票人可以凭人民法院出具的享有票据权利的证明，向出票银行请求付款或退款。

C. 银行汇票

银行汇票是指由出票银行签发的，由其在见票时按照实际结算金额无条件付给收款人或者持票人的票据。银行汇票的出票银行为银行汇票的付款人。

签发银行汇票必须记载下列事项：表明"银行汇票"的字样；无条件支付的承诺；出票金额；付款人名称；收款人名称；出票日期；出票人签章。欠缺上列事项之一的，银行汇票无效。

银行汇票的规定主要有：

第一，单位和个人各种款项的结算，均可使用银行汇票。银行汇票可以用于转账，填明"现金"字样的银行汇票也可以用于支取现金。申请人或者收款人为单位的，不得在"银行汇票申请书"上填明"现金"字样。

第二，银行汇票的提示付款期限自出票日起 1 个月，持票人超过付款期限提示付款的，代理付款人不予受理。

第三，银行汇票的出票和付款，全国范围限于中国人民银行和各商业银行参加"全国联行往来"的银行机构办理。跨系统银行签发的转账银行汇票的支付，应通过同城票据交换将银行汇票和解讫通知提交给同城有关银行支付后抵用。

第四，代理付款人不得受理未在本行开立存款账户的持票人为单位直接提交的银行汇票。

第五，银行汇票可以背书转让，但标明"现金"字样的银行汇票不得转让。未填明实际结算金额或实际结算金额超过出票金额的银行汇票不得背书转让。银行汇票的实际结算金额不得更改，更改实际结算金额的银行汇票无效。

第六，银行汇票丧失，失票人可以凭人民法院出具的其享有票据权利的证明，向出票银行请求付款或退款。填明"现金"字样和代理付款人的银行汇票丧失，失票人可以通知付款人或代理付款人挂失止付。

D. 商业汇票

商业汇票是指由付款人或存款人（或承兑申请人）签发，由承兑人承兑，并于到期日向收款人或被背书人支付款项的一种票据。商业汇票按承兑人的不同，可以分为商业承兑汇票和银行承兑汇票两种。商业承兑汇票是指由收款人签发，经付款人承兑，或者由付款人签发并承兑的汇票；银行承兑汇票是指由收款人或承兑申请人签发，并由承兑申请人向开户银行申请，经银行审查同意承兑的汇票。

签发商业汇票必须依《支付结算办法》第七十八条的规定，详细记载下列事项：表明"银行承兑汇票"或"商业承兑汇票"的字样；无条件支付的委托；确定的金额；付款人名称；收款人名称；出票日期；出票人签章。欠缺上列事项之一的，商业汇票无效。

办理商业汇票必须注意下列事项：

第一，商业汇票的出票人，应为在银行开立存款账户的法人以及其他组织，与付款人（即承兑人）具有真实的委托付款关系，并具有支付汇票金额的可靠资金来源。

第二，办理商业汇票必须以真实的交易关系和债权债务关系为基础，出票人不得签发无对价的商业汇票，用以骗取银行或其他票据当事人的资金。

第三，商业汇票可以在出票时向付款人提示承兑后使用，也可以在出票后先使用再向付款人提示承兑。商业承兑汇票和银行承兑汇票的持票人员均应在汇票到期日前向付款人提示承兑，承兑不得附有条件。

第四，商业汇票的付款期限最长不得超过 6 个月。我国目前使用的商业承兑汇票和银行承兑汇票所采用的都是定日付款形式，出票人签发汇票时，应在汇票上记载具体的到期日。

第五，商业汇票的提示付款期限为自汇票到期日起 10 日，异地委托收款的持票人可匡算邮程，提前通过开户银行办理委托收款。超过提示付款期限的，开户银行不予受理。

第六，商业汇票的持票人向银行申请贴现时，必须提供与其直接前手之间的增值税发票和商品发运单据复印件。贴现利息的计算方面，承兑人在异地的，贴现、转贴现和再贴现的期限以及贴现利息的计算应另加 3 天的划款日期。

E. 汇兑

汇兑是汇款人委托银行将款项汇往异地收款人的一种结算方式。

汇兑根据划转款项方法的不同以及传递方式的不同，可以分为信汇和电汇两种，由汇款人自行选择。信汇是汇款人向银行提出申请，同时交存一定金额及手续费，汇出行将信汇委托书以邮寄方式寄给汇入行，授权汇入行向收款人解付一定金额的一种汇兑结算方式。电汇是汇款人将一定款项交存汇款银行，汇款银行通过电报或电传给目的地的分行或代理行（汇入行），指示汇入行向收款人支付一定金额的一种汇款方式。

签发汇兑凭证时，必须记载下列事项：表明"信汇"或"票汇"的字样；无条件支付的委托；确定的金额；汇款人名称；收款人名称；汇入地点，汇入行名称；汇出地点，汇出行名称；委托日期；汇款人签章。欠缺记载上述事项之一的，银行不予受理。

汇款人和收款人均为个人，需要在汇入行支取现金的，应在汇兑凭证的"汇款金额"大写栏先填写"现金"字样，后填入汇款金额。汇款人确定不转汇的，应在汇兑凭证各栏注明"不得转汇"字样。汇兑结算，没有金额起点的限制，不管款多款少都可使用。

汇兑结算方式除了适用于单位之间的款项划拨外，也可用于单位对异地的个人支付有关款项，如退休工资、医药费、各种劳务费、稿酬等，还可用个人对异地单位所支付的有关款项，如邮购商品、书刊等。

F. 委托收款

委托收款是收款人委托银行向付款人收取款项的结算方式。

签发委托收款凭证必须记载下列事项：表明"委托收款"的字样；确定的金额；付款人名称；收款人名称；委托收款凭据名称及附寄单证张数；委托日期；收款人签章。欠缺上列事项之一的，银行不予受理。

委托收款结算方式的基本规定有：

第一，委托收款结算款项的划回方式有邮寄和电报划回两种，由收款人根据需要使用。

第二，委托收款不受金额起点的限制。

第三，收款人办理委托收款应向银行提交委托收款凭证和有关的债务证明。

第四，付款人对收款人委托收取的款项需要拒绝付款的，可以办理拒绝付款。拒绝付款的，付款人应在收到委托收款及债务证明或在收到通知日的次日起3日内出具拒绝证明。

第五，在同城范围内，收款人收取公用事业费，如水电、邮电、电话等费用或根据有关规定，可以使用同城特约委托收款，即收、付款单位双方事先签订经济合同，收款单位委托银行收款时，由付款人向开户银行授权，银行从付款单位账户主动付款转入收款人账户的一种结算方式。

G. 托收承付

托收承付结算，是指根据购销合同由收款人发货后委托银行向异地购货单位收取货款，购货单位根据合同核对单证或验货后，向银行承认付款的一种结算方式。

签发托收承付凭证必须记载下列事项：表明"托收承付"的字样；确定的金额；付款人的名称及账号；收款人的名称及账号；付款人开户银行名称；收款人开户银行名称；托收附寄单证张数或册数；合同名称及号码；委托日期；收款人签章。欠缺上列事项之一的，银行不予受理。

托收承付方式的基本规定有：

第一，收、付款单位是国有企业、供销合作社以及经营管理较好，并经开户银行审查同意的城乡集体所有制工业企业。

第二，办理结算的款项属于商品交易以及因商品交易而产生的劳务供应的款项，代销、寄销、赊销商品的款项不能办理托收承付。

第三，收、付款人双方签有符合《中华人民共和国合同法》（以下简称《合同法》）的购销合同，并在合同中规定使用托收承付结算方式。

第四，异地托收承付结算每笔金额起点为 10 000 元，新华书店系统每笔金额起点为 1 000 元。

第五，收款人办理托收，应提供商品确已发运的证件（如铁路、航运、公路等运输部门签发的运单、运单副本或邮寄包裹回执）。

第六，托收承付款项的划回方式分为邮寄和电报两种，由收款人选择使用。

第七，承付货款分为验单付款和验货付款两种，由收、付款人双方协商选用，并在合同中明确规定。验单付款的承付期为 3 天，从付款人开户银行发出承付通知的次日算起；验货付款的承付期为 10 天，从运输部门向付款人发出提货通知的次日算起。不论是验单付款还是验货付款，付款人都可以在承付期内提前向银行表示承付，并通知银行提前付款。

第八，对符合拒绝付款条件的，付款人在承付期内，可向银行提出全部或部分拒绝付款。

第九，付款单位开户银行对不足支付的托收款项可作逾期付款处理，但对拖欠单位按每日 0.005% 计算逾期付款赔偿金。

H. 信用卡

信用卡是商业银行向个人和单位发行的，凭以向特约单位购物、消费和向银行存取现金，具有消费信用的特制载体卡片，其形式是一张正面印有发卡银行名称、有效期、号码、持卡人姓名等内容，背面有磁条、签名条的卡片。

作为一种支付工具的银行卡，按性质可以分为借记卡、准贷记卡和贷记卡三种。借记卡不能透支，所对应的账户内有多少钱就只能用多少钱。准贷记卡是具有中国特色的信用卡，在社会征信体制不完善的情况下，往往需要凭担保或存保证金才可以有条件、有限度地透支消费，逐渐退出了金融领域。贷记卡是真正意义上的信用卡，和准贷记卡最大的区别在于，申办无须担保、无须保证金、透支消费具有免息期。《信用卡业务管理办法》规定，我国目前的信用卡是由商业银行向个人或单位发行的，禁止非金融机构和非银行金融机构经营信用卡业务。

信用卡按使用对象可以分为单位卡和个人卡；按信誉等级可以分为金卡和普通卡；按币种可以分为人民币卡和外币卡；按载体材料可以分为磁条卡和智能卡。各大国有控股银行和全国性股份制商业银行均发行有信用卡。

根据《信用卡业务管理办法》第十七条、第十八条、第十九条的规定，信用卡持卡人可以在法定的限额和期限内进行消费用途的透支，例如，透支限额有的为金卡 1 万元、普通卡 500 元，透支期限最长为 60 天。信用卡透支利息，自签章日或银行记账日起 15 日内按日息 5% 计算，超过 15 日按日息 10% 计算，超过 30 日或透支超过规定限额的，按日息 15% 计算。

④支付结算的具体核算

作为中介机构，银行在结算业务中借助银行汇票、商业汇票、银行本票和支票等结算工具，按照《中华人民共和国票据法》、《支付结算办法》和账户管理的规定，为交易双方提供资金清算服务，不对其债权债务负责。银行会计部门应当使用"库存现金"、"存放中央银行款项"、"清算资金往来"、"吸收存款"、

"手续费及佣金收入"等会计科目，对各种结算业务进行核算。

【例3—22】建设银行某支行经审核向某企业签发定额银行本票5万元，其会计分录为：

借：吸收存款——活期存款——某企业单位户   50 000

    贷：清算资金往来——定额本票   50 000

【例3—23】工商银行某支行根据承兑协议，按照票面金额2‰，向承兑申请人某企业收取承兑手续费795元，其会计分录为：

借：吸收存款——活期存款——某企业单位户   795

    贷：手续费及佣金收入   795

【例3—24】民生银行收到客户交来的信汇凭证一份，要求将30 000元汇给大发公司，审核无误后，汇款额从其存款账户扣除。会计分录如下：

借：吸收存款——活期存款——大发公司户   30 000

    贷：清算资金往来   30 000

【例3—25】招商银行收到其他银行寄来的邮划给大发公司的汇兑凭证一份，金额为30 000元，审核无误后入账。会计分录为：

借：清算资金往来   30 000

    贷：吸收存款——活期存款——大发公司户   30 000

【例3—26】工商银行为客户承兑的银行承兑汇票已到期，金额为70 000元，而客户的账户余额为62 000元，予以收取，不足款项转入逾期贷款账户。会计分录为：

借：吸收存款——活期存款——某单位户   62 000

    逾期贷款——某单位户   8 000

    贷：清算资金往来   70 000

【例3—27】某企业向民生银行某支行申领转账卡6万元，经审查同意，支行按1%收取手续费，并填制特种转账贷方传票。其会计分录为：

借：吸收存款——活期存款——某单位户   60 600

    贷：吸收存款——某企业信用卡户   60 000

    手续费及佣金收入——转账卡   600

(2) 委托贷款业务的核算

委托贷款业务一般由信托投资公司来提供，是指委托人提供资金，由银行或信托投资公司（受托人）根据委托人确定的贷款对象、用途、金额、期限、利率等而代理发放、监督使用并协助收回的贷款，其风险由委托人承担。金融企业发放委托贷款时，只收取手续费，不得代垫资金。银行或信托投资公司因发放委托贷款而收取的手续费，按收入确认条件予以确认。

在新会计准则颁布之前，企业可以通过设立"委托贷款"一级科目，下设"本金"、"利息"、"减值准备"三个明细科目对委托贷款进行核算，但是在2007年实行的新《企业会计准则》中取消了"委托贷款"会计科目，并且《企业会计制度》第二章第十六条规定：企业的委托贷款，应视同短期投资进行核算。但是，委托贷款应按期计提利息，计入损益；企业按期计提的利息到付息期不能收回的，应当停止计提利息，并冲回原已计提的利息。期末时，企业的委托贷款应按资产减值的要求，计提相应的减值准备。

在实际的操作过程中，企业应通过"代理业务资产"、"代理业务负债"等科目进行核算。

【例3—28】甲公司委托银行发放贷款1 000万元，在发放委托贷款的时候支付银行手续费36万元。银行将这笔1 000万元的资金贷给乙企业并按季进行结息，委托贷款的期限为1年，年利率为6%。

银行的账务处理如下。

收到甲公司划来的款项时：

借：吸收存款——甲公司   10 000 000

　　贷：代理业务负债——甲公司   10 000 000

向乙企业发放贷款时：

借：代理业务资产——乙公司   10 000 000

　　贷：吸收存款——乙公司   10 000 000

收回贷款本息时：

借：吸收存款——乙公司   10 600 000

　　贷：代理业务资产——乙公司（本金）   10 000 000

　　　　　　　　　　——已实现未结算损益   600 000

与甲公司结算手续费时：

借：代理业务资产——已实现未结算损益   600 000

　　贷：手续费及佣金收入   360 000

　　　　贷：代理业务负债——甲公司　　　　　　　　　　　　　　　　240 000

　　与甲公司终止委托业务时：

　　借：代理业务负债——甲公司　　　　　　　　　　　10 240 000

　　　　贷：吸收存款——甲公司　　　　　　　　　　　　　　　　　10 240 000

（3）代理债券业务的核算

　　代理债券业务包括代理发行和代理兑付债券，代理的债券可以包括国债、金融债券、公司债券。代理发行债券的核算应设置"代理承销证券款"科目，核算商业银行代理发行债券的应付债券款项。以国债为例，商业银行领入国债时，借记"代理承销证券款——国债"，贷记"存放中央银行款项"。代理发行债券时，借记"库存现金"等有关科目，贷记"代理承销证券款——国债"科目。领入国债及发行国债的同时要记表外科目分户账。

　　代理兑付债券，应设置"代理兑付证券款"科目，核算商业银行代理兑付到期债券的本息款项。以国债为例，商业银行收到财政部拨付的到期债券本息款时，借记"存放中央银行款项"，贷记"代理兑付证券款"。代理兑付债券时，借记"代理兑付证券款"，贷记"库存现金"等有关科目。若客户到非出售行兑付国债，则代理兑付行应，借记"清算资金往来"，贷记"库存现金"和"手续费及佣金收入"科目。出售行收到兑付行转交来的票据后，借记"代理兑付证券款"，贷记"清算资金往来"。"代理兑付证券款"科目属负债类科目，余额在贷方。若客户提前兑付，则应使用"代理兑付证券"科目，该科目属资产类科目，余额在借方。

　　【例 3—29】工商银行收到国债，根据有关债券领用单据填制"重要单证入库单"一式三联，金库管库员审核单据清点债券无误后办理入库，按领入的国债金额 3 000 万元，在表外科目"未发行债券"入账：

　　收入：未发行债券　　　　　　　　　　　　　　　　　　　30 000 000

　　借：代理承销证券款——国债　　　　　　　　　　　30 000 000

　　　　贷：存放中央银行款项　　　　　　　　　　　　　　　　30 000 000

　　工商银行某分行发行债券收到现金 3000 万元，作会计分录：

　　借：库存现金　　　　　　　　　　　　　　　　　　30 000 000

　　　　贷：代理承销证券款——国债　　　　　　　　　　　　　30 000 000

　　同时，登记表外科目账：

付出：未发行债券 30 000 000

（4）担保业务的核算

商业银行担保业务是担保银行接受申请人的委托，向债权单位（受益单位）出具的一种书面担保证明。当委托人对其债权人的合同不能履行时，由担保银行按约定承担连带责任，代为偿付债务或承担赔偿责任。目前银行担保业务分为付款类保函、履约类保函、债务类保函三类。其中，履约类保函包括工程招标投标保函、工程承包保函和工程维修保函；付款类保函包括预收款退款保函、分期付款保函、引进国外设备信用证结算保函；债券类保函包括借款保函和租赁保函等。应设置"存入保证金"科目对保证金的缴存、终止进行会计核算。

【例3—30】农业银行某支行采取缴存保证金的方式为某企业提供反担保，支行业务部门与申请人、反担保人正式签订"出具保函协议书"和相应的反担保合同后，申请人交存保证金46万元，以支付票据作借方记账凭证，进账单第二联作贷方记账凭证，作会计分录：

借：存放同业 460 000

贷：存入保证金——某企业户 460 000

该"出具保函协议书"生效后，支行根据业务部门通知按照"出具保函协议书"的约定向被保证人收取手续费5 000元，填制"业务收费凭证"办理转账。会计分录为：

借：存放同业 5 000

贷：手续费及佣金收入 5 000

营业柜台收到业务部门出具的保函时，填制表外科目收入凭证，登记表外科目明细账：

收入：开出保函——某企业户 460 000

当被保证人在合理时间内未能筹足偿债资金，而使经办行垫付款项时，应向被保证人和反担保人主张追索权及反担保债权。应首先全额扣划保证金，不足部分列"逾期贷款——担保垫款"科目核算。同时，填制表外科目付出凭证，登记表外科目明细账"付出：开出保函——××申请人户"。

4. 外汇业务

（1）外汇业务的概念

外汇是国际汇兑的简称。外汇的概念有静态和动态两方面含义。动态外汇，是指把一国货币兑换成为另一国货币以清偿国际债务的金融活动。静态外汇，是指以外国货币表示的可以用于国际清偿和国际结算的支付手段和资产。

2008 年颁布的《中华人民共和国外汇管理条例》第三条规定，我国的外汇包括以下内容：

①外币现钞，包括纸币、铸币；

②外币支付凭证或者支付工具，包括票据、银行存款凭证、银行卡等；

③外币有价证券，包括债券、股票等；

④特别提款权；

⑤其他外汇资产。

外汇业务是指商业银行经办的涉及外汇收支的业务。目前银行允许办理的外汇业务主要有：外汇存款；外汇汇款；外汇贷款；外汇借款；发行或代理发行股票以外的外币有价证券；外汇票据的承兑和贴现；外汇投资；买卖或者代理买卖股票以外的外币有价证券；自行或代客外汇买卖；外币兑换；外汇担保；贸易、非贸易结算；资信调查、咨询、签证业务；国家外汇管理局批准的其他外汇业务。

（2）外汇业务的核算特点

①账务记载上实行外汇分账制

外汇业务专门的核算方法有两种：外汇统账制和外汇分账制。

外汇统账制也叫本币记账法，即在业务发生时，以本国货币为记账单位，外国货币按一定的汇率折成本国货币记账的一种方法。

所谓外汇分账制，又称原币记账法，是指经营外汇业务的银行，对所有账务组织和账务处理都采用原币为记账单位的一种记账方法。在这种方法下，按照不同原币，分别填制凭证、登记账簿、编制报表，各种外币都自成一套独立的账务系统。银行经营外汇业务涉及外币与本币之间的交易。会计期末；各种分账货币，应分别编制财务报表，此外，各外币报表应按照年终决算牌价折合为人民币，与原人民币财务报表汇总合并成本、外币合并的财务报表。

②设置"货币兑换"这一特定会计科目

"货币兑换"科目的设置是由采用外汇分账制所决定的。为了保持账务的平衡，当涉及两种或两种以上货币相互兑换时，必须通过"货币兑换"这个特定科目作为桥梁进行核算，将一笔业务在本币账和外币账上同时等值反映，使人民币账和有关外币账符合复式借贷记账原理,实现各自的平衡。

(3) 外汇买卖业务

对于外汇买卖,银行采用外汇分账制的专门核算方法,根据外汇买卖借方传票和贷方传票,以"货币兑换"科目在账务上将外币与人民币联系起来。当买入外汇时,银行借记有关人民币金额科目,贷记"货币兑换"科目;当卖出外汇时,银行借记"货币兑换"科目,贷记有关人民币金额科目。必须指出的是,随着银行外汇业务的不断拓展,银行在经营外汇资金业务中也产生不少自身的结汇和购汇需要,如银行外汇利润结汇,支付咨询、评估和租赁等外汇费用,资本项目增资购汇等。为适应我国加入世贸组织后金融业扩大开放的形势,统一中外资银行结售汇管理政策,中国人民银行根据《中华人民共和国外汇管理条例》及其他有关规定,对银行与客户之间的结售汇业务和自身结售汇业务分别进行管理和统计,对银行结售汇业务的会计核算进行规范,要求各行建立独立的结售汇会计科目,并在结售汇会计科目下,区分与客户之间的结售汇业务、自身结售汇业务、系统内结售汇头寸平补以及市场结售汇头寸平补交易,分别予以核算。

①买入外汇的处理

买入外汇也称结汇,是指银行支付人民币买进外汇(含外钞)。买汇时会计分录为:

借:××科目   外币
　贷:货币兑换(汇买价或钞买价)   外币
借:货币兑换(汇买价或钞买价)   人民币
　贷:××科目   人民币

②卖出外汇的处理

卖出外汇又称售汇,是指银行收取人民币卖出外汇(含外钞)。卖汇时会计分录为:

借:××科目   人民币
　贷:货币兑换(汇卖价)   人民币
借:货币兑换(汇卖价)   外币
　贷:××科目   外币

【例3—31】华夏银行向某进口单位卖出美元2 000美元,卖出价为100美元=687.61元人民币。其会计分录为:

借：吸收存款——某单位外汇活期存款　　　　　　　　¥13 752. 20

　　贷：货币兑换　　　　　　　　　　　　　　　　　　　　　¥13 752. 20

借：货币兑换　　　　　　　　　　　　　　　　　　　USD 2 000

　　贷：吸收存款——某单位外汇活期存款　　　　　　　　　USD 2 000

③套汇的处理

套汇有两种情况：一种是两种现汇之间的转换，其通过人民币核算，对收入的一种外币按买入价折成人民币填汇买卖科目传票，然后将折合的人民币按另一种外币的卖出价折算出另一种外汇金额，填制外汇买卖科目传票；另一种是现钞与现汇之间的转换，即银行买进现钞卖出现汇或买进现汇卖出现钞。套汇时会计分录为：

借：××科目　　　　　　　　　　　　　　　　　　买入外币

　　贷：货币兑换（汇买价或中间价）　　　　　　　　　　买入外币

借：货币兑换　　　　　　　　　　　　　　　　　　人民币

　　贷：货币兑换　　　　　　　　　　　　　　　　　　人民币

借：货币兑换（汇卖价或中间价）　　　　　　　　　卖出外币

　　贷：××科目　　　　　　　　　　　　　　　　　　卖出外币

【例 3—32】某进出口公司要求将其收到的汇款 3 000 美元存入其在银行开立的英镑存款账户中，设当日美元汇买价为 100 美元＝684. 87 元人民币，英镑汇卖价为 100 英镑＝1 018. 15 元人民币，该业务中银行买入美元，卖出英镑，其会计分录为：

借：吸收存款　　　　　　　　　　　　　　　　　　USD 3 000. 00

　　贷：货币兑换　　　　　　　　　　　　　　　　　　USD 3 000. 00

借：货币兑换　　　　　　　　　　　　　　　　　　¥20 546. 10

　　贷：货币兑换　　　　　　　　　　　　　　　　　　¥20 546. 10

借：货币兑换　　　　　　　　　　　　　　　　　　GBP 2 017. 98

　　贷：吸收存款——某公司外汇活期存款　　　　　　　　GBP 2 017. 98

（4）外汇存款业务

外汇存款是商业银行以信用方式吸收的国内外单位和个人在经济活动中暂时闲置或结余的并能自由兑换或在国际市场获得偿付的外币资金。

外汇存款按存入资金形态可分为现汇户和现钞户；按存取方式可分为支票户

和存折户；按存款对象可分为单位外汇存款和个人外汇存款；按期限可分为活期外汇存款和定期外汇存款。

个人外汇存款是以个人名义存入外汇指定银行的各类外汇存款。个人外汇存款可开立现汇账户，也可开立现钞账户。按存取方式分为活期和定期两种。个人外汇定期存款的起存金额不低于人民币 500 元等值外汇，个人外汇活期存款不低于人民币 100 元等值外汇。凡是从国外或我国港澳地区汇入和携入的可自由兑换外汇，可存入现汇存款户。现汇户可支取外币现钞，也可汇往国外。凡从国外携入的可自由兑换的外币现钞，可存入现钞存款户。外币现钞户可支取外币现钞，也可汇往我国港澳地区或国外。

单位外汇存款是以单位或经济组织的名义存放在外汇指定银行里的各项外汇存款。各单位在银行办理存款时，必须开立外汇存款账户，由单位填写申请书，并凭盖有公章、财务专用章及主管人员名章的印鉴卡及"外汇账户使用证"、"外债登记证"、"外汇（转）贷款登记证"等开立外汇存款账户，按规定的收支范围办理外汇收支。目前，单位外汇存款主要有美元、日元、港币、英镑、欧元等多种货币，其他自由外币可以按存入日的外汇牌价折算成上述币种之一开立存款账户。商业银行对单位外汇存款通过"单位外汇活期存款"、"外侨合资企业存款"、"外事企业存款"、"驻华机构活期存款"、"外债专户存款"和"单位定期存款"等科目核算。

目前，中国银行根据对存款的管理要求不同，将上述单位及个人外汇存款划分为甲种外币存款、乙种外币存款、丙种外币存款和外债专户存款。从我国吸收外汇存款的历史看，在 1957 年中国银行就已开始吸收外汇存款，在"文化大革命"期间停顿，1979 年 11 月又恢复办理，1983 年把外币存款分为甲种外币存款和乙种外币存款，1984 年 7 月 1 日又增设了丙种外币存款。自 1984 年 10 月中国工商银行深圳分行开始获许经办外汇业务后，各专业银行、全国性银行、地方性银行及非银行金融机构也获准从事外汇业务，吸收外汇存款。

甲种外币存款的对象为：各国驻华外交代表机构、领事机构、商务机构、驻华国际组织机构和民间机构；在中国境外或中国港澳地区的中外企业、团体；在中国境内的机关、团体、学校、国有企事业单位、城乡集体经济组织；在中国境内的外商投资企业。

乙种外币存款的对象为：居住在国外或中国港澳地区的外国人、外籍华人、港澳同胞、短期来华者以及居住在中国境内的驻华使馆外交官、驻华代表机构外籍人员、外国专家学者、海外留学生及实习生等，还有按国家规定有个人留成外汇的中国人等。

丙种外币存款的对象为：中国境内的居民，包括归侨、侨眷、港澳台胞的亲属。

①存入的核算

个人活期外汇存款开户时，存款人填写外币存款申请书，连同外汇或现钞交存银行。银行审核无误后办理存折户或支票户的开户手续，通过"活期外汇存款"科目核算，登记存折和开销户登记簿，出售支票。以外币现金或汇入汇款存入时，其会计分录为：

借：库存现金或存放同业　　　　　　　　　　　　　　　外币
　　贷：吸收存款——活期外汇存款　　　　　　　　　　　外币

个人定期外汇存款分为 1 个月、3 个月、半年、1 年、2 年等种类，到期一次性支取本息。其通过"定期外汇存款"科目核算。其会计分录为：

借：库存现金或存放同业　　　　　　　　　　　　　　　外币
　　贷：吸收存款——定期外汇存款　　　　　　　　　　　外币

单位活期外汇存款开户，若以结算专用凭证转账存入外币时，其会计分录为：

借：存放同业或有关科目　　　　　　　　　　　　　　　外币
　　贷：吸收存款——单位外汇活期存款　　　　　　　　　外币

若以外币现钞存入，或以不同于开户货币的币种存入时，需要通过套汇处理，其会计分录为：

借：库存现金　　　　　　　　　　　　　　　　　　　　外币
　　贷：货币兑换　　　　　　　　　　　　　　　　　　　外币
借：货币兑换　　　　　　　　　　　　　　　　　　　　人民币
　　贷：货币兑换　　　　　　　　　　　　　　　　　　　人民币
借：货币兑换　　　　　　　　　　　　　　　　　　　　外币
　　贷：吸收存款——单位外汇活期存款　　　　　　　　　外币

单位定期外汇存款，一律采取账户式，期限分 7 天、1 个月、3 个月、半年、1 年、2 年等档次，金额一般不低于人民币 5 000 元至 10 000 元的等值外汇，一般不允许提前支取。通过"单位定期外汇存款"科目核算，会计核算与活期存款类似。

②支取的核算

个人活期外汇存款支取时，支票存款人须填写支票，存折户存款人须填写取款凭条，连同存折交银行。从汇户支取现汇或从钞户支取现钞时，其会计分录为：

借：吸收存款——活期外汇存款   外币
　　贷：库存现金等科目   外币

存款人从现汇户支取款项汇往国外时，还需填制汇款凭证，并计收手续费、汇费和邮费。若乙种存款人从汇户提取现钞或从钞户提取现汇时，一律按当日牌价套汇处理。国内居民办理此业务，按中间价计收人民币手续费，不需套汇。

个人定期外汇存款支取时，存款人须凭存单或存折及取款凭条办理。银行审核无误后，取款人输入密码或查验身份证办理付款手续，定期存单加盖"结清"字样。其会计分录为：

借：吸收存款——定期外汇存款   外币
　　应付利息   外币
　　贷：库存现金   外币

单位外汇存款支取时，存折户填写取款凭条，支票户填写支票，并加盖预留印鉴，经银行审查后，办理取款手续。支取原币汇出时，其会计分录为：

借：吸收存款——单位外汇活期存款   外币
　　贷：库存现金   外币

支取外币现钞或支取不同于开户货币的外币币种时，其会计分录为：

借；吸收存款——单位外汇活期存款   外币
　　贷：货币兑换   外币
借：货币兑换   人民币
　　贷：货币兑换   人民币
借：货币兑换   外币
　　贷：库存现金   外币

（5）外汇贷款业务

外汇贷款业务指商业银行对借款人自主提供并按约定的利率和期限还本付息

的、以外币为计价单位的贷款。外汇贷款借外汇必须还外汇，借什么货币还什么货币，收取原币本息。

外汇贷款按贷款期限可分为短期外汇贷款和中长期外汇贷款；按贷款发放的条件分为信用贷款、担保贷款和抵押贷款；按贷款的性质分为固定资金贷款和流动资金贷款；按资金来源不同，可分为现汇贷款、"三贷"贷款、银团贷款。"三贷"贷款包括买方信贷、政府贷款和混合贷款。

①短期外汇贷款的核算

短期外汇贷款是指商业银行发放的期限在 1 年以内、实行浮动利率计息的现汇贷款，通过"短期外汇贷款"科目核算。短期外汇贷款实行浮动利率，利率由总行制定，结息日为每季末月 20 日。利率按伦敦银行同业拆借利率（LIBOR）加上银行管理费用实行浮动制。期限通常有 1 个月、3 个月和 6 个月浮动三种，贷款天数按实际天数，算头不算尾。

发放贷款时，借款单位填写"短期外汇贷款借款凭证"，经银行审核借款凭证与借款契约后，进行账务处理，其会计分录为：

借：贷款——短期外汇贷款　　　　　　　　　　　　　　　外币
　　贷：存放同业　　　　　　　　　　　　　　　　　　　　　　外币

贷款期满，借款企业归还贷款时，填写一式两联的进账单和转账支票，也可填制还款凭证，办理还款手续，其会计分录为：

借：吸收存款——单位活期外汇存款　　　　　　　　　　　外币
　　贷：贷款——短期外汇贷款　　　　　　　　　　　　　　　外币

企业按时归还利息时，其会计分录为：

借：吸收存款——单位活期外汇存款　　　　　　　　　　　外币
　　贷：利息收入　　　　　　　　　　　　　　　　　　　　　外币

若不能按季归还利息时，其会计分录为：

借：应收利息　　　　　　　　　　　　　　　　　　　　　外币
　　贷：利息收入　　　　　　　　　　　　　　　　　　　　　外币

【例 3—33】某合资企业向某中行借款 20 万美元，期限半年，利率按 3 个月浮动。该笔贷款于 1 月 4 日发放，放款日美元 3 个月浮动利率为 9%，4 月 2 日变为 9.5%，4 月 6 日为 10%。借款人于当年 7 月 4 日如期偿还本息，计息日应收利息转入本金计复利，按实际天数计息。（注：2 月为 29 天）

题意分析：

①该业务从1月4日—4月3日按9%计息；从4月4日—7月3日按9.5%计息。

②第一次计算日为3月20日，应收利息从1月4日—3月20日，共77天。

利息＝200 000×9%÷360×77＝3 850（美元）

③第二次计息日为6月20日，本金为：

200 000＋3 850＝203 850（美元）

计息时分两段计算：

第一段：3月21日—4月3日，共14天，利率为9%。

第二段：4月4日—6月20日，共78天，利率为9.5%。

应收利息为：

203 850×（9%÷360×14＋9.5%÷360×78）＝4 909.39（美元）

④第三次计息日为偿还本息日，计息本金为：

203 850＋4 909.39＝208 759.39（美元）

计息日为6月21日—7月3日，共13天，利率为9.5%。

应收利息＝208 759.39×9.5%÷360×13＝716.16（美元）

该例题具体账务处理如下：

1月4日发放贷款时，会计分录为：

借：贷款——短期外汇贷款　　　　　　　　USD200 000.00

　　贷：存放同业　　　　　　　　　　　　　　　　　USD200 000.00

3月20日计息时，会计分录为：

借：贷款——短期外汇贷款　　　　　　　　USD3 850.00

　　贷：利息收入　　　　　　　　　　　　　　　　　USD3 850.00

6月20日计息时，会计分录为：

借：贷款——短期外汇贷款　　　　　　　　USD4 909.39

　　贷：利息收入　　　　　　　　　　　　　　　　　USD4 909.39

7月4日贷款归还时，会计分录为：

借：吸收存款——外商投资企业活期存款　　USD209 475.55

　　贷：贷款——短期外汇贷款　　　　　　　　　　　USD208 759.39

　　　　利息收入　　　　　　　　　　　　　　　　　USD716.16

②买方信贷

买方信贷是由出口方的银行直接将贷款提供给进口商或者进口商银行的出口信贷形式，贷款用于向出口商支付货款。由于贷款直接提供给买方，所以称为买方信贷。无论是将款项贷给进口商还是贷给进口方银行，买方获得这笔贷款后都可以向卖方即期支付货款，从而起到促进交易、扩大出口的作用。

目前，我国国内银行提供的买方信贷分为两种：一种是用于支持本国企业从国外引进技术设备而提供的贷款，这种贷款习惯上称之为进口买方信贷；另一种是为支持本国船舶和机电设备等产品的出口而提供的贷款，这种贷款称为出口买方信贷。这两种买方信贷的利率、期限、偿还期等都不相同。

买方信贷是国际通用的一种信贷方式，按照国际惯例，买方信贷的贷款额度一般为合同金额的 85%，另外 15% 用现汇支付，签订合同时要先支付不少于 5% 的现汇定金。贷款的期限一般为 5～7 年，最长可达 10 年，其利率一般低于短期外汇贷款利率。

在外汇贷款会计处理上，通过"买方信贷外汇贷款"和"借入买方信贷款"科目进行核算。在外汇存款方面，应在存款入账时通过"汇入汇款"科目和"外汇定期（或活期）存款"科目进行核算。利息记入"利息支出——外汇存款利息支出户"反映。

借款单位以现汇支付定金时，会计分录如下：

借：吸收存款——单位外汇活期存款　　　　　　　　　　　　　外币

　　贷：存放同业（或有关科目）　　　　　　　　　　　　　　外币

若借款单位以人民币购汇支付，则需要通过"货币兑换"科目，将人民币转换成外币。

使用买方信贷时，若总行直接对外开证并办理贷款，总行会计分录为：

借：贷款——买方信贷外汇贷款——某借款单位　　　　　　　　外币

　　贷：拆入资金——某银行　　　　　　　　　　　　　　　　外币

若分行委托总行对外开证，分行办理贷款，会计分录为：

借：清算资金往来　　　　　　　　　　　　　　　　　　　　　外币

　　贷：清算资金往来——总行　　　　　　　　　　　　　　　外币

借：贷款——买方信贷外汇贷款——某借款单位　　　　　　　　外币

　　贷：清算资金往来　　　　　　　　　　　　　　　　　　　外币

买方信贷下，借入国外同业贷款本息的偿还由总行统一办理。总行向国外贷款行支付本息时，会计分录为：

借：拆入资金   外币

　　利息支出——借入买方信贷利息支出   外币

　贷：存放同业（或有关科目）   外币

对内收回贷款本息时，若借款单位直接以外汇偿还，会计分录为：

借：吸收存款——单位外汇活期存款   外币

　贷：利息收入——买方信贷外汇贷款利息收入   外币

　　　贷款——买方信贷外汇贷款——某借款单位   外币

若借款单位以人民币偿还，则需要通过"货币兑换"科目进行核算。

③进出口押汇的处理

进口押汇是进口商向进口地申请开出信用证后，要求银行在收到国外银行开来信用证项下的单据时，经审核无误，先行对外付款的融资贷款。

出口押汇是出口商发出货物并向银行交来信用证或合同要求的单据后，银行应出口商要求，向其提供的以出口单据为抵押并保留追索权的一种短期资金融通。

银行办理进口押汇时，其会计分录如下：

借：贷款——进口押汇——××单位户   外币

　　存入保证金   外币

　贷：存放同业（或其他科目）   外币

进口单位偿还本息时，其分录如下（假定以外汇偿还）：

借：吸收存款——单位外汇活期存款（或其他科目）   人民币

　贷：货币兑换   人民币

借：货币兑换   外币

　贷：贷款——进口押汇——××单位户   外币

　　　利息收入   外币

银行办理出口押汇时，会计分录为：

借：贷款——出口押汇——××户   外币

　贷：利息收入   外币

　　　货币兑换   外币

借：货币兑换　　　　　　　　　　　　　　　　　　　　　　人民币

　　贷：吸收存款——活期存款——单位活期存款户或其他科目　　人民币

收到国外银行"已贷记"或"请借记"报单后，收回出口押汇款，其会计分录如下：

借：存放同业（或其他科目）　　　　　　　　　　　　　　外币

　　贷：贷款——出口押汇——××户　　　　　　　　　　　外币

　　　　手续费及佣金收入　　　　　　　　　　　　　　　　外币

（6）国际结算业务

①信用证

信用证（L/C），是由开证行根据进口商的申请，向受益人（出口商）开立的具有一定金额，并在一定期限内凭规定的符合要求的单据付款或作付款承诺的书面保证文件。

信用证是目前国际贸易中最主要、最常用的支付方式，一般包括进口方申请开证、开证行开证、出口方银行通知信用证、出口商收到信用证后装运发货、出口方银行议付及索汇、进口商赎单提货等环节。具体过程如下：开证申请人根据合同填写开证申请书并交纳保证金或提供其他保证，请开证行开证；开证行根据申请书内容，向受益人开出信用证并寄交出口人所在地通知行；通知行核对印鉴无误后，将信用证交受益人；受益人审核信用证内容与合同规定相符后，按信用证规定装运货物、备妥单据并开出汇票，在信用证有效期内，送议付行议付；议付行按信用证条款审核单据无误后，把货款垫付给受益人；议付行将汇票和货运单据寄开证行或其特定的付款行索偿；开证行核对单据无误后，付款给议付行；开证行通知开证人付款赎单。

在出口业务中，出口方银行充当受证行、通知行角色。收到国外进口方银行开来的信用证时，首先应严格审核信用证内容、开证行资信状况及货币金额、支付方式等，审核无误后及时通知受益人（出口商），缮打国外来证记录卡，匡算待收外汇资金数。同时记表外科目，其分录为：

收入：国外开来保证凭信　　　　　　　　　　　　　　　　外币

如果因修改信用证或转让、退证、注销等原因而使信用证金额增减时，也需登记表外科目"国外开来保证凭信"。

开证行如果汇入信用证项下押金，并授权议付行在议付单据后进行抵扣，议付行可在收到汇款后进行记录。会计分录为：

借：存放同业（或有关科目）   外币

　　贷：存入保证金   外币

审单议付，寄单索汇的处理。出口方银行接到出口公司交来的全套出口单据议付时，应严格按信用证要求审单，达到单单一致、单证一致的要求。审单相符后，寄单索汇，编制"出口寄单议付通知书"随单据寄发，其会计分录为：

借：应收信用证出口款项   外币

　　贷：代收信用证出口款项   外币

付出：国外开来保证凭信   外币

收到国外开证行已贷记报单后，若不允许企业保留外汇账户，银行应按规定办理结汇。其会计分录为：

借：存放同业（或有关科目）   外币

　　贷：货币兑换   外币

借：货币兑换   人民币

　　贷：吸收存款——活期存款——单位活期存款户   人民币

借：代收信用证出口款项   外币

　　贷：应收信用证出口款项   外币

在进口业务中，进口方银行根据经批准的进口公司的申请，向国外出口商开立信用证或信用保证书，凭信用证项下的全套单据审单付款。

开立信用证时，国内进口公司根据合同条款向进口方银行申请信用证，填具开证申请书。银行审核开证申请书，进口批示和用汇批文后，开立信用证。信用证一式六联，第一联为信用证正本，第一、二联由国外联行或代理行转给出口商，第三联开证行代统计卡，第四、五联由开证行加盖进口业务专用章后交进口商，第六联作为卡片账。开证时，开证行应向开证申请人收取保证金，其会计分录为：

借：吸收存款——单位外汇活期存款   外币

　　贷：存入保证金   外币

借：应收开出信用证款   外币

　　贷：应付开出信用证款   外币

向进口企业收取开证手续费时，其会计分录为：

借：吸收存款——活期存款——单位活期存款户　　　　　　　人民币

　　贷：手续费及佣金收入　　　　　　　　　　　　　　　　　人民币

信用证开出后，需修改信用证条款或金额时，应由进口公司提交信用证修改申请书，经开证行同意后，缮制信用证修改通知书通知国外银行，其会计分录为：

增加金额时：

借：应收开出信用证款项　　　　　　　　　　　　　　　　　　外币

　　贷：应付开出信用证款项　　　　　　　　　　　　　　　　外币

减少金额时，会计分录相反。

②审单与付汇的核算

国外出口商收到进口方银行开立的信用证后，备货出运，并向议付行交单。议付行议付后，将单据寄开证行，开证行审单后，若单证一致、单单一致，应按约定的支付方式办理进口单据通知和付款手续。对外付款时，若为即期信用证项下进口付款，可采取国内审单付款、国外审单主动借记、国外审单后电报向我方索汇、授权国外议付行向我国账户行索汇等付款方式。其会计分录为：

借：吸收存款——单位外汇活期存款　　　　　　　　　　　　外币

　　　　存入保证金　　　　　　　　　　　　　　　　　　　　外币

　　贷：存放同业（或有关科目）　　　　　　　　　　　　　外币

借：应付开出信用证款项　　　　　　　　　　　　　　　　　　外币

　　贷：应收开出信用证款项　　　　　　　　　　　　　　　　外币

若为远期信用证下进口付汇，因不是见票即付，而是约定一定期限，到期付款，故分为承兑和付汇两个阶段。承兑时，其会计分录为：

借：应收承兑汇票款　　　　　　　　　　　　　　　　　　　　外币

　　贷：承兑汇票　　　　　　　　　　　　　　　　　　　　　外币

借：应付开出信用证款项　　　　　　　　　　　　　　　　　　外币

　　贷：应收开出信用证款项　　　　　　　　　　　　　　　　外币

到期付汇，转销承兑时，其会计分录为：

借：承兑汇票　　　　　　　　　　　　　　　　　　　　　　　外币

　　贷：应收承兑汇票款　　　　　　　　　　　　　　　　　　外币

同时：

借：吸收存款——单位外汇活期存款　　　　　　　　　　　外币
　　　存入保证金　　　·　　　　　　　　　　　　　　　　外币
　　贷：存放同业（或有关科目）　　　　　　　　　　　　　　外币

③托收结算方式的核算

托收是出口人在货物装运后，开具以进口方为付款人的汇票或其他索汇凭据，委托出口地银行通过其在进口地的联行或代理行向进口人收取货款的一种结算方式。

托收按是否随附货运单据，可以分为光票托收和跟单托收两大类。光票托收是出口商仅开具汇票，委托银行收款，不随附任何货运单据；或虽有发票、收款清单等交易单据但无货运提单的，也属于光票托收。光票托收一般用于收取出口货款尾款、代垫费用、佣金、样品费等各种贸易从属费用、进口索赔款项及其他非贸易结算。跟单托收是出口商发运货物后，开具汇票，连同全套货运单据委托银行向进口方收取货款的一种结算方式。国际贸易中，使用托收方式收取货款主要是采用跟单托收的办法。

出口托收是出口商根据买卖双方签订的贸易合约，在规定期限内备货出运后，将货运单据连同汇票一并送交银行，由银行委托境外代理行向进口方代为交单和收款的一种出口贸易结算方式。

托收行发出托收凭证时，应编制表外科目：

收入：应收外汇托收款项　　　　　　　　　　　　　　　　　外币

托收款项收妥进账时，其会计分录为：

付出：应收出口托收款项　　　　　　　　　　　　　　　　　外币

借：存放同业（或有关科目）　　　　　　　　　　　　　　　外币
　　贷：货币兑换　　　　　　　　　　　　　　　　　　　　外币
借：货币兑换　　　　　　　　　　　　　　　　　　　　　　人民币
　　贷：吸收存款——活期存款——单位活期存款户　　　　　人民币

进口代收是指国外出口商根据贸易合同规定，于装运货物后，通过国外托收银行寄来单据，委托我银行向进口商收取款项的一种结算方式。

收到国外银行寄来的代收单据时，应编制表外科目：

收入：代收外汇托收款项　　　　　　　　　　　　　　　　　外币

办理对外付款时，会计分录为：

借：吸收存款——活期存款——单位活期存款户　　　　　人民币

　　贷：货币兑换　　　　　　　　　　　　　　　　　　　　人民币

借：货币兑换　　　　　　　　　　　　　　　　　　　　外币

　　贷：存放同业（或有关科目）　　　　　　　　　　　　　外币

付出：代收外汇托收款项　　　　　　　　　　　　　　　外币

④汇兑结算方式的核算

国际贸易结算中的汇兑是汇款人委托银行，将款项利用汇票或其他信用工具汇给境外收款人的一种结算方式。在国际结算中，通常使用的汇兑结算方式有电汇、信汇、票汇三种。

电汇（telegraphic transfer，T/T），是汇款人将一定金额的汇款及汇付手续费付给汇出行，汇出行应汇款人的申请用电传、SWIFT 或电报通知国外收款人所在地的汇入行将汇款付给收款人的汇款方式。这种汇款一般当天或隔天可到，最为快捷，但费用比较高。

信汇（mail transfer，M/T），是汇款人将汇款及手续费交付给汇出行，委托该银行利用邮寄方式转托收款人所在地的汇入行，将货款付给收款人的汇款方式。这种汇付方法，费用较低，但收款速度较慢，容易发生延误。

票汇（demand draft，D/D），是汇出行根据汇款人的申请，开立以汇入行为付款行的银行汇票给汇款人，汇款人直接把汇票寄给收款人或自己携带出国，凭票向指定的付款行取款的一种结算方式。

汇出国外汇款的核算。汇款人要求汇款时，应填制汇款申请书一式两联，一联作传票附件，一联加盖银行业务公章后退交汇款人。

采用电汇或信汇方式时，其会计分录如下：

借：吸收存款——单位外汇活期存款　　　　　　　　　　外币

　　贷：存放同业（或有关科目）　　　　　　　　　　　　　外币

若汇款人购买外汇支付汇款，则需要通过货币兑换科目处理：

借：吸收存款——活期存款——单位活期存款户　　　　　人民币

　　贷：货币兑换　　　　　　　　　　　　　　　　　　　　人民币

借：货币兑换　　　　　　　　　　　　　　　　　　　　外币

　　贷：存放同业（或有关科目）　　　　　　　　　　　　　外币

借：吸收存款——活期存款——单位活期存款户　　　　　人民币

    贷：手续费及佣金收入   人民币

采用票汇方式时，会计分录为：

  借：吸收存款——单位外汇活期存款   外币

    贷：清算资金往来   外币

若汇款人购买外汇支付汇款，则需要通过货币兑换科目处理：

  借：吸收存款——活期存款——单位活期存款户   人民币

    贷：货币兑换   人民币

  借：货币兑换   外币

    贷：清算资金往来   外币

  借：吸收存款——活期存款——单位活期存款户   人民币

    贷：手续费收入   人民币

  借：清算资金往来   外币

    贷：存放同业（或有关科目）   外币

国外汇入汇款，是指汇入行根据境外代理行和国内联行的电汇、信汇委托，以及收款人提示的汇票，把汇入的汇款解付给收款人的过程。

采用电汇或信汇方式时，其会计分录如下：

  借：存放同业（或有关科目）   外币

    贷：吸收存款——单位外汇活期存款   外币

若汇款人购买外汇支付汇款，则需要通过货币兑换科目处理：

  借：存放同业（或有关科目）   外币

    贷：货币兑换   外币

  借：货币兑换   人民币

    贷：吸收存款——活期存款——单位活期存款户   人民币

采用票汇方式时，会计分录为：

  借：存放同业（或有关科目）   外币

    贷：清算资金往来   外币

  借：清算资金往来   外币

    贷：吸收存款——单位外汇活期存款   外币

若汇款人购买外汇支付汇款，则需要通过货币兑换科目处理：

  借：清算资金往来   外币

    贷：货币兑换   外币
借：货币兑换   人民币
    贷：吸收存款——活期存款——单位活期存款户   人民币

5. 同业拆借业务的核算

同业拆借是指银行之间为了解决短期内出现的资金余缺而进行的资金借贷行为。拆借资金只限于临时性的资金周转。对资金贷出者而言是拆放，对拆入资金者而言则是拆借。同业拆借发生量大，交易频繁，对市场反应敏感，能作为一国银行利率的中间指标。同业拆借期限短，一般为 1 至 2 天，我国目前同业拆借期限最长不超过 4 个月。拆款利息即拆息按日计算，拆息变化频繁，甚至一日内都会发生变化。

《商业银行法》第四十六条规定，同业拆借，应当遵守中国人民银行的规定，禁止利用拆入资金发放固定资产贷款或者用于投资。拆出资金限于交足存款准备金、留足备付金和归还中国人民银行到期贷款之后的闲置资金。

开办同业拆借业务的商业银行应设置"拆出资金"和"拆入资金"会计科目，分别用于核算同业资金的借入和借出。借入方未按期归还借款，自借款逾期之日起，借出方可参照人民银行有关规定收取罚息，并在合同中约定。

【例 3—34】民生银行某分行根据合同，开出人民银行存款账户的转账支款凭证，提交人民银行办理拆出资金 100 万元给华夏银行某分行的转账业务。其会计分录为：

    借：拆出资金——华夏银行某分行户   1 000 000
        贷：存放中央银行款项   1 000 000

华夏银行某分行将民生银行某分行开出的支款凭证送人民银行进账，办理存款手续。其会计分录为：

    借：存放中央银行款项   1 000 000
        贷：拆入资金——民生银行某分行户   1 000 000

中央银行收到华夏银行送存的支票及进账单后，经审核无误，办理款项划转。将款项从拆出行准备金账户转入拆入行准备金账户。

【例 3—35】上述拆借资金到期，华夏银行某分行按照规定利率归还本息 110 万元，开出人民银行存款账户的转账支款凭证。其会计分录为：

    借：拆入资金——民生银行某分行   1 000 000

借：利息支出——同业拆借利息支出   100 000
　　贷：存放中央银行款项   1 100 000

民生银行某分行收到通知后，办理转账，会计分录为：

借：存放中央银行款项   1 100 000
　　贷：拆出资金——华夏银行某分行户   1 000 000
　　　　利息收入——同业拆借利息收入   100 000

中央银行收到华夏银行交来的支票后，经审核无误，将本息转入民生银行准备金账户。

6. 联行往来业务的核算

联行往来是指同一银行系统内异地各行处之间因发生支付结算或资金调拨业务等，相互代收、代付款项而引起的资金账务往来。我国现行的联行制度，将联行往来划分为三个级别。

（1）全国联行往来。全国联行往来适用于不同省、自治区、直辖市各机构之间的资金账务往来。全国联行往来账务由总行负责监督管理。

（2）分行辖内往来。分行辖内往来适用于同一省、自治区、直辖市辖内各银行机构之间的资金账务往来。分行辖内联行往来账务由分行负责监督管理。

（3）支行辖内往来。支行辖内往来适用于同一市内各行处之间的资金账务往来。其所涉及的账务由支行负责监督管理。

联行往来账务划分为往账和来账两个系统，签发往账的行称为发报行，接收来账的行称为收报行。当业务发生时，应设置"联行往账"和"联行来账"，当填发借方报单、暂时代替对方银行向客户支付款项时，记入"联行往账"的借方；当填发贷方报单、暂时代替对方银行收取款项时，记入"联行往账"的贷方。银行收到借方报单时，应贷记"联行来账"；收到贷方报单时，应借记"联行来账"。"上年联行往账"和"上年联行来账"两个是上年全国联行在未达款项查清前使用的科目。新年度开始，将上年度"联行往账"、"联行来账"余额，不通过分录，分别转入"上年联行往账"、"上年联行来账"科目。收报行收到发报行寄来上年度填发的报单，应通过"上年联行来账"办理转账。待联行未达查清后，办理余额上划时，通过本年度的"联行往账"分别转销上述两个账户的余额。上述两账户属资产负债共同类账户，余额通常借、贷双方轧差反映。人民银行电子联行账务处理则应设置"电子联行往账"、"电子联行来账"和

"电子清算资金往来"进行核算。

（1）全国联行往来

全国联行往来是各商业银行总行、分行、支行之间，通过资金汇划清算系统进行日常结算，相互存放、缴纳和借入（借出）各种款项。

如为贷方报单业务（借方报单业务会计分录相反），则各分支机构会计分录如下。

发报经办行：

借：吸收存款——活期存款——单位活期存款户

　贷：清算资金往来

发报清算行：

借：清算资金往来

　贷：存放同业——系统内上存款项

总行清算中心：

借：同业存放——发报清算行户

　贷：同业存放——收报清算行户

收报清算行：

借：存放同业——系统内上存款项

　贷：清算资金往来

收报经办行：

借：清算资金往来

　贷：吸收存款——活期存款——单位活期存款户

（2）支行辖内往来

日常核算时双方的往来挂账，会计分录如下。

划转代收款时：

发报部门：

借：吸收存款——活期存款——单位活期存款户

　贷：清算资金往来

收报部门：

借：清算资金往来

　贷：吸收存款——活期存款——单位活期存款户

清算部门：

借：清算资金往来——辖内往来——发报部门

　贷：清算资金往来——辖内往来——收报部门

划转代付款时，会计分录相反。

在各商业银行的资金汇划与清算系统业务的会计处理中，"存放同业——系统内上存款项"科目为资产类账户，用于核算下级行存放上级行的资金。"同业存放——系统内款项存放"科目为负债类账户，是各上级行用于核算下级行备付金存款和调拨资金的科目。"清算资金往来"科目用于核算反映各发、收经办行与清算行之间的资金汇划与清算情况，为资产负债共同类科目。此外，"其他应付款——系统内借入资金"和"其他应收款——系统内借出资金"科目，分别用来核算系统内行处按规定借入和借出的资金。

【例3—36】工商银行总行清算中心收到某分行上存的备付金700万元后，当日通知有关清算行，进行账务处理：

借：存放中央银行款项　　　　　　　　　　　　　　7 000 000

　贷：同业存放——系统内款项存放——某分行户　　　　　7 000 000

3.3.3　商业银行财务报表

财务报表是对企业一定期间整体的财务状况、经营成果和现金流量等信息的概括性反映。2006年财政部颁布的《企业会计准则第30号——财务报表列报》第二条规定：财务报表是对企业财务状况、经营成果和现金流量的结构性表述。财务报表至少应当包括下列组成部分：

（1）资产负债表。

（2）利润表。

（3）所有者权益（或股东权益，下同）变动表①。

（4）现金流量表。

（5）附注。

关于财务报表应披露的内容，《企业会计准则第30号——财务报表列报》第九条也作了相关规定，企业应当在财务报表的显著位置披露下列各项：

---

① 所有者权益变动表和附注在本节中不作介绍。

（1）编报企业的名称。

（2）资产负债表日或财务报表涵盖的会计期间。

（3）人民币金额单位。

（4）财务报表是合并财务报表的，应当予以标明。

相较于国际会计准则，我国《企业会计准则第 30 号——财务报表列报》中规定：企业至少应当按年编制财务报表。年度财务报表涵盖的期间短于 1 年的，应当披露年度财务报表的涵盖期间，以及短于 1 年的原因。

《国际会计准则第 1 号——财务报表列报》规定，财务报表至少应当按年编制，如果主体的资产负债表日发生变更，或者年度财务报表涵盖的期间长于或短于 1 年，则除了财务报表涵盖的期间外，主体还应披露使用更长或更短期间的原因；由此引起的收益表、权益变动表、现金流量表和相关附注的比较金额不完全可比的事实。

实际上，国外许多公司并不以每年的 12 月 31 日为年度财务报表涵盖期的截止日，它们或者是以 12 月 31 日之前的某个星期几为年度财务报表截止日，或者以 12 月 31 日之后的某一天为截止日。

相较于美国会计准则，我国《企业会计准则第 30 号——财务报表列报》与美国《财务会计准则第 89 号——财务报告和物价变动》在以下两个方面显著不同：

（1）我国会计准则规定企业当期财务报表的列报，至少应当提供所有列报项目上一可比会计期间的比较数据，以及与理解当期财务报表相关的说明，其他会计准则另有规定的除外。其只要求提供 1 年的财务报表比较数据。美国会计准则没有专门要求比较数据的列报，企业通常在财务报表列报中提供至少 1 年的比较数据信息。上市的公众公司则服从 SEC 的规章制度，通常要求财务报表列报中提供 2 年的财务比较数据，包括利润表、权益表及现金流量表。

（2）在全面收入报告方面，我国并无明确的相关规定。美国财务会计准则认为，全面收入报告可以作为一个独立的财务报表，或者在所有者权益变动表中列示。此外，还可以在利润表中列示，但比较少见。

1. 资产负债表

资产负债表是反映企业某一时点的财务状况的报表，报表的资产部分反映了企业筹资的用途，报表的负债和所有者权益部分反映了企业资金的来源。在资产负债表中，资产和负债应该分别流动资产和非流动资产、流动负债和非流动负债列示。由于金融企业经营活动的特殊性，导致其资产负债形式与其他企业有很大不同，因此，金融企业的各项资产或负债，若按照流动性列示能够提供可靠且更相关信息的，新准则规定，可以按照其流动性顺序列示。

下面以中国工商银行股份有限公司 2012 年度资产负债表（见表 3—2）为例进行说明。

表 3—2   **中国工商银行股份有限公司**

合并资产负债表①

2012 年 12 月 31 日

（除特别注明外，金额单位均取整为人民币亿元）

项目	2012-12-31	2011-12-31
资产：		
现金及存放中央银行款项	31 700	27 600
存放同业和其他金融机构款项	4 119	3 175
贵金属	554	390
拆出资金	2 245	1 605
交易性金融资产	2 217	1 522
衍生金融资产	148	175
买入返售金融资产	5 446	3 494
应收利息	—	—
发放贷款及垫款	85 800	75 900
代理业务资产	—	—
可供出售金融资产	9 209	8 401
持有至到期投资	25 800	24 200
长期股权投资	333	328
固定资产	1 103	1 002
在建工程	226	161

---

① 本节介绍的财务报表选自中国工商银行股份有限公司网站（http：//www.icbc.com.cn/icbc/）。由于本书不对附注部分进行具体介绍，所以报表中的附注项目不予列示。

	2012-12-31	2011-12-31
无形资产	—	—
递延所得税资产	228	219
投资性房地产	—	—
其他资产	2 600	1 499
资产总计	175 000	155 000
负债:		
同业和其他金融机构存放款项	12 300	10 900
向中央银行借款	11.3	1.00
拆入资金	2 542	2 498
交易性金融负债	—	—
衍生金融负债	133	126
卖出回购金融资产款	—	—
吸收存款	136 000	123 000
预收账款	—	—
应付职工薪酬	250	238
应交税费	682	610
应付利息	—	—
代理业务负债	—	—
应付债券	—	—
递延所得税负债	5.52	1.03
预计负债	—	—
其他负债	11 800	8 189
负债合计	164 000	145 000
权益:		
股本	3 496	3 491
资本公积金	1 285	1 264

续表

	2012-12-31	2011-12-31
减：库存股	—	—
盈余公积金	981	744
未分配利润	3 725	3 133
一般风险准备	1 891	1 043
外币报表折算差额	-128	-108
少数股东权益	34.6	10.8
归属于母公司所有者权益合计	11 200	9 567
所有者权益合计	11 300	9 578
负债及股东权益总计	175 000	155 000

从中国工商银行股份有限公司 2012 年 12 月 31 日的资产负债表可以看出，公司并不区分流动资产与非流动资产、流动负债与非流动负债，而是单纯依据资产和负债的流动性顺序进行列示。

在资本结构中，负债占总资产的比率超过了 90%，相对的，股东权益所占比率较低，这也是商业银行资产负债表所共有的特点。

2. 利润表

《企业会计准则第 30 号——财务报表列报》第二十七条规定：利润表至少应当单独列示反映下列信息的项目：

（1）营业收入；

（2）营业成本；

（3）营业税金；

（4）管理费用；

（5）销售费用；

（6）财务费用；

（7）投资收益；

（8）公允价值变动损益；

（9）资产减值损失；

（10）非流动资产处置损益；

（11）所得税费用；

（12）净利润。

金融企业可以根据其特殊性列示利润表项目。

下面以中国工商银行股份有限公司 2012 年度利润表（见表 3—3）为例进行说明。

表 3—3

中国工商银行股份有限公司

合并利润表

2012 年度

（除特别注明外，金额单位均取整为人民币亿元）

项目	2012 年度	2011 年度
一、营业收入	5 369	4 752
利息净收入	4 178	3 628
利息收入	7 214	5 896
减：利息支出	3 036	2 268
手续费及佣金净收入	1 061	1 016
手续费及佣金收入	1 159	1 091
减：手续费及佣金支出	98.2	75.3
投资收益	47.1	83.4
其中：对联营企业和合营企业的投资收益	26.5	24.4
公允价值变动收益	−3.71	−2.11
汇兑收益	41.0	14.0
其他业务收入	46.2	13.7
二、营业支出	2 295	2 042
营业税金及附加	351	289
管理费用	1 533	1 396
资产减值损失	337	311
其他业务成本	73.4	46.2
三、营业利润	3 075	2 710

项目	2012 年度	2011 年度
加：营业外收入	27.7	24.5
减：营业外支出	15.4	11.4
四、利润总额	3 087	2 723
减：所得税费用	700	639
五、净利润	2 387	2 084
减：少数股东损益	1.59	1.80
归属于母公司所有者的净利润	2 385	2 083

从中国工商银行股份有限公司 2012 年度的利润表可以看出，其利润表项目的列示顺序与其他非金融企业相比，有显著差异，主要表现在：将营业收入项目分别列示，并与相对应的支出相减后在营业收入中列示；投资收益、公允价值变动损益等项目在营业收入中列示；将营业税金及附加、业务及管理费、资产减值损失等项目在营业支出中列示。

从收入的构成中可以发现，利息收入占较高比重，说明公司经营活动以传统的存贷款业务为主。

3. 现金流量表

现金流量表是指反映企业在一定会计期间现金和现金等价物流入和流出的报表。《企业会计准则第 31 号——现金流量表》第四条规定：现金流量表应当分别经营活动、投资活动和筹资活动列报现金流量。其第五条规定：现金流量应当分别按照现金流入和现金流出总额列报。但是，下列各项可以按照净额列报：

（1）代客户收取或支付的现金。

（2）周转快、金额大、期限短的项目的现金流入和现金流出。

（3）金融企业的有关项目，包括短期贷款发放与收回的贷款本金、活期存款的吸收与支付、同业存款和存放同业款项的存取、向其他金融企业拆借资金，以及证券的买入与卖出等。

在现金流量表的规定方面，我国《企业会计准则第 31 号——现金流量表》与《国际会计准则第 7 号——现金流量表》存在着不同之处，见表3—4。

表 3—4 　　　　　　《企业会计准则第 31 号——现金流量表》与
《国际会计准则第 7 号——现金流量表》比较

项目	我国会计准则	国际会计准则
适用范围	未明确规定	要求所有企业根据本准则要求编制现金流量表，并作为每期对外公布的基本财务报表之一
编制基础	现金和现金等价物	现金和现金等价物，包括一经要求即应返还、构成主体现金管理一部分的银行透支
收到的股息、利息	投资活动	经营活动或投资活动
支付的股息、利息	筹资活动	经营活动或筹资活动
列示方法	企业应当采用直接法列示经营活动产生的现金流量。同时在附注中披露按间接法将净利润调节为经营活动现金流量的信息	主体应当自直接法和间接法中选择一种，报告来自主体经营活动的现金流量
所得税	作为经营活动现金流量	能明确认定为属于筹资和投资活动的所得税所涉及的现金流量不作为经营活动现金流量列示

表 3—5 反映了中国工商银行股份有限公司 2012 年度现金流量表的具体列示情况。

表 3—5 　　　　　　　　中国工商银行股份有限公司
合并现金流量表
2012 年度
（除特别注明外，金额单位均取整为人民币亿元）

项目	2012 年度	2011 年度
一、经营活动产生的现金流量		
客户存款和同业存放款项净增加额	13 700	11 400

项目	2012 年度	2011 年度
向中央银行借款净增加额	10.3	0.49
向其他金融机构拆入资金净增加额	—	—
收取利息和手续费净增加额	8 241	6 792
收到其他与经营活动有关的现金	3 641	6 169
经营活动现金流入小计	25 551	24 312
客户贷款及垫款净增加额	10 101	10 365
存放央行和同业款项净增加额	2 306	4 574
支付给职工以及为职工支付的现金	955	844
支付的各项税费	1 001	756
支付其他与经营活动有关的现金	5 853	4 292
经营活动现金流出小计	20 216	20 831
经营活动产生的现金流量净额	5 335	3 481
二、投资活动产生的现金流量		
收回投资收到的现金	9 652	13 493
取得投资收益收到的现金	9.14	12.7
收到其他与投资活动有关的现金	12.7	12.8
投资活动现金流入小计	9 674	13 519
投资支付的现金	10 590	13 900
购建固定资产、无形资产和其他长期资产	187	114
支付其他与投资活动有关的现金	169	115
投资活动现金流出小计	10 941	14 086
投资活动产生的现金流量净额	-1 267	-567
三、筹资活动产生的现金流量		
吸收投资收到的现金	0	0
发行债券收到的现金	200	895
收到其他与筹资活动有关的现金	102	143

项目	2012 年度	2011 年度
筹资活动现金流入小计	302	1 038
偿还债务支付的现金	—	—
分配股利、利润或偿付利息支付的现金	795	675
支付其他与筹资活动有关的现金	0	3.28
筹资活动现金流出小计	795	678
筹资活动产生的现金流量净额	−493	360
四、汇率变动对现金及现金等价物的影响	−42.2	−80.6
五、现金及现金等价物净增加额	3 533	3 193
期初现金及现金等价物余额	8 483	5 290
六、期末现金及现金等价物余额	12 000	8 483

从中国工商银行股份有限公司 2012 年的现金流量表可以看出，其最大的不同之处在于经营活动现金流量的列示。商业银行经营活动现金流量的列示项目与其自身的业务活动紧密相关，显示了商业银行经营活动的特点，而投资活动现金流量和筹资活动现金流量的列示与其他企业大致相同。

★ 本章小结

1. "银行"概念来源于拉丁文"banco"，其原意为"柜台"，即办理货币业务的最基本设施。银行的前身是货币兑换业。随着业务的发展和大量货币的聚集，货币兑换业由单纯的支付中介转变为信用中介，由此产生了银行。

2. 银行分为中央银行、商业银行、政策性专业银行等几类。其中，中央银行最初是以商业银行的"最后贷款人"的角色出现的。作为政府宏观金融调控的重要工具，中央银行在金融机构体系中处于核心地位。商业银行是以安全性、流动性、效益性为经营原则，实行自主经营、自担风险、自负盈亏、自我约束的金融企业，是银行体系的主体。政策性专业银行是由政府出于特定目的设立，或由政府施以较大干预，以完成政府的特定任务、满足整个国家社会经济发展需要而设立的专业银行。

3. 银行会计以货币银行学和会计学为理论基础，对银行的经营活动内容、过程和结果进行核算和监督，是银行内部管理的重要方面。

4. 中央银行的主要职责为制定和执行货币政策、维护金融稳定、提供金融服务。中央银行的主要业务包括货币发行业务、国库业务、商业银行缴存款业务、对商业银行贷款业务、金银管理业务。

5. 商业银行业务从总体上看，主要由存款业务、贷款业务和中间业务三方面组成。此外，还包括外汇业务、同业拆借、联行往来。

6. 财务报表是对企业一定期间整体的财务状况、经营成果和现金流量等信息的概括性反映。

★ 关键概念

中央银行　商业银行　政策性专业银行　发行基金　再贴现　国库　存款　贷款　支票　银行本票　银行汇票　商业汇票　汇兑　委托收款　托收承付　信用卡　外汇　外汇分账制　套汇　买方信贷　进口押汇　信用证　电汇　信汇　票汇　同业拆借　联行往来

★ 综合训练

3.1　单项选择题

1. 银行活期储蓄存款属于(　　　)。

A. 资产项目　　　　　　　　　　B. 负债项目

C. 资产负债共同项目　　　　　　D. 所有者权益项目

2. 存款人日常经营活动的资金收付及工资、奖金和现金的支取，应该通过(　　　)办理。

A. 一般存款账户　　　　　　　　B. 基本存款账户

C. 临时存款账户　　　　　　　　D. 专用存款账户

3. 银行发生贷款损失时，贷记(　　　)科目。

A. 其他营业支出　　　　　　　　B. 库存现金

C. 贴现　　　　　　　　　　　　D. 逾期贷款

4. 收到结算业务各项手续费时，贷记的科目是(　　　)。

A. 应收利息　　　　　　　　　　B. 库存现金

C. 活期存款　　　　　　　　　　D. 手续费收入

5. 收款人可以将(　　)银行汇票经背书转让给其他单位和个人。

A. 未填"现金"字样的　　　　　B. 未填"可转让"字样的

C. 填明"现金"字样的　　　　　D. 填明"可转让"字样的

3.2　多项选择题

1. 以下业务中属于商业银行资产业务的有(　　)。

A. 贷款业务　　　　　　　　　B. 存款业务

C. 投资业务　　　　　　　　　D. 向中央银行缴存准备金业务

2. 银行办理储蓄存款应遵守的原则是(　　)。

A. 存款自愿　　　　　　　　　B. 取款自由

C. 存款有息　　　　　　　　　D. 为储户保密

3. 在以下结算方式中适用于异地结算的有(　　)。

A. 银行本票　　　　　　　　　B. 银行汇票

C. 汇兑　　　　　　　　　　　D. 托收承付

4. 当商业银行资金不足时,解决的方法有(　　)。

A. 向中央银行借款　　　　　　B. 同业拆借

C. 再贴现　　　　　　　　　　D. 贴现

5. 国际贸易结算主要有现汇结算和记账结算两种方式,又以现汇结算为主。现汇结算具体采用的结算方式有(　　)。

A. 汇兑　　　　　　　　　　　B. 托收

C. 信用证结算　　　　　　　　D. 支票结算

3.3　思考题

1. 银行的特点是什么?

2. 银行会计的特点是什么?

3.4　练习题

练习题 1

一、目的:练习中央银行业务的核算。

二、要求:做出相应会计分录。

三、资料:

1. 印制企业将人民币产品 500 万元,送达指定的总行重点库入库。

2. 人民银行业务库,向发行库取款 7 000 万元,会计部门填制"发行基金往来"科目现金收入传票及发行基金表外科目付出传票。

3. 支库收到 A 缴款单位填送的缴款书，金额 666 万元，属中央预算收入。经审核无误后，办理转账。

4. 某国库收到财政部门的拨款凭证，金额 32 万元，经审核无误后，办理异地转账。相应的，下级库收到该上级库拨款，经审核无误后，将款项转入用款单位 B 开户银行建设银行的存款账户。

5. 某银行的某分行向人民银行缴存财政性存款时，按照规定比例计算出应缴存金额 72 万元，填制"缴存财政性（一般）存款划拨凭证"。人民银行收到该银行某分行划拨凭证的第三、第四联和缴存存款科目余额表。

6. 某银行某分行向中央银行申请年度性贷款 6 000 万元，经中央银行审核无误后，办理转账会计处理。2 年后，该银行某分行归还贷款，支付利息 6 000 元。

7. 某银行某支行因资金周转发生困难，2009 年 7 月 29 日将未到期的商业贴现票据 600 万元向中央银行申请再贴现，再贴现实付金额为 554 万元。

练习题 2

一、目的：练习商业银行业务的核算。

二、要求：做出相应会计分录。

三、资料：

1. 某银行支行向某公司单位发放 6 个月的短期贷款 50 万元，登记借据并以借款凭证第二联代转账借方传票，第三联代转账贷方传票。6 个月后支行收回该贷款，注销借据，并以还款凭证和特种转账传票第一联、第二联代转账借方传票、贷方传票。

2. 某银行支行对某单位的一笔中长期贷款 80 万元展期后到期，根据规定转入逾期贷款。逾期 90 天后该笔贷款仍没有收回，因而转为非应计贷款。

3. 某银行根据有关规定，提取贷款损失准备金，其中一般准备 650 万元，专项准备 350 万元。

4. 某企业向某银行支行申领转账卡 7 万元，经审查同意，支行按 1% 收取手续费，并填制特种转账贷方传票。

5. 甲银行某分行根据合同，开出人民银行存款账户的转账支款凭证，提交人民银行办理拆出资金 300 万元给乙银行某分行的转账业务。6 个月后上述拆借资金到期，乙银行某分行按照规定利率归还本息 310 万元，开出人民银行存款账户的转账支款凭证。

6. 某银行支行采取缴存保证金的方式为某企业提供反担保，支行业务部门与申请人、反担保人正式签订"出具保函协议书"和相应的反担保合同后，申请人交存保证金 59 万元，以支付票据作借方记账凭证，进账单第二联作贷方记账凭证。

第 4 章

证券会计

★ **导读**

证券会计的会计主体为证券公司，证券会计是对证券公司的经营活动内容、过程和结果进行核算和监督的专业会计。证券公司经中国证券监督管理委员会批准，可以从事证券自营业务、证券经纪业务、证券承销业务和其他证券业务。本章从介绍证券的含义着手，引出证券及证券会计的特点，其后分别介绍了证券公司几大业务的具体会计核算，最后以中信证券 2012 年财务报表为例，介绍证券公司的财务报表。

§4.1　证券会计概述

4.1.1　证券的含义与特征

1. 证券的含义

证券是载有一定金额、规定证券持有人享有某种特定权益的凭证。从广义上看，证券可以分为有价证券和凭证证券两大类。其中，资本证券、货币证券、财物证券为有价证券，货运单、提单、借据、收据等无价证券为凭证证券，凭证证券只起证据作用。从狭义上看，证券主要指代表对一定资本所有权和一定利益分配请求权的资本证券。

证券公司是指依照《公司法》和《证券法》规定设立的，并经国务院证券监督管理机构审查批准的，专门经营证券业务，具有独立法人资格的金融机构。在证券公司的业务中，以公司自己的名义，使用证券公司自有资金和依法筹集的资金买卖证券以达到获利目的的业务，为证券自营业务；证券公司代理客户（投资者）买卖证券的活动，为证券经纪业务；证券公司接受证券发行人的委托，代发行人发行证券的活动，为证券承销业务；公司经批准在国家许可的范围内进行的除经纪、自营和承销业务以外的与证券有关的业务，为其他证券业务。随着经济结构的发展、资本市场的演变和各国金融法规政策的调整，证券公司的业务活动范围也不断发生变化。

证券公司的设立体制分为注册制、许可制和承认制三类。为了保证证券公司能合理履行其职责，不致因财力不足致使投资者受损，并引起整个证券市场的动荡，各国对证券公司的财务责任大都有所规定，具体内容包括最低资本额、提存保证金、负债总额限制等。在我国，证券公司的设立实行许可制，对证券公司管理的体制采取主管机关与自律组织相结合的做法，即以证券监督管理委员会对交易行为直接监管为主，以证券交易所和证券商同业公会——证券业协会等自律组织对证券商自律性管理为辅。根据《证券法》的规定，我国证券公司实行分类管理，分为综合类证券公司和经纪类证券公司。综合类证券公司的证券业务分为证券经纪业务、证券自营业务、证券承销业务和经国务院证券监督管理机构核定的其他证券业务。经纪类证券公司只允许从事证券经纪业务。

2. 证券的特征

（1）证券具有市场性、收益性和风险性特征。证券持有人可根据需要，通过市场转让，在极短时间内将其买卖变现。在此过程中，买卖的低进高出可使证券持有人获取差价收益。证券价格的影响因素有多种，其价格水平具有较强的不确定性，因此存在由于价值低估而丧失预期收益的较大风险。

证券的"基本价值"（fundamental value）是判断证券价格高低的常用标准。当价格高于基本价值时，证券被高估；反之，则为低估。证券价格对基本价值的偏离部分为证券的投机泡沫。证券"基本价值"的度量方式有客观基本价值和主观基本价值两种。客观基本价值可以根据证券未来收益流入量和利率折现计算而得，是交易者共同认可的、具有客观性的证券价值。主观基本价值是在不确定性环境下证券未来收益折现值在交易者主观后验信念下的期望值。

（2）随着现代金融市场的高度发展，证券在沟通盈余资本流动过程中的作用越来越大，许多大型企业越来越多地依赖于证券发行的直接融资。证券的广泛发行和持有，推动了证券经营业的发展。同时，作为一种金融契约，证券的设计、定价和销售，对发行证券企业的融资成本、融资后的运营状况具有至关重要的影响。

（3）资本证券都有票面价值，其实质上是一种虚拟资金。证券公司作为经营资本的专业金融企业，是创造虚拟经济的主体之一，具有与其他行业企业完全不同的特点。其核心竞争力并不体现在资产负债表上，而是体现在所拥有的品牌商誉、专用金融工具与技术等无形资产，以及专业能力、管理和创新能力、垄断性资源、经营管理、人力资本积累等方面。

尽管证券公司与商业银行本质上都是经营资本的企业，但是商业银行主要通过资金借贷赚取利差，而证券公司主要从事证券的交易，其收入的主要部分包括经纪业务佣金、证券发行佣金、做市商佣金等，并非仅靠专业证券服务本身，而是依托大量资本的吞吐获取的。证券价格的合理性与证券公司的利益具有一致性。一方面，证券公司通过为 IPO 定价、担任做市商或交易专家引导证券价格、以套利消除不合理的价格波动等方式，引导资本市场价格；另一方面，作为资本市场的主体之一，每一个证券市场泡沫吹起的过程，都导致证券公司财富的膨胀，而每一次泡沫的破裂，都有大量证券公司财富缩水。

4.1.2　证券会计的含义与内容

1. 证券会计的含义

证券会计的会计主体为证券公司，是对证券公司的经营活动内容、过程和结果进行核算和监督的专业会计。证券公司应当根据批准从事的业务范围对证券业务进行分类核算，按业务性质对各项会计要素进行合理的确认和计量。

2. 证券会计的对象

证券会计的对象是指证券会计所反映和监督的内容，具体由证券公司经营活动所涉及的资产、负债、所有者权益和损益（收入、支出和利润）等会计要素组成。

在我国，2003 年由财政部制定，并于 2004 年 1 月 1 日起执行的《金融企业会计制度》以及《金融企业会计制度——证券公司和会计报表》，对证券公司会计核算对象进行了详细的规范。其所使用的会计科目，包括"1201 自营证券"、"1202 自营证券跌价准备"、"1211 承销证券"、"1231 买入返售证券"、"1241 拆出资金"、"4102 证券销售"、"4103 证券承销"、"4105 买入返售证券收入"、"4503 卖出回购证券支出"等。

除《金融企业会计制度——证券公司和会计报表》所规定的之外，证券公司还可以根据其实际需要增设一些会计科目。例如：证券公司拨付所属分公司和证券营业部的营运资金，可以增设"1411 拨付所属资金"科目；所属分公司和证券营业部收到证券公司拨入的营运资金，可以增设"3103 上级拨入资金"科目；证券公司与所属分公司和证券营业部之间、各分公司和营业部之间的往来结算业务，可以增设"1131 内部往来"科目；公司内部各部门周转使用的备用金，可以增设"1191 备用金"科目；采用外币分账制核算外币业务的公司，可以增设"1902 外币兑换"科目；公司未作为固定资产管理的工具、器具等，可以增设"1281 低值易耗品"科目；公司对外进行的项目投资，可以增设"1208 项目投资"科目。

对于采用外币分账制核算的证券公司，应当设置"货币兑换"科目。各种货币之间的兑换及账务间的联系均通过"货币兑换"科目。期末，证券公司应将记账本位币以外的其他货币的余额按期末汇率折算为记账本位币，折算的金额与记账本位币的"货币兑换"科目账面余额的差额计入汇兑损益。

3. 证券会计的特点

证券会计作为一门专业会计，具有其独特的专业会计特点，具体表现在：

（1）证券会计不仅要反映证券的实际价值，也要反映证券的票面价值，其资产负债表结构，与同样作为金融企业的商业银行完全不同。前者反映的是证券公司通过业务运作赚取佣金的基础以及通过资本经营提升价值创造能力的手段，后者可以直接反映商业银行利差来源和风险的大小。

（2）证券会计确认充分反映了其业务分类管理的制度特点，对于不同性质证券业务进行分类核算。严格区分自营业务与经纪业务的资金款项，对证券公司所从事的财务顾问业务与证券承销业务、代保管证券业务也应按照规定分别进行核算。同时，对各项收入和支出，应分类分别核算，不得将收入与支出直接抵销。

（3）证券会计应根据规定，合理划分表内与表外核算的界限。例如，对于拆出资金到期（含展期，下同）90 天后仍未收回的，其应计利息停止计入当期利息收入，纳入表外核算。已计提的应收利息逾期 90 天后仍未收到，或对应的拆出资金到期 90 天后仍未收回时，应冲减原已计入损益的利息收入，转作表外核算。前期已转入表外核算的应收利息尚未收回前，公司以后期间应当计提的利息，不在表内予以确认。采用"到期还本付息"方式的拆借业务，只有在本金到期后利息逾期 90 天没有收回的情况下，已计提的应收利息才需要冲减原已计入损益的利息收入，转作表外核算。

（4）加强风险管理，揭示证券公司的真实资产质量与财务状况，避免掩盖潜亏现状，是证券会计的重点。证券公司应当在期末或者至少在每年年度终了对自营证券进行全面检查，并根据谨慎性原则，合理地预计各项自营证券可能发生的损失，按照股票市价与成本孰低原则计提跌价准备。如果某项自营证券比重较大（如占整个自营证券 10% 及以上），应按单项证券为基础计算并确定计提的跌价准备。对于证券公司常见的不良资产如应收账款等，也应按照一定的比率计提减值准备。证券会计应详细反映公司代客融资、代客理财、存在重大诉讼及担保等业务情况，受托理财计价采用成本与市值孰低的原则。对于受托资产管理业务，除作为资产负债表的表内项目予以反映，同时还应在会计报表附注中披露其详细内容，具体包括受托管理收到的客户委托资金、已进行投资的资金、尚未进行投资的仍在银行存款账户中的资金等。

§4.2　自营证券业务

4.2.1　自营证券业务内容

自营证券业务是指证券公司以自己的名义，使用公司自有资金和依法筹集资金买卖证券以达到获利目的的业务，包括买入证券和卖出证券。按照自营证券对象的不同，分为股票自营买卖和债券自营买卖两种。

作为证券公司在二级市场上最重要的业务活动之一，自营证券业务具有以下几个特点：首先，它是证券公司的一种自主经营行为。在交易活动中，证券公司操作不受外来限制，可自主决定交易方式和交易价格，同时也自行承担买卖的收益与损失。其次，它通过买卖差价获利，风险性较大，收益不像收取手续费那样稳定。最后，从事该业务时，证券公司必须首先拥有资金或证券。

4.2.2　自营证券业务的核算

自营证券业务的核算，分别涉及自营买入证券、自营证券配股、自营认购新股、自营卖出证券、自营证券跌价准备等不同方面。自营证券业务采用实际成本核算。成本核算方法一经确定不得随意变更，如有变更应在会计报表附注中说明变更内容和理由，并分析其对会计核算结果的影响。

1. 自营买入证券

实际成本法下，公司自营买入的证券，应按取得时的实际成本计价，其实际成本包括买入时成交的价款（包含已宣告但尚未领取的现金股利和已到付息期但尚未领取或尚未到期的债券利息）和交纳的各项税费。自营证券的应收股利和应计债券利息，应分别情况进行核算。股票买价中含有已宣布发放的应收股利，应作为"其他应收款"记账，从买入证券的入账成本中剔除，即自营库存证券（股票）的记账价格为实际支付的价款减应收股利；带息票的债券和每期支付利息的债券，其会计处理与上述股票的处理相同；到期一次支付本息的债券，应以债券的买卖差价作为收入处理。

当证券公司买入证券时，按买入证券的实际成本，借记相关的金融资产科目，若支付的价款中包含已宣告但尚未发放的现金股利或已到付息期但尚未领取的利息时，应作为应收股利或应收利息反映。按照实际支付的金额贷记"结算备付金——公司"科目。公司自营证券持有期间如果被投资单位宣告发放现金股利或在资产负债表日按债券票面利率计算利息时，借记"应收股利"或"应收利息"，若为持有至到期投资，应借记"持有至到期投资——应计利息"，贷记"投资收益"，可供出售金融资产和持有至到期投资的投资收益金额应根据摊余成本和实际利率计算确定，差额记入相应的利息调整科目。收取的现金股利或应收利息，应借记"银行存款"等科目，贷记"应收股利"或"应收利息"等科目。

其中，"结算备付金"科目，用于核算证券公司为证券交易的资金清算与交收而存入指定清算代理机构的款项。公司将款项存入清算代理机构，借记该科目，贷记"银行存款"科目；从清算代理机构划回资金，借记"银行存款"科目，贷记该科目。该科目应设置"公司"与"客户"两个明细科目，其中公司明细科目核算公司为进行自营证券交易等业务的资金清算与交收而存入指定清算代理机构的款项，以及公司向客户收取的交易结算手续费。证券交易所向证券公司收取的交易结算手续费，应当从该项目中抵减。公司在证券交易所进行自营证券交易时，应分别公司买入证券和卖出证券两种情况进行账务处理。当公司买入证券时，按买入证券的实际成本（包括买入证券的成交价，加上交纳的手续费、过户费、证管费、印花税等各项费用，下同），贷记该科目（公司）。

【例4—1】某证券公司自营买入股票，并将其划分为交易性金融资产，其买入股票的公允价值为200万元。

借：交易性金融资产——成本	2 000 000
贷：结算备付金——公司	2 000 000

若购入股票支付的价款中包含已宣告但尚未发放的现金股利8万元，则：

借；交易性金融资产——成本	1 920 000
应收股利	80 000
贷：结算备付金——公司	2 000 000

【例4—2】某证券公司取得的可供出售金融资产，在持有期间计提利息26万元，按实际利率和摊余成本计算确定的利息收入为24万元。

借：应收利息	260 000
贷：投资收益	240 000
可供出售金融资产——利息调整	20 000

证券公司实际收到 26 万元利息时：

借：银行存款　　　　　　　　　　　　　　　　　　　　　260 000

　　贷：应收利息　　　　　　　　　　　　　　　　　　　　　　　260 000

【例 4—3】某证券公司购入股票，并将其划分为交易性金融资产，在资产负债表日，该股票的公允价值高于其账面余额 6 万元。

借：交易性金融资产——公允价值变动　　　　　　　　　60 000

　　贷：公允价值变动损益　　　　　　　　　　　　　　　　　　　60 000

若证券公司将该股票划分为可供出售金融资产，则会计分录为：

借：可供出售金融资产——公允价值变动　　　　　　　　60 000

　　贷：资本公积——其他资本公积　　　　　　　　　　　　　　　60 000

2. 自营认购新股

证券公司通过网上认购新股，公司申购款被证券交易所从账户中划出并冻结时，借记"应收账款——应收认购新股占用款"科目，贷记"结算备付金——公司"科目。认购新股中签，与证券交易所清算中签款项时，按中签新股的实际成本，借记该科目，贷记"应收账款——应收认购新股占用款"科目；同时，按退回的未中签款项，借记"结算备付金——公司"科目，贷记"应收账款——应收认购新股占用款"科目。

证券公司通过网下认购新股，按规定存入指定机构的款项，借记"应收账款——应收认购新股占用款"科目，贷记"银行存款"科目。认购新股中签，按中签新股的实际成本，借记本科目，贷记"应收账款——应收认购新股占用款"科目；同时，按退回的未中签款项，借记"银行存款"科目，贷记"应收账款——应收认购新股占用款"科目。

【例 4—4】某证券公司通过网上认购新股，公司申购款被证券交易所从账户中划出并冻结 526 万元。

借：应收账款——应收认购新股占用款　　　　　　　5 260 000

　　贷：结算备付金——公司　　　　　　　　　　　　　　　　5 260 000

【例 4—5】某证券公司认购新股中签，与证券交易所清算中签款项的实际成本为 236 万元，退回未中签款项 290 万元。

借：交易性金融资产　　　　　　　　　　　　　　　2 360 000

　　贷：应收账款——应收认购新股占用款　　　　　　　　　2 360 000

借：结算备付金——公司   2 900 000

　　贷：应收账款——应收认购新股占用款   2 900 000

【例4—6】某证券公司通过网下认购新股，按规定存入指定机构款项3 000万元。

借：应收款项——应收认购新股占用款   30 000 000

　　贷：银行存款   30 000 000

3. 自营卖出证券

公司自营卖出的证券，应按成交价扣除相关税费后的净额确认收入。结转售出证券的成本，可以采用先进先出法、加权平均法、移动加权平均法、个别计价法等方法计算确定。以实际成本核算时，采用加权平均法计算的实际成本，其公式如下：

$$\frac{某种证券的加权}{平均单位成本} = \left(\frac{期初结存}{实际成本} + \frac{本期买进}{实际成本}\right) / \left(\frac{期初结}{存票面价值} + \frac{本期买进票}{面价值}\right)$$

$$\frac{本期卖出该种}{证券的实际成本} = \frac{本期卖出证券}{票面价值总额} \times \frac{证券加权平均}{单位成本}$$

在票面值法下售出证券，除按证券票面价值结转成本外，还要定期结转证券的差价部分。计算公式如下：

$$\frac{某种证券的}{差价率} = \left(\frac{期初证券}{差价} + \frac{本期买进}{证券的差价}\right) / \left(\frac{期初证券的}{票面价值} + \frac{本期买进证券的}{票面价值}\right)$$

当公司卖出证券时，按实际收到的金额，借记"结算备付金"科目（公司），按资产的账面余额贷记相应的金融资产科目，差额记入"投资收益"。同时，要将公允价值变动转出，记入"投资收益"。

【例4—7】某证券公司的自营证券中，甲股票作为交易性金融资产进行核算，年初结存60万股，成本为700万元，公允价值变动为10万元。1月18日购进甲股票20万股，价款为240万元，当月23日又购入20万股，价款为260万元，2月2日卖出甲股票70万股，获取价款920万元。采用先进先出法核算。

借：结算备付金——公司或银行存款   9 200 000

　　贷：交易性金融资产——成本

　　　　　　　8 200 000（7 000 000+2 400 000÷200 000×100 000）

　　　　交易性金融资产——公允价值变动   100 000

　　　　投资收益   900 000

借：公允价值变动损益　　　　　　　　　　　　　　　　100 000
　　贷：投资收益　　　　　　　　　　　　　　　　　　　　　　100 000

4. 自营证券减值准备

证券公司应当依据成本与市价孰低原则计量公司的自营证券，计提自营证券跌价准备。通常情况下，自营证券的市价应当选取当期最后一个交易日在证券交易所挂牌的市价（平均价或收盘价）确定；当期最后一个交易日无交易的，应选取最近交易日的市价确定。

股票价格异常变动的自营证券，期末计提自营证券减值准备时，应当考虑实际可收回的金额，同时应当在报表附注中说明其影响。期末，公司应将自营证券的市价与其成本进行比较，如市价低于成本，按其差额，借记"资产减值损失"科目，贷记相应的金融资产减值准备科目；如已计提减值准备的自营证券的市价以后又恢复，应在已计提的减值准备的范围内转回，借记相应的金融资产减值准备科目，贷记"资产减值损失"科目，如果为可供出售权益工具，应贷记"资本公积——其他资本公积"科目。交易性金融资产公允价值变动应记入"公允价值变动损益"科目，不计提减值准备。

当期自营证券市价低于成本的金额大于该科目的贷方余额，按其差额计提跌价准备；如果当期自营证券市价高于成本，应将本科目的余额全部冲回。

公司出售可供出售金融资产时，应将记入所有者权益的公允价值变动累计额对应处置部分的金额转出，借记"资本公积——其他资本公积"，贷记"投资收益"科目。出售持有至到期投资时，应将已计提的减值准备转出，记入当期损益科目。

【例 4—8】年度终了，某证券公司购入的可供出售金融资产在持有期间发生减值 30 万元。

借：资产减值损失　　　　　　　　　　　　　　　　　300 000
　　贷：可供出售金融资产减值准备　　　　　　　　　　　　　300 000

§4.3　证券经纪业务

4.3.1　证券经纪业务内容

证券经纪业务包括代理买卖证券业务、代理兑付证券业务、代保管证券业务等几类。在此，代理买卖证券业务是公司代理客户进行证券买卖的业务，代理兑付证券业务是公司接受证券发行人的委托对其发行的证券到期进行证券兑付的业务，代保管证券业务是证券公司代理其他各方保管有价证券的业务。

证券经纪业务的特点主要表现为：业务对象是委托合同中的标的物，即委托的事项及特定价格的证券。在此其中，客户委托证券公司代理买卖，以及证券公司通过专线在证券交易所中代客交易，是其代理买卖的两个过程；开户、委托买卖、申请、清算与交割则是其业务的四个步骤。

客户是委托关系中的委托人，证券买卖的时机、价格、数量都由证券委托人决定，由此而产生的收益和风险也均由委托人承担。证券公司仅充当代理人角色，按照委托合同中的有关条款，在受托的权限范围内办理委托事项，并收取经纪（代理）业务手续费。

4.3.2　证券经纪业务的核算

在会计处理上，证券经纪业务应分类核算。代理业务时，应开设客户资金专户，将其交来款项记入"代理买卖证券款"科目贷方，客户提款销户时记入"代理买卖证券款"科目借方。同时，公司还应为客户在证券交易所开设清算资金专户，并记入"结算备付金——客户"科目借方。

1. 代理买卖证券业务的核算

公司代理客户买卖证券收到的代买卖证券款，包括买卖证券成交价的差额加代扣代交的印花税费等费用和应向客户收取的佣金，必须全额存入指定的商业银行，并在"银行存款"科目中单设明细科目进行核算。同时，还应当确认为一项负债，与客户进行相关的结算。其手续费收入，应当在代买卖证券交易日确认为收入。在会计处理上，应在"结算备付金"科目下设置"客户"明细科目，核算公司因代理客户进行证券交易等业务的资金清算与交收而为客户存入指定清算代理机构的款项，公司代理客户买卖证券所引起的客户结算备付金净额的变化，也在该科目核算。公司可以每日结转结算备付金的明细科目，也可以每月定期结转。

公司应分别以下两种情况进行账务处理：如果买入证券成交总额大于卖出证券成交总额，按买卖证券成交价的差额，加代扣代交的印花税费和应向客户收取的佣金等费用，借记"代理买卖证券款"科目，贷记"结算备付金——客户"

科目；同时，按公司应负担的交易费用，借记"手续费及佣金支出——代理买卖证券手续费支出"科目，按应向客户收取的佣金等手续费，贷记"手续费及佣金收入——代理买卖证券手续费收入"科目，按其差额，借记"结算备付金——公司"科目；如果卖出证券成交总额大于买入证券成交总额，按买卖证券成交价的差额，减代扣代交的印花税费和应向客户收取的佣金等费用，借记"结算备付金——客户"科目，贷记"代理买卖证券款"科目。同时，按公司应负担的交易费用借记"手续费及佣金支出——代理买卖证券手续费支出"科目，按应向客户收取的佣金等手续费，贷记"手续费及佣金收入——代理买卖证券手续费收入"科目，按其差额，借记"结算备付金——公司"科目。

【例4—9】某证券公司代理客户买卖证券，代买卖证券款217万元。与客户清算时，买入证券成交总额大于卖出证券成交总额，公司应向客户收取佣金等手续费20万元，公司应负担交易费用15万元。

借：代理买卖证券款　　　　　　　　　　　　　　　2 170 000
　　贷：结算备付金——客户　　　　　　　　　　　　　　　　2 170 000
同时：
借：手续费及佣金支出——代理买卖证券手续费支出　　150 000
　　结算备付金——公司　　　　　　　　　　　　　　50 000
　　贷：手续费及佣金收入——代理买卖证券手续费收入　　　　200 000

【例4—10】某证券公司代理客户认购新股，收到客户认购款项170万元，将款项划付清算代理机构。

借：银行存款　　　　　　　　　　　　　　　　　1 700 000
　　贷：代理买卖证券款　　　　　　　　　　　　　　　　　1 700 000
同时：
借：结算备付金——客户　　　　　　　　　　　　　1 700 000
　　贷：银行存款　　　　　　　　　　　　　　　　　　　　1 700 000

【例4—11】某证券公司办理申购手续，客户实际支付价款89万元。证券交易所将未中签资金81万元退给客户，公司划回未中签的款项并退给客户。

客户实际支付价款：
借：代理买卖证券款　　　　　　　　　　　　　　　890 000
　　贷：结算备付金——客户　　　　　　　　　　　　　　　　890 000

证券交易所将未中签资金退给客户：

借：结算备付金——客户   810 000

　　贷：代理买卖证券款   810 000

公司划回未中签的款项：

借：银行存款   810 000

　　贷：结算备付金——客户   810 000

公司退给客户未中签的款项：

借：代理买卖证券款   810 000

　　贷：银行存款   810 000

【例4—12】某证券公司代理客户办理配股业务，当日向证券交易所解交配股款，客户提出配股要求，金额200万元。

借：代理买卖证券款   2 000 000

　　贷：结算备付金——客户   2 000 000

若为定期向证券交易所解交配股款，客户提出配股要求时，会计分录为：

借：代理买卖证券款   2 000 000

　　贷：其他应付款——应付客户配股款   2 000 000

与证券交易所清算配股款时，按配股金额借记"其他应付款——应付客户配股款"科目，贷记"结算备付金——客户"科目。

代客户领取现金股利和利息时，借记"结算备付金——客户"科目，贷记"代理买卖证券款"科目；按规定向客户统一结息时，借记"利息支出"或"应付利息"科目，贷记"代理买卖证券款"科目。

2. 代理兑付证券业务的核算

代兑付证券的手续费收入，应当在代兑付证券业务提供的相关服务完成时确认为收入。在会计处理上，应设置"代理兑付证券"科目，核算公司接受委托代理兑付到期的证券。公司收到委托单位的兑付资金，借记"银行存款"科目，贷记"代理兑付证券款"科目。收到客户交来的实物券，按兑付金额，借记"代理兑付证券"科目，贷记"银行存款"等科目。公司向委托单位交回已兑付的实物券，借记"代理兑付证券款"科目，贷记"代理兑付证券"科目。如果委托单位尚未拨付兑付资金，并由公司垫付的，收到客户交来的实物券时，按兑付金额，借记"代理兑付证券"科目，贷记"银行存款"等科目；向委托单位交回已兑付的证券并收回垫付的资金，借记"银行存款"科目，贷记"代理兑付证券"科目。该科目应按委托单位和证券种类设置明细账，期末借方余额，反映公司接受委托代理兑付到期的证券实际已兑付的金额。

代兑付证券业务，如果向委托单位单独收取手续费，应借记"银行存款"科目，贷记"手续费及佣金收入——代理兑付证券手续费收入"。手续费与兑付款一并汇入的，在收到款项时按实际收到的金额借记"银行存款"、"结算备付金"等科目，按应兑付的金额，贷记"代理兑付证券款"科目，按事先取得的手续费，贷记"其他应付款——预收代理兑付证券手续费"科目；待兑付证券业务完成后，确认手续费收入时，借记"其他应付款——预收代理兑付证券手续费"科目，贷记"手续费及佣金收入——代理兑付证券手续费收入"科目。

【例4—13】某证券公司接受委托代企业兑付到期的无记名（实物券形式）债券，收到委托单位的兑付资金145万元。

借：银行存款 1 450 000
　　贷：代理兑付证券款 1 450 000

【例4—14】某证券公司收到客户交来的实物券，兑付金额100万元。

借：代理兑付证券款 1 000 000
　　贷：银行存款 1 000 000

【例4—15】某证券公司向委托单位交回已兑付的实物券120万元。

借：代理兑付证券款 1 200 000
　　贷：代理兑付证券 1 200 000

3. 代保管证券业务

对于代保管证券业务中的代保管证券，不需要单独设置科目核算，不论采取何种代保管方式，均只在专设的备查账簿中记录代保管证券的情况。

对于代保管证券业务的手续费，应于代保管服务完成时确认为收入。一次性收取的手续费，作为预收账款处理，待后续代保管服务完成时再确认为收入。

§4.4　证券承销业务

4.4.1　证券承销业务内容

　　证券公司作为承销商的主要作用是指导公司股票成功发行并上市，在发行和上市过程中组织并协调所有中介机构的工作。在此其中，股票发行价格或配股价格由承销商与发行企业共同商定，证券公司在承销过程中和承销结束后股票上市前，不得以任何身份参与所承销股票及其认购证的私下交易，并不得为这些交易提供任何便利。

　　承销期满后对于尚未售出的证券，证券公司应当按照承销协议约定的方式处理。一般而言，证券公司的证券承销业务包括全额承购包销、余额承购包销和代销三种承销方式。用包销方式销售股票，证券公司应当在承销期结束时，将其代发行人发售而未售出的证券全部买下；用代销方式销售股票，证券公司在承销期结束时应将未售出的证券全部退还给发行人或包销机构。证券公司应当根据与发行人确定的发售方式，按照规定分别进行核算。

4.4.2　证券承销业务的核算

1. 全额承购包销业务的核算

　　以全额包销方式进行承销业务，证券公司应在按承购价格购入待发售的证券时，确认为交易性金融资产或可供出售金融资产。在将证券转售给投资者时，按承销价格确认为证券承销收入，按已承销证券的承购价格结转承销证券的成本。承销期结束后，如有未售出的证券，应按承购价格转为公司的自营证券进行核算和管理。

　　【例4—16】某证券公司根据协议认购全部证券，按承购价向委托单位支付300万元。证券公司将该证券作为可供出售金融资产核算。

　　借：可供出售金融资产　　　　　　　　　　　　　3 000 000
　　　　贷：银行存款　　　　　　　　　　　　　　　　　　3 000 000

　　【例4—17】某证券公司采用包销方式承销证券，承购价为400万元。公司在承销期内全部对外发售完毕，共取得价款450万元。证券公司在持有期间将其作为可供出售金融资产核算。

借：银行存款 　　　　　　　　　　　　　　　4 500 000

　　贷：可供出售金融资产 　　　　　　　　　　　　　4 000 000

　　　　投资收益 　　　　　　　　　　　　　　　　　　500 000

2. 余额承购包销业务的核算

证券公司以余额承购包销方式进行承销业务的，在收到委托单位发售的证券时，不需要在账内同时确认为一项资产和一项负债，只需在专设的备查账簿中登记承销证券的情况。承销期结束后，如有未售出的证券，应按约定的承销价格确认为公司的自营证券；承销证券的手续费收入，应当在承销业务提供的相关服务完成时确认为收入。

采用余额承购包销方式或代销方式承销证券所形成的应付证券发行人承销资金，在"代理承销证券款"科目核算。

【例4—18】某证券公司以余额包销方式进行无记名证券承销，在约定的期限内售出证券的承销价格为180万元。未售出部分由公司认购，按承销价格21万元转为交易性金融资产。证券公司将款项支付给客户，并确认6万元的手续费收入。

借：银行存款 　　　　　　　　　　　　　　　1 800 000

　　贷：代理承销证券款 　　　　　　　　　　　　　1 800 000

借：交易性金融资产 　　　　　　　　　　　　　210 000

　　贷：代理承销证券款 　　　　　　　　　　　　　210 000

借：代理承销证券款 　　　　　　　　　　　　2 010 000

　　贷：银行存款 　　　　　　　　　　　　　　　1 950 000

　　　　手续费及佣金收入——代理承销证券手续费收入 　60 000

【例4—19】某证券公司以余额承购包销方式记名承销某企业证券。网上发行结束后，经与证券交易所交割清算，按网上实际发行数量和承销价格计算的承销款项为400万元，上网费用为12万元，承销手续费为9万元。

借：结算备付金——客户 　　　　　　　　　　3 880 000

　　其他应收款——应收代垫委托单位上网费 　　120 000

　　贷：代理承销证券款 　　　　　　　　　　　　　4 000 000

借：代理承销证券款 　　　　　　　　　　　　4 000 000

贷：其他应收款——应收代垫委托单位上网费　　　　　120 000
　　手续费及佣金收入——代理承销证券手续费收入　　 90 000
　　银行存款　　　　　　　　　　　　　　　　　3 790 000

3. 代销业务的核算

证券公司以代销方式进行承销业务的，应将承销期结束时未售出的证券退还委托单位，并冲销备查账簿中登记的承销证券。代销业务中证券公司只是向委托人收取手续费，不承担任何风险。

证券公司在收到委托单位发售的证券时，应登记备查登记簿。按发行价在网上发行结束，与交易所交割清算时，借记"结算备付金"，贷记"代理承销证券款"。发行期结束后，将所筹集到的资金扣除手续费后，交给客户，借记"代理承销证券款"，贷记"银行存款"、"手续费及佣金收入——代理承销证券手续费收入"科目。对于未售出的证券，应退还委托单位，同时冲销备查簿中登记的承销证券。

§4.5　其他证券业务

4.5.1　其他证券业务内容及特点

其他证券业务，是指证券公司经批准在国家许可的范围内进行的除经纪、自营和承销业务以外的与证券有关的业务，包括买入返售证券业务、卖出回购证券业务、受托投资管理业务以及上市辅导、上市推荐、投资咨询等财务顾问业务，拆出、拆入资金业务等。

其中，买入返售证券业务，是指证券公司与其他企业以合同或协议的方式，按一定价格买入证券，到期再按合同规定的价格将该批证券返售给卖出方，以获取利息收入的证券业务。

卖出回购证券业务，是指证券公司与其他企业以合同或协议的方式，按一定价格卖出证券，到期日再按合同规定的价格买回该批证券，以获得一定期间内资金使用权的证券业务。

受托投资管理业务，是指证券公司作为受托投资管理人，依据有关法律、法规和投资委托人的投资意愿，与委托人签订受托投资管理合同，把委托人委托的资产在证券市场上从事股票、债券等金融工具的组合投资，以实现委托资产收益最优化的行为。

上市辅导、上市推荐、投资咨询等财务顾问业务，是指证券公司接受委托，为拟上市企业提供上市规范化辅导、上市推荐，为企业提供改制重组策划、投资咨询等各类财务顾问业务。

4.5.2　其他证券业务核算

证券公司应当按照国家规定的经营范围以及制度规定，对其他证券业务进行分类单独核算。

1. 买入返售证券业务

公司按规定进行证券回购业务买入返售证券，应于买入某种证券时，按实际发生的成本确认一项资产。期末时，根据买入返售证券的种类按期计提利息，确认为收入。在会计处理上，应设置"买入返售金融资产"科目，用于核算公司按规定进行证券回购业务买入证券所发生的成本。公司通过国家规定的场所买入证券，按实际支付的款项，借记本科目，贷记"结算备付金——公司"、"银行存款"等科目。买入证券在当期到期返售的，按实际收到的款项，借记"结算备付金——公司"、"银行存款"等科目，按资产的账面余额，贷记本科目，按其差额，贷记"投资收益"或"利息收入"等科目。

买入返售证券在当期没有到期的，期末应计提未到期的买入返售证券利息，借记"应收利息"科目，贷记"利息收入"科目；收到利息、现金股利时，借记"银行存款"、"结算备付金——公司"等科目，贷记"应收股利"、"应收利息"等科目。"买入返售金融资产"科目按不同交易场所、不同期限的证券种类设置明细账。期末借方余额，反映公司已经买入尚未到期返售的证券的实际成本。

【例 4—20】某证券公司通过国家规定的场所买入证券，实际支付款 400 万元。

借：买入返售金融资产　　　　　　　　　　　　　　　　　　4 000 000

　　贷：结算备付金——公司　　　　　　　　　　　　　　　　　4 000 000

【例 4—21】上例证券公司买入证券在当期到期返售，收到款项 700 万元。

借：结算备付金——公司　　　　　　　　　　　　　　　　　4 000 000

借：银行存款   3 000 000
　　贷：买入返售金融资产   4 000 000
　　　投资收益   3 000 000

在到期日，若交易对方违约，如果证券公司有权取得本应按固定价格返售的证券等资产的，应将其作为自营证券核算，按取得该资产的公允价值，借记"交易性金融资产"或"贷款"等科目，按交易对方支付的履约保证金，借记"结算备付金"或"银行存款"等科目，按其账面余额贷记"买入返售金融资产"，按其差额，借记或贷记"投资收益"或"利息收入"等科目。

2. 卖出回购证券业务

公司应于卖出证券时，按实际收到的款项确认一项负债。期末时，应当根据卖出回购证券的种类按期计提利息，确认为当期费用。卖出回购证券在当期到期购回的，按实际支付的款项与卖出证券时实际收到的款项的差额，确认为当期费用；卖出回购证券在当期没有到期的，期末应当根据权责发生制原则计提未到期的利息，确认为当期费用。

在会计处理上，应设置"卖出回购金融资产款"科目，用于核算公司按照规定进行证券回购业务卖出证券取得的款项。卖出证券成交时，按实际收到的款项，借记"结算备付金——公司"，贷记"卖出回购金融资产款"科目。卖出证券在当期到期回购的，按卖出证券时实际收到的款项，借记"卖出回购金融资产款"科目，按回购证券时实际支付的款项，贷记"结算备付金——公司"科目，按其差额，借记"利息支出"科目。卖出回购证券在当期没有到期的，期末应计提未到期的卖出回购证券利息，借记"利息支出"科目，贷记"卖出回购金融资产款"科目。

如果交易对方违约，应按卖出回购金融资产的账面余额，借记"卖出回购金融资产款"，按对方支付的履约保证金，借记"银行存款"、"结算备付金——公司"等科目。若回购协议中金融资产计提减值准备的，借记"坏账准备"、"贷款损失准备"等科目，按金融资产的账面余额，贷记"交易性金融资产"、"可供出售金融资产"、"贷款"等科目，按其差额，借记或贷记"投资收益"等科目。

【例4—22】某证券公司采用卖出回购方式，通过国家规定的场所卖出证券，实际收到款项321万元。

借：结算备付金——公司 3 210 000

　　贷：卖出回购金融资产款 3 210 000

【例 4—23】上例证券公司卖出证券在当期到期回购，实际支付 411 万元。

借：卖出回购金融资产款 3 210 000

　　利息支出 900 000

　　贷：结算备付金——公司 4 110 000

3. 受托资产管理业务

公司受托经营管理资产，应按实际受托管理资产的金额，同时确认一项资产和一项负债。对受托管理的资产进行证券买卖的交易税费、交易佣金的会计核算，应比照代买卖证券业务的会计核算进行处理。受托投资证券买卖的损益比照公司自营业务的核算规定进行处理。在合同到期与委托单位结算时，按合同规定的比例计算由公司享有的收益或承担的损失，应确认为当期的收益或损失。如果合同中规定公司按固定比例收取管理费，公司应在合同期内分期确认收益。期末，公司应当按照受托投资管理合同的规定，合理地确认和计量预计负债。公司计算受托投资卖出证券的成本，可采用先进先出法、加权平均法、移动加权平均法等方法计算确定。

在会计处理上，应设置"代理业务资产"科目，核算公司接受客户委托，用受托资金购买证券的实际成本、出售收入及其差价。该科目下设置"成本"和"已实现未结算损益"两个明细科目。期末借方余额，反映公司用受托资金购买的证券的实际成本和已实现未结算的损益。设置"手续费及佣金收入——受托资产管理业务收入"科目，核算公司经营受托资产而取得的收入。公司收到代理业务款项时，借记"银行存款"等科目，贷记"代理业务负债"科目。公司合同到期与委托单位结算时，借记"代理业务资产——已实现未结算损益"科目，属于委托单位收益的部分，贷记"代理业务负债"科目，属于公司收益的部分，贷记"手续费及佣金收入——受托资产管理业务收入"科目。发生损失时，方向相反。按规定核销或退还代理业务资金时，借记"代理业务负债"科目，贷记"银行存款"等科目。

【例 4—24】某证券公司收到委托单位甲支付的代理业务款 150 万元。

借：银行存款 1 500 000

　　贷：代理业务负债 1 500 000

【例4—25】某证券公司为委托单位甲购买证券，实际成本为100万元。

借：代理业务资产——成本　　　　　　　　　　　　　1 000 000

　　贷：结算备付金——客户甲　　　　　　　　　　　　　　　　1 000 000

【例4—26】上述证券公司将购买的证券通过证券交易所进行回购交易，实际收到价款130万元。

借：结算备付金——客户甲　　　　　　　　　　　　　1 300 000

　　贷：代理业务资产——成本　　　　　　　　　　　　　　　　1 000 000

　　　　　　——已实现未结算损益　　　　　　　　　　　　　　300 000

【例4—27】上述证券公司合同到期与委托单位结算时，按合同规定比例计算受托投资管理收益4万元，属于委托单位的收益26万元。结转已实现未结算的收益。

借：代理业务资产——已实现未结算损益　　　　　　300 000

　　贷：代理业务负债　　　　　　　　　　　　　　　　　　　260 000

　　　　手续费及佣金收入——受托资产管理业务收入　　　　　40 000

4. 上市辅导、上市推荐、投资咨询等财务顾问业务

公司应当在各项业务提供的相关服务完成时确认收入。在各项业务提供的相关服务完成前一次性收取的款项，应先作为预收款项处理，待服务完成时按规定确认收入。

4.5.3　证券公司财务报表举例

以中信证券股份有限公司2012年度财务报表①为例，见表4—1、表4—2、表4—3，为方便演示以及阅读，报表数字取整为亿元。

表4—1　　　　　　　　　　中信证券股份有限公司

合并资产负债表　　　　　　　　单位：人民币亿元

项目	2012-12-31	2011-12-31
资产：		
货币资金	522	608

---

① 财务报表取自中信证券网站（http://www.cs.ecitic.com）。

项目	2012-12-31	2011-12-31
其中：客户资金存款	286	301
结算备付金	75.2	84.2
其中：客户备付金	0	0
拆出资金	—	7.90
交易性金融资产	388	190
衍生金融资产	4.23	10.8
买入返售金融资产	7.94	5.76
应收利息	7.05	4.95
存出保证金	8.19	8.40
代理业务资产	—	—
可供出售金融资产	292	289
持有至到期投资	—	—
长期股权投资	185	174
固定资产	25.5	26.5
无形资产	1.61	1.39
其中：交易席位费	—	—
递延所得税资产	8.37	13.4
投资性房地产	3.92	3.14
其他资产	149	48.0
资产总计	1 685	1 483
负债：		
短期借款	7.91	—
其中：质押借款	1.00	—
拆入资金	29.0	1.00
交易性金融负债	0.1878	0.0628
衍生金融负债	6.36	11.3

续表

项目	2012-12-31	2011-12-31
卖出回购金融资产款	220	142
代理买卖证券款	348	365
代理承销证券款	1.75	1.06
预收账款	—	—
应付职工薪酬	23.1	31.2
应交税费	10.0	26.9
应付利息	1.43	0.3719
代理业务负债	—	—
长期借款	—	—
应付债券	15.0	15.0
递延所得税负债	3.23	1.04
预计负债	—	—
其他负债	152	17.9
负债合计	818	613
权益：		
股本	110	110
资本公积金	344	340
减：库存股	—	—
盈余公积金	58.9	54.6
未分配利润	252	268
一般风险准备	104	97.2
外币报表折算差额	-4.73	-4.45
少数股东权益	2.19	4.03
归属于母公司所有者权益合计	865	866
所有者权益合计	867	870
负债及股东权益总计	1 685	1 483

表 4—2　　　　　　　　　　　　中信证券股份有限公司

合并利润表　　　　　　　　　　　单位：人民币亿元

项目	2012 年度	2011 年度
一、营业收入	117	250
手续费及佣金净收入	62.9	86.5
代理买卖证券业务净收入	29.3	35.7
证券承销业务净收入	17.9	14.9
受托客户资产管理业务净收入	1.98	2.18
利息净收入	12.2	14.0
投资收益	36.6	156
其中：对联营企业和合营企业的投资收益	4.32	—
公允价值变动收益	4.17	−7.55
汇兑收益	0.2516	−0.2847
其他业务收入	0.7516	2.06
二、营业支出	62.6	100
营业税金及附加	4.01	4.88
管理费用	58.2	80.1
资产减值损失	0.3004	15.1
其他业务成本	0.1226	0.0675
三、营业利润	54.3	150
加：营业外收入	0.6103	0.3097
减：营业外支出	0.0445	0.1121
四、利润总额	54.9	150
减：所得税费用	11.8	24.3
五、净利润	43.1	126
减：少数股东损益	0.6938	0.2801
归属于母公司所有者的净利润	42.4	126

表 4—3   中信证券股份有限公司
                          合并现金流量表   单位：人民币亿元

项目	2012 年度	2011 年度
一、经营活动产生的现金流量		
销售商品、提供劳务收到的现金	76	−70.2
回购业务、拆入资金增加额	104	8.7
收到其他与经营活动有关的现金	10	13
经营活动现金流入小计	190	−48.5
购买商品、接受劳务支付的现金	185.5	72.4
支付给职工以及为职工支付的现金	45.5	66.1
支付的各项税费	27.0	41.2
支付其他与经营活动有关的现金	123	41.3
经营活动现金流出小计	381	221
经营活动产生的现金流量净额	−191	−269
二、投资活动产生的现金流量		
收回投资收到的现金	4.33	7.46
取得投资收益收到的现金	5.49	14.1
处置固定资产、无形资产和其他长期资产所收回的现金	0	0
处置子公司及其他营业单位收到的现金	—	—
收到其他与投资活动有关的现金	32.9	89.0
投资活动现金流入小计	42.7	111
购建固定资产、无形资产和其他长期资产所收回的现金	5.15	18.2
投资支付的现金	29.9	29.0
取得子公司及其他营业单位支付的现金	—	—
支付其他与投资活动有关的现金	0.1799	−43.7
投资活动现金流出小计	35.3	3.46

项目	2012 年度	2011 年度
投资活动产生的现金流量净额	7.44	107
三、筹资活动产生的现金流量		
吸收投资收到的现金	0.2685	116
取得借款收到的现金	—	—
发行债券收到的现金	130	—
收到其他与筹资活动有关的现金	7.93	0
筹资活动现金流入小计	138	116
偿还债务支付的现金	—	1.85
分配股利、利润或偿付利息支付的现金	49.7	50.5
支付其他与筹资活动有关的现金	0	0
筹资活动现金流出小计	49.7	52.3
筹资活动产生的现金流量净额	88.5	63.5
四、汇率变动对现金及现金等价物的影响	−0.0834	−1.99
五、现金及现金等价物净增加额	−95.2	−101
期初现金及现金等价物余额	692	793
六、期末现金及现金等价物余额	597	692

★ 本章小结

1. 证券是载有一定金额、规定持有人享有某种特定权益的凭证。从广义上看，证券可以分为有价证券和凭证证券两大类。其中，资本证券、货币证券、财物证券为有价证券，货运单、提单、借据、收据等无价证券为凭证证券，凭证证券只起证据作用。从狭义上看，证券主要指代表对一定资本所有权和一定利益分配请求权的资本证券。

2. 证券公司是指依照《公司法》和《证券法》规定设立的，并经国务院证券监督管理机构审查批准的，专门经营证券业务，具有独立法人资格的金融机构。

3. 证券会计的会计主体为证券公司，证券会计是对证券公司的经营活动内容、过程和结果进行核算和监督的专业会计。

4. 根据《证券法》的规定，我国证券公司实行分类管理，分为综合类证券公司和经纪类证券公司。综合类证券公司的证券业务分为证券经纪业务、证券自营业务、证券承销业务和经国务院证券监督管理机构核定的其他证券业务。经纪类证券公司只允许从事证券经纪业务。

自营证券业务是指证券公司以自己的名义，使用公司自有资金和依法筹集资金买卖证券以达到获利目的的业务，包括买入证券和卖出证券。

证券经纪业务包括代理买卖证券业务、代理兑付证券业务、代保管证券业务等几类。代理买卖证券业务是公司代理客户进行证券买卖的业务，代理兑付证券业务是公司接受证券发行人的委托对其发行的证券到期进行证券兑付的业务，代保管证券业务是证券公司代理其他各方保管有价证券的业务。

证券承销业务是指证券公司作为承销商指导公司股票成功发行并上市，在发行和上市过程中组织并协调所有中介机构工作的业务。

其他证券业务是指公司经批准在国家许可的范围内进行的除经纪、自营和承销业务以外的与证券有关的业务，包括买入返售证券业务、卖出回购证券业务、受托投资管理业务，以及上市辅导、上市推荐、投资咨询等财务顾问业务和拆出、拆入资金业务等。

★ 关键概念

证券　证券公司　证券会计　自营证券业务　证券承销业务　全额包销　余额承购包销　买入返售证券业务　卖出回购证券业务　受托投资管理业务

★ 综合训练

4.1　单项选择题

1. 下列属于有价证券的是(　　)。

A. 货运单　　　　B. 货币证券　　　　C. 收据　　　　D. 借据

2. 我国证券公司的设立实行(　　)。

A. 注册制　　　　B. 审批制　　　　C. 许可制　　　　D. 承认制

3. 证券公司从事代理业务时应开设客户资金专户，将其交来款项记入( )。

A. "代买卖证券款"科目贷方

B. "代买卖证券款"科目借方

C. "结算备付金——客户"科目借方

D. "结算备付金——客户"科目贷方

4. 证券公司经营代保管证券业务一次性收取的手续费( )。

A. 收到时全部确认为收入

B. 收到时将其中的50%确认为收入，待后续代保管服务完成时再确认为收入

C. 在提供代保管服务的期间内逐期确认为收入

D. 收到时作预收账款处理，待后续代保管服务完成时再确认为收入

5. 证券公司采用代销方式销售股票，在收到委托单位发售的证券时应借记( )。

A. 交易性金融资产   B. 代理发行证券

C. 可供出售金融资产   D. 代理承销证券款

4.2 多项选择题

1. 综合类证券公司可以从事的证券业务有( )。

A. 证券经纪业务   B. 证券自营业务

C. 证券承销业务   D. 国务院证券监督管理机构核定的其他证券业务

2. 证券具有的特征有( )。

A. 稳定性   B. 市场性   C. 收益性   D. 风险性

3. 下列业务属于证券经纪业务的有( )。

A. 代理买卖证券业务   B. 代理兑付证券业务

C. 代保管证券业务   D. 卖出回购证券业务

4. 证券承销业务包括的方式有( )。

A. 全额承购包销   B. 余额承购包销

C. 部分承购包销   D. 代销

5. 下列属于证券公司经营的其他证券业务的有( )。

A. 上市辅导   B. 上市推荐   C. 投资咨询   D. 受托投资管理

4.3 思考题

1. 证券会计的特点是什么?

2. 什么是自营证券业务? 在其会计核算上应设置什么科目加以反映?

3. 什么是证券经纪业务? 在其会计核算上应设置什么科目加以反映?

4.4 练习题

练习题 1

一、目的: 练习自营证券业务的核算。

二、要求: 做出会计分录。

三、资料: 某证券公司 4 月份发生如下自营证券业务:

1. 自营买入证券, 其买入证券的实际成本 (包括买入证券成交总额加经手费、过户费、证管费、印花税等交易税费) 410 万元。

2. 采用包销方式承销证券, 承销期结束, 未售的证券按承购价 122 万元转为自营证券。

3. 通过网上认购新股, 公司申购款被证券交易所从账户中划出并冻结 123 万元。

4. 认购新股中签, 与证券交易所清算中签款项的实际成本为 336 万元, 退回未中签款项 150 万元。

5. 卖出证券, 实际收到金额 810 万元, 结转卖出证券的成本 420 万元。

6. 年度终了, 自营证券的市价低于成本, 其差额为 35 万元。

练习题 2

一、目的: 练习证券经纪业务的核算。

二、要求: 做出会计分录。

三、资料: 某证券公司 5 月份发生如下证券经纪业务:

1. 代理客户买卖证券, 代买卖证券款 321 万元。与客户清算时, 买入证券成交总额大于卖出证券成交总额, 公司应向客户收取佣金等手续费 30 万元, 公司应负担交易费用 21 万元。

2. 代理客户认购新股, 收到客户认购款项 250 万元, 将款项划付清算代理机构。

3. 办理申购手续, 客户实际支付价款 123 万元。证券交易所将未中签资金 28 万元退给客户, 公司划回未中签的款项并退给客户。

4. 代理客户办理配股业务，向证券交易所解交配股款的，客户提出配股要求，金额 400 万元。

练习题 3

一、目的：练习证券承销业务的核算。

二、要求：做出会计分录。

三、资料：

某证券公司 6 月份发生如下证券承销业务：

1. 拆出资金 1 300 万元，期末计提拆出资金利息 3 万元。到期后，收回拆出资金本息 1 330 万元，其中利息 30 万元，前期已计利息 18 万元，本期应计利息 12 万元。

2. 拆出资金 40 万元及其利息 3 万元在到期 90 天后仍未收回。现将拆出资金本息进行转账处理。其后第 6 个月收到 20 万元。第 6 个月后在本金全部收回情况下又收到 1 万元。

3. 通过国家规定的场所买入证券，实际支付款项 500 万元。当期到期返售，收到款项 900 万元。

4. 通过国家规定的场所卖出证券，实际收到款项 541 万元。当期到期回购，实际支付 630 万元。

第 5 章

保险会计

★ **导读**

　　保险是人们生活中经常遇到的一种金融产品。保险按标的不同可以分为财产保险和人身保险，按照业务承办方式不同可以分为原保险、再保险等。保险会计是保险公司运用的专业会计，由于保险业务不同于一般行业，其出售的是对投保人未来可能的损失予以赔偿或给付的承诺，所以保险会计具有保险成本发生与收入的补偿顺序与一般行业相反、保险企业年度之间的利润可比性较差等特点。本章分四个部分（财产保险、寿险、出口信用保险、再保险）来介绍保险业务的会计核算。

§5.1　保险会计概述

5.1.1　保险的含义、分类和特征

1. 保险的含义

保险，是指投保人根据合同约定，向保险人支付保险费，保险人对于合同约定的可能发生的事故因其发生所造成的财产损失承担赔偿保险金责任，或者当被保险人死亡、伤残、疾病或者达到合同约定的年龄、期限等条件时承担给付保险金责任的商业保险行为。[①]

保险是一种风险管理方法，其产生源于海上借贷。中世纪时，意大利出现了冒险借贷，但因其高额利息被教会禁止而衰落。1384 年，比萨出现世界上第一张保险单，现代保险制度从此诞生。

从经济层面看，保险首先是一种经济制度，它是为了确保经济生活的安定，对特定风险事故或特定事件的发生所导致的损失，运用多数经济单位的集体力量，根据合理的计算，共同建立基金，进行补偿或给付的经济保险制度。

从法律角度看，保险是一种法律关系，它根据法律规定或当事人双方约定，一方承担支付保险费的义务，换取另一方对其因意外事故或特定事件的出现所导致的损失负责经济补偿或给付的权利的法律关系。

2. 保险的分类

为加深对保险的认识以及促进保险企业的经营管理，对保险进行适当的分类是十分必要的。此外，对保险进行恰当的分类，也有利于促进对保险业务的会计核算。依据不同的标准，保险可以做不同的分类。

（1）以保险经营的目的为标准

按经营目的不同，保险分为营利性保险和非营利性保险。营利性保险为商业保险，是以营利为目的的保险；非营利性保险是不以营利为目的的保险，其又可分为社会保险、政策性保险等。

社会保险是指在既定的社会政策下，由国家通过立法手段对全体社会公民强

①《中华人民共和国保险法》第一章第二条。

制征缴保险费，形成保险基金，用以对其中因年老、疾病、生育、伤残死亡和失业而导致丧失劳动能力或失去工作机会的成员提供基本生活保障的一种社会保障制度。社会保险不以营利为目的，运行中若出现赤字，国家财政将给予支持。

政策性保险是指由国家财政直接投资成立的公司或国家委托独家代办的商业保险机构，为了体现一定的国家政策，如产业政策、国际贸易政策等，通常会以国家财政为后盾，举办一些不以营利为目的的保险。这类保险所投保的风险一般损失程度较高，但出于种种考虑而收取较低保费，若经营者发生亏损，国家财政将给予补偿。

商业保险由以营利为目的的商业保险公司举办，它们自主经营、独立核算、自负盈亏。在商业保险中，投保人根据保险合同约定，向保险人支付保险费，保险人对于合同约定的可能发生的事故因其发生所造成的财产损失承担赔偿保险金责任。

（2）以业务承办方式为标准

按照业务承办方式的不同，保险可分为原保险、再保险、重复保险和共同保险。

原保险是指投保人与保险人直接签订保险合同而成立保险关系的一种保险，即保险需求者将风险转嫁给保险人。

再保险又称分保，是保险人将原承保的部分或全部保险业务转让给另一保险人承担的保险，即对保险人的保险。

重复保险是投保人对同一保险标的、同一保险利益、同一保险事故同时分别向两个以上保险人订立保险合同，其保险金额之和超过保险价值的保险。

共同保险是指投保人与两个以上保险人之间，就同一保险标的、同一可保利益，对同一保险事故缔结保险合同，而保险金额之和不超过保险价值的一种保险。

（3）以保险标的为标准

按照保险标的的不同，保险可分为财产保险和人身保险。

财产保险广义上讲，是除人身保险外的其他一切险种，包括财产损失保险、责任保险、信用保险、保证保险、农业保险等。它是以有形或无形财产及其相关利益为保险标的的一类实偿性保险。

人身保险是以人的寿命和身体为保险标的的保险。当人们遭受不幸事故或因疾病、年老以致丧失工作能力、伤残、死亡或年老退休后，根据保险合同的规定，保险人对被保险人或受益人给付保险金或年金，以解决病、残、老、死所造成的经济困难。

《中华人民共和国保险法》（以下简称《保险法》）第九十五条规定，保险人不得兼营人身保险业务和财产保险业务。但是，经营财产保险业务的保险公司经国务院保险监督管理机构批准，可以经营短期健康保险业务和意外伤害保险业务。

（4）以保障主体为标准

按照保障主体的不同，保险可以分为团体保险和个人保险。

团体保险是指以集体名义使用一份总合同向其团体内成员所提供的保险，如机关、团体、企业等单位按集体投保方式，为其员工个人向保险人集体办理投保手续所建立的保险关系。

个人保险是指以个人名义向保险人投保的家庭财产保险和人身保险等。

3. 保险的特征

保险经营以特定风险的存在为前提，以集合大量风险单位为条件，以大数法则为数理基础进行经济补偿与给付，保险经营者在经营中实际充当了风险集散的媒介。保险业务对象具有广泛的社会性。从某种意义上来说，保险公司对经济、社会背负着巨额负债，承担着对整个社会的保障责任，发挥着社会"稳定器"的作用。保险在投保人交纳保费以后，保险公司经核保后，以出具保单作为同意承担风险的书面证明。保单承诺若被保险人在保单生效后发生保单约定的保险事故，保险公司负赔偿或给付责任。因此，保险公司负债中占比例最大的是各种责任准备金。可见，保险公司向投保人出售的是一纸对投保人未来可能的损失予以赔偿或给付的信用承诺。[1]

通过将保险与储蓄、保证、慈善事业比对，其特征更加明显和清晰。

（1）保险和储蓄。二者都是将现在的资金剩余用作将来的准备，都是进行资金积累的一种形式。二者之间的区别是：

①对消费对象的限制条件不同。保险的消费者必须符合保险人的承保条件，经过核保可能会有一些人被拒保或有条件地承保；储蓄的消费者可以是任何单位或个人，一般没有特殊条件的限制。

②给付金额不同。保险的风险事故发生后，不管已经缴付了多少保险费和缴

---

[1] 张喻芳：《我国保险公司风险管理研究》，厦门大学硕士论文，2008。

付时间的长短，只要符合保险赔偿的条件，就可以按照合同约定领取保险金；而储蓄只能获得本金以及基于本金和储蓄时间长短所获得的利息。

③行为性质不同。保险是多数经济单位在互助共济关系下，通过集中保险费的形式建立的结合，其目的在于共同分摊风险所造成的损失，分摊风险有科学的计算依据；储蓄则用个人积攒的金额和利息，负担将来的货币需要，不需要特殊的计算技术。

④给付时间不同。保险的赔付时间是不确定的，无论已经交付多少保费和交付时间的长短，只有在合同约定期限内保险事故发生时，被保险人才能领取保险金；储蓄支付的时间则区分定期与活期，定期储蓄支付的时间是确定的，但可以提前支取①，活期储蓄依据存款人的个人意愿，可以随时支取。

（2）保险与保证。保险是对他人偶然事故所致的损失负补偿责任；而保证则是在债权人的权利不能实现时代替债务人履行债务。在保证关系中，保证人代偿债务是为他人履行债务，从而享有求偿权和代位权；而保险人的补偿损失是履行自己的义务，除非事故的发生是第三者的责任，否则保险人无追偿权。

（3）保险和慈善事业。二者都是对社会经济的一种救助行为，它们的目标都是努力使社会生活正常和稳定。其区别是：

①保险机构是具有互助合作性质的经济实体；慈善机构则完全是依靠社会资助的事业机构。

②保险对于被保险人的保障，是在其缴纳保险费以后才开始，是有偿的；慈善事业对于所救济的个人或单位不收取任何费用，属于经济赠与行为，是无偿的。

③保险当事人地位的确定基于双方一定的权利义务关系；救济的授受双方无对等义务可言，并非一定的权利义务关系。

④保险对于被保险人在保险责任范围内的损失，保证给予经济赔偿；慈善事业不一定对所有的受难者都进行救济，而且救济程度也有一定的限度。

5.1.2　保险会计的含义和内容

1. 保险会计的概念

保险会计是指保险公司运用的专业会计。它是通过把会计学的基本原理和方

---

① 提前支取定期储蓄存款，其利息要按照活期储蓄存款利率来计算得出。

法运用于保险公司来反映和监督保险公司的各种经济业务活动。

保险公司是经营保险业务和投资业务的经济组织，其业务具有自身的特点。为此，保险公司必须按照自身业务规律，组织会计核算，形成一套适用于保险公司的会计处理程序和方法。

保险会计的意义具体表现为：

（1）反映保险公司业务经营状况和经营成果，为保险公司管理提供准确可靠的数字和资料，满足投资者和债权人了解保险公司财务状况、经营成果和现金流量的需要。

（2）监督保险公司业务活动，对保险业务经营过程进行有效的控制。

（3）预测保险公司业务发展前景，参与保险公司经营决策。

（4）提供符合国家宏观经济管理和保险行业监管要求的会计信息。

因此，保险会计是整个保险公司工作的重要组成部分。

2. 保险会计的特点

由于保险业务不同于一般行业，其出售的不是普通的商品，而是对投保人未来可能的损失予以赔偿或给付的承诺，保险会计作为一门专业会计，其特点主要表现在：

（1）保险公司保单的有效期与会计年度往往不一致。由于保险责任要延续到保险期终，而保险期往往与会计年度不一致，所以按照权责发生制原则的要求，为了正确计算各个会计年度的经营成果，要把不属于当年收益的保费以未到期责任准备金的形式，从当年收益中提出，作为下一年收入。同理，应将上年度提存的未到期责任准备金作为本年收入。

（2）保险成本发生与收入的补偿顺序与一般行业相反。一般而言，制造业是成本发生在前，产品定价在后，利润通过售价减去成本得出。保险业正好相反，保险产品定价在前，成本发生在后。因为保险公司不可能等到将来发生保险事故后才决定保单售价，必须预先设定一个保单价格作为保单销售的依据。因此，保险行业在计算利润时需要采用特殊的程序、方法和假设，具有较强的预计性。特别是寿险业务，收入与支出之间有较强的时间差，其利润计算的准确与否显得更加突出。①

---

① 张喻芳：《我国保险公司风险管理研究》，厦门大学硕士论文，2008。

（3）保险产品是无形产品，因此与一般企业相比，保险业存货项目较少，年终决算的重点在于估算负债。而且保险公司收到投保人交纳的保费后，为了实现在一定期限内滞留在保险公司内的资金的保值、增值，绝大部分要运用于投资方面，故以各种债券和上市股票为主的有价证券、不动产、抵押贷款、保单贷款等投资资产占总资产的比重较大。办理年终决算时，一般企业的重点在于核算资产，特别是各种可实地盘存的资产，而保险公司年终决算的重点是正确估算负债。保险公司的负债主要是未到期责任准备金和未决赔款等。其中未决赔款的估算比较困难，特别是涉及责任范围、损害程度的比例存在争议或最后由法庭判决等情况时，往往要经过一段时间，因此负债数额的估算存在较大的不确定性。

（4）保险企业年度之间的利润可比性较差。一般企业只要经营管理上没有大的变化，各年的利润就会保持相对稳定。而在保险公司，由于保险费是按概率论和大数法则计处的各年灾害损失的平均数收取的，而赔款支出是按当年的实际损失支付的，而灾害事故的发生率各年很不平衡，从而使保费收入与赔款支出在年度间相差很大。因此，保险公司各年的保险利润只有相对的可比性。

5.1.3　原保险合同和再保险合同会计准则与国际会计准则比较[①]

原保险合同和再保险合同会计准则与国际会计准则的比较见表5—1和表5—2。

表5—1　　　　　《企业会计准则第25号——原保险合同》与
《国际财务报告准则第4号——保险合同》比较

项　　目	我国会计准则	国际会计准则
结构	包括总则、原保险合同的确定、原保险合同收入、原保险合同准备金、原保险合同成本、列报六项	包括引言、目标、范围、确认和计量、披露、生效日期和过渡性规定六部分
范围	保险人签发、持有的原保险合同	主体签发的保险合同（包括再保险合同），以及其持有的再保险合同；主体签发的具有相机参与分红特征的金融工具
合同的确认	有保险风险概念，但未明确重大保险风险的判断标准	以重大保险风险作为判断和确定保险合同的依据

---

① 参考王建新：《国际财务报告准则简介及与中国会计准则比较》，北京，人民出版社，2008年相关内容。

项　　目	我国会计准则	国际会计准则
保险合同分拆处理	保险人与投保人签订的合同，使保险人既承担保险风险又承担其他风险的，应当分别下列情况进行处理： （一）保险风险部分和其他风险部分能够区分，并且能够单独计量的，可以将保险风险部分和其他风险部分进行分拆。保险风险部分，确定为原保险合同；其他风险部分，不确定为原保险合同。 （二）保险风险部分和其他风险部分不能够区分，或者虽能够区分但不能够单独计量的，应当将整个合同确定为原保险合同	某些保险合同同时含有保险成分和存款成分的，在某些情况下，要求或允许承保人对这些部分进行分拆
收入确定	保费收入同时满足下列条件，才能予以确认： （1）原保险合同成立并承担相应保险责任； （2）与原保险合同相关的经济利益很可能流入； （3）与原保险合同相关的收入能够可靠地计量。 保险人应当按照下列规定计算确定保费收入金额： （1）对于非寿险原保险合同，应当根据原保险合同约定的保费总数确定。 （2）对于寿险原保险合同，分期收取保费的，应当根据当期应收取的保费确定；一次性收取保费的，应当根据一次性应收取的保费确定	无明确规定
合同成本	原保险合同成本，是指原保险合同发生的、会导致所有者权益减少的、与向所有者分配利润无关的经济利益的总流出。 原保险合同成本主要包括发生的手续费或佣金支出、赔付成本，以及提取的未决赔款准备金、寿险责任准备金、长期健康险责任准备金等。赔付成本包括保险人支付的赔款、给付，以及在理赔过程中发生的律师费、诉讼费、损失检验费、相关理赔人员薪酬等理赔费用	无明确规定
披露	保险人应当在附注中披露与原保险合同有关的下列信息： （一）代位追偿款的有关情况。 （二）损余物资的有关情况。 （三）各项准备金的增减变动情况。 （四）提取各项准备金及进行准备金充足性测试的主要精算假设和方法	承保人应当披露相关信息，以帮助使用者理解源于保险合同的未来现金流量的金额、时间和不确定性

表 5—2   《企业会计准则第 26 号——再保险合同》与

《国际财务报告准则第 4 号——保险合同》比较

项 目	我国会计准则	国际会计准则
结构	包括总则、分出业务的会计处理、分入业务的会计处理和列报四章	包括引言、目标、范围、确认和计量、披露、生效日期和过渡性规定六部分
适用范围	保险人签发、持有的再保险合同。保险人将分入的再保险业务转分给其他保险人而签订的转分保合同，比照本准则处理	主体签发的保险合同（包括再保险合同），以及其持有的再保险合同；主体签发的具有相机参与分红特征的金融工具
分出业务会计处理	再保险分出人应当在确认原保险合同保费收入的当期，按照相关再保险合同的约定，计算确定应向再保险接受人摊回的分保费用，计入当期损益	无明确规定
披露	保险人应当在附注中披露与再保险合同有关的下列信息： （一）分入业务各项分保准备金的增减变动情况。 （二）分入业务提取各项分保准备金及进行分保准备金充足性测试的主要精算假设和方法	承保人应当披露相关信息，以帮助使用者理解源于保险合同的未来现金流量的金额、时间和不确定性

§5.2 财产保险业务核算

5.2.1 财产保险业务概述

保险业务可分为财产保险业务和人身保险业务。所谓财产保险，是指以物质财产及其有关利益为保险标的的保险。根据《保险法》的规定，财产保险业务，包括财产损失保险、责任保险、信用保险等保险业务。

1. 财产损失保险

其险种包括普通财产保险、运输工具保险、工程保险、货物运输保险、农业保险等。

（1）普通财产保险。普通财产保险以各种物质财产及其有关利益为保险标的，承保因火灾及其他自然灾害及意外事故引起的直接经济损失。普通财产保险目前国内开展的主要险种有企业财产保险、家庭财产保险、涉外财产保险等。

（2）运输工具保险。运输工具保险是以各种运输工具为保险标的的保险，承保运输工具因遭受自然灾害和意外事故造成的运输工具本身的损失及第三者责任，包括机动车辆保险（包括车辆损失险和第三者责任险）、飞机保险、船舶保险等。

（3）工程保险。工程保险承保工程施工及安装过程中的危险，主要包括建筑工程一切险、安装工程一切险等。前者专门承保各种土木工程及建筑工程在施工建造中工程本身或建筑机器设备、材料的意外毁损或灭失，以及对第三者伤害或财物损害所致法定赔偿责任的综合性保险。后者则承保安装机器设备过程中由于突然事故及安装不善等造成的损失费用和责任。

（4）货物运输保险。货物运输保险承保货物运输过程中因自然灾害和意外事故引起的财产物资损失，主要有海洋货物运输保险、陆上货物运输保险、航空货物运输保险等。

（5）农业保险。农业保险承保农业生产过程中因自然灾害和意外事故所致的损失，主要有种植业保险、养殖业保险等。

2. 责任保险

责任保险是指以被保险人对第三者依法应负的赔偿责任为保险标的的保险。保险人对责任保险的被保险人给第三者造成的损害，可以依照法律的规定或者合同的约定，直接向该第三者赔偿保险金。责任保险主要有公众责任保险、产品责任保险、雇主责任保险、职业责任保险等。

（1）公众责任保险。公众责任保险承保被保险人在固定的公众场所活动中，由于意外事故对他人造成的人身伤害或者财产损失的经济赔偿责任。

（2）产品责任保险。产品责任保险承保被保险人因产品缺陷而导致用户遭受人身伤害或者财产损失的经济赔偿责任。被保险人可以是产品的制造商、销售商或者是维修商。

（3）雇主责任保险。雇主责任保险承保被保险人的雇员在受雇期间工作时遭受意外事故导致伤害或者死亡的经济赔偿责任。

（4）职业责任保险。职业责任保险承保各种职业技术人员因工作疏忽或者过失造成对他人的人身伤害或者财产损失所应负的经济赔偿责任。所谓职业技术人员，指医生、会计师、律师等专业人员。

3. 信用保险

信用保险指以被保险人的诚实信用作为保险标的的保险，即被保险人将自己的信誉投保后，以此为保证而从事商业行为，当被保险人因违约行为使他人受损时，保险公司负赔偿责任。信用保险主要包括三类业务，即出口信用保险、投资保险和国内商业信用保险。我国目前开办的主要是前两类。

5.2.2　财产保险业务收入的核算

保费是投保人依据保险合同向保险人支付的费用。保费收入是保险公司的主要收入项目，是保险公司建立保险基金的来源。保费收入的多少，反映保险公司承保业务能力的大小和保险责任的大小。财产保险业务保费收入的核算包括保费的计算、保费收入的确认和保费收入的账务处理。

1. 保费的计算

保费的数额通常是由保险金额、保险费率和保险期限三个因素决定的。

保费＝保险金额×保险费率×保险期限

保险费率一般由纯费率和附加费率两部分组成。纯费率是保险费率的主要部分，它是根据损失概率确定的，计算时应在平均保额损失率上附加均方差以确定纯费率。附加费率是保险费率的次要部分，按照附加费率收取的保险费叫附加保费。它是以保险人的营业费用为基础计算的，用于保险人的业务费用支出、手续费支出以及提供部分保险利润等。

纯保险费率＝保险额损失率+稳定系数

其中：

保险额损失率＝保险赔款总额/总保险金额×1 000‰

稳定系数＝均方差×平均保额损失率

附加费率＝（保险业务经营的各项费用+适当的利润）/保险金额

通常，附加费率可以纯保险费率的一定比例来计算，如规定附加保险费率为纯保险费率的20%。

附加费率＝纯保险费率×附加费占纯保费的比例

由于保险险种不同，保险费的收取也有不同形式，最主要的方式有两种：一种是直接缴纳法，即投保人直接将规定的保险费以现金（或银行存款）形式缴纳给保险人；另一种是以投保人缴纳的储金的运用收益（利息或投资收益）作为保费。

若投保人缴纳保户储金，以运用收益作为保费，则保费的计算略有不同。投保人在投保时，按照保险金额与保险人规定的储金比率，一次交存保户储金，保险人将此保险储金存入银行或直接进行投资，则存款的利息收入或投资收益作为保险费，无论保险期内是否发生保险事故，投保人于保险期满时都可以从保险公司领取全部保户储金。这种方式通常被称为"两全保险"。应交保费的数额取决于三个因素：保户储金、保险期限、月利率。应交保费的计算公式为：

应交保费（应得利息）＝保户储金×月利率×保险期限

例如，某投保人投保 3 年期的家庭财产两全保险，保险金额为 60 000 元，核定保险储金为每千元保额 10 元，假定银行存款 3 年期的月利率为 10‰，应交保费为：

应交保费＝应得利息收入＝60×10×10‰×12＝72（元）

2. 保费收入的确认

《企业会计准则第 25 号——原保险合同》规定，保费收入同时满足下列条件的，才能予以确认：

（1）原保险合同成立并承担相应保险责任；

（2）与原保险合同相关的经济利益很可能流入；

（3）与原保险合同相关的收入能够可靠地计量。

这里原保险合同是指保险人向投保人收取保费，对约定的可能发生的事故因其发生所造成的财产损失承担赔偿保险金责任，或者当被保险人死亡、伤残、疾病或者达到约定的年龄、期限时承担给付保险金责任的保险合同。保险人应当根据在原保险合同延长期内是否承担赔付保险金责任，将原保险合同分为寿险原保险合同和非寿险原保险合同。原保险合同延长期内承担赔付保险金责任的，应当确定为寿险原保险合同；在原保险合同延长期内不承担赔付保险金责任的，应当确定为非寿险原保险合同。原保险合同延长期，是指投保人自上一期保费到期日未交纳保费，保险人仍承担赔付保险金责任的期间。①

对于非寿险原保险合同，应当根据原保险合同约定的保费总额确定保费收入。对于寿险原保险合同，分期收取保费的，应当根据当期应收取的保费确定收入；一次性收取保费的，应当根据一次性应收取的保费确定。原保险合同提前解除的，保险人应当按照原保险合同约定计算确定应退还投保人的金额，作为退保

---

① 相关内容参见《企业会计准则第 25 号——原保险合同》。

费，计入当期损益。

实际工作中，由于财产保险的合同一经签订，合同生效，且合同期限一般较短（通常短于 1 年），保费收入可以确定，收取保费的可能性也通常大于不能收取保费的可能性。因此，财产保险合同一般是于签单时确认保费收入。

对于货物运输等保险合同，签单日和承担保险责任日可能存在不一致性，在此情况下，签单日收取的保费应作为预收款处理，待承担保险责任时再转作保费收入。对于存在不可预见的巨大风险导致收到金额的可能性小于不能收到金额的可能性时，应于实际收到保费时确认。

3. 保费收入的会计核算

为了反映和监督保费收入的情况，应设置"保费收入"、"应收保费"、"预收保费"、"保户储金"等账户。

"保费收入"科目是损益类收入科目，核算保险公司按保险契约或批单向保户收取的保险费确认的保费收入。发生退保费和续保时的折扣和无赔款优待也在本科目核算。确认收入时，借记"银行存款"、"现金"、"应收保费"、"预收保费"等科目，贷记"保费收入"科目。期末应将本科目余额转入"本年利润"科目，结转后本科目无余额。

"应收保费"科目是资产类结算科目，核算保险公司应该向保户收取而未收到的保险费。本科目应按保户设置明细账。在财产保险中，保户一次交费有困难的，可采取分期交费的办法。发生应收未收保费时，借记"应收保费"科目，贷记"保费收入"科目；收回应收保费时，借记"银行存款"、"现金"等科目，贷记"应收保费"科目。经确认为坏账的应收保费，冲销坏账准备，借记"坏账准备"科目，贷记"应收保费"科目。已确认为坏账且已转销的应收保费，以后又收回的，借记"应收保费"科目，贷记"坏账准备"科目；同时，借记"银行存款"科目，贷记"应收保费"科目。

"预收保费"科目是负债类科目，核算保险公司保险责任生效前向投保人收取的保险费。发生预收保费时，借记"银行存款"等科目，贷记"预收保费"科目；保费收入实现时，借记"预收保费"科目，贷记"保费收入"科目。本科目期末贷方余额，反映保险公司预收的保费。"预收保费"科目应当按照投保人进行明细核算。

"保户储金"是指保险公司以储金本金增值作为保费收入的保险业务。收到投保人交纳的储金时，借记"应收保户储金"科目，贷记本科目。返还投保人储金时，借记本科目，贷记"银行存款"等科目。期末贷方余额反映公司收取的投保人储金余额。保险公司收到投保人投资型保险业务的投资款，可将该科目改为"保户投资款"科目。"保户储金"科目应当按照投保人进行明细核算。

（1）直接缴纳保费的核算

会计部门收到业务部门交来的"保费日报表"或"保费收据"等有关单证时，保费一般未收到，但由于保单签订后，双方的权利和义务均即确立，在会计上应反映"保费收入"的增加。在实务处理上，保险费收入大多是汇总入账的，当会计部门收到业务部门交来的"保费日报表"或"保费收据"时，一般借记"应收保费"科目，贷记"保费收入"科目；实际收到保费时，借记"银行存款"或"库存现金"科目，贷记"应收保费"科目。业务核算举例如下：

【例5—1】某保险公司与鹭江公司签订一份财产保险合同，承保金额为1 000万元，保险期限为1年，保险费率为2.5‰，该业务是签单生效时立即收到全部保费。其会计分录为：

借：银行存款　　　　　　　　　　　　　　　　　　　　　　　　　　25 000
　　贷：保费收入　　　　　　　　　　　　　　　　　　　　　　　　　　　　25 000

【例5—2】会计部门收到业务部门交来财产保险基本险"保费日报表"，保费共计22 000元，约定5天后交费。其会计分录为：

收到"保费日报表"时：

借：应收保费——财产基本险　　　　　　　　　　　　　　　　　　22 000
　　贷：保费收入——财产基本险　　　　　　　　　　　　　　　　　　　　22 000

5天后，收到保费时：

借：银行存款——财产基本险　　　　　　　　　　　　　　　　　　22 000
　　贷：应收保费——财产基本险　　　　　　　　　　　　　　　　　　　　22 000

（2）分期缴费的保费收入的核算

一些大保户或保额高的保户，经保险公司同意，可以分期缴纳保费。保单签订时，已收款部分借记"银行存款"等科目，未收款部分借记"应收保费"科目，全部保费均确认为保费收入，贷记"保费收入"科目。下期收到保费时，借记"银行存款"等科目，贷记"应收保费"科目。

（3）以保户储金收益作为保费的核算

这种保费收取方式适用于财产保险业务中的两全保险。当财产发生保险责任范围内的损失时，保险公司给予赔偿；当保险期满，保险财产没有发生损失时，则可以领回全部保险金。

承保开始，业务部门应将保户储金日结汇总表和保户储金交会计部门。其会计分录为：

借：库存现金（或银行存款）

　　贷：保户储金——××两全险

这种保险业务形式，通常需要把保户储金作为定期存款存入银行，期限一般为3年或5年。按保户储金金额及预定利率计算利息并转为保费收入。例如，保户储金为3年或5年的定期存款，在计算利息时，应运用"应收利息"科目进行核算。每年年末，应根据两全保险"定期存单登记簿"所列利息，借记"应收利息"科目，贷记"保费收入"科目。保险期满，退还保险储金时，借记"保户储金"科目，贷记"库存现金"、"银行存款"科目。业务核算举例如下：

【例5—3】业务部门交来3年期家庭财产两全险保户储金日结汇总表和储金收据，保户储金10 000元现金。预定年利率为1.50%，不计复利，3年后一次还本付息。其会计分录为：

收到保户储金时：

借：库存现金　　　　　　　　　　　　　　　　　　　　　10 000

　　贷：保户储金——家庭两全险　　　　　　　　　　　　　　　10 000

储金存入银行时：

借：银行存款——储金专户　　　　　　　　　　　　　　　10 000

　　贷：库存现金　　　　　　　　　　　　　　　　　　　　　10 000

每年应计利息150元，转作利息收入：

借：应收利息　　　　　　　　　　　　　　　　　　　　　150

　　贷：保费收入——家庭两全险　　　　　　　　　　　　　　　150

第3年保单到期，3年期专户存储的定期存单转为活期存款，并将银行存款归还给储户：

借：银行存款——活期户　　　　　　　　　　　　　　　10 450

　　贷：银行存款——储金专户　　　　　　　　　　　　　　　10 000

　　　　贷：应收利息　　　　　　　　　　　　　　　　　　　　　　　　　300

　　　　　　保费收入　　　　　　　　　　　　　　　　　　　　　　　　150

　　借：保户储金——家庭两全险　　　　　　　　　　　　10 000

　　　　贷：银行存款——活期户　　　　　　　　　　　　　　　　　　10 000

4. 中途加保和退保的核算

　　保单签发后到期满前，如果所保标的发生变化，如标的价值发生变化，占有性质改变，财产重新估价，企业关、停、并、转或停工 1 个月以上等，都会发生保户中途要求加保或退保等情况。保户中途要求加保或退保，应由保户提出书面申请，业务部门审查同意后，签发批单，并将此批单及保户的有关单据交财会部门，财会部门审查无误后，编制记账凭证入账。

　　中途加保的保费收入核算，与投保时的保费收入一样。

　　中途退保或部分退保，按已保期限的长短计算退保费，并将所退保费直接冲减原来保费收入；如果企业在退保时尚有应收保费，应从所退保费中直接扣除。

　　两全保险的保户要求中途退保，应将保险单及储金收据交回，经审核同意后，按保险费率计算应收保费（不满 1 年按 1 年计算），扣除已转作保费收入的应收利息，差额作为保费收入，在储金内扣除，余额退还保户。业务核算举例如下：

　　【例 5—4】某公司发生财务困难，要求退保企业财产保险综合险，应退保费 6 000 元，该公司尚欠保费 2 000 元。其会计分录为：

　　借：保费收入——财产综合险　　　　　　　　　　　　6 000

　　　　贷：应收保费——财产综合险　　　　　　　　　　　　　　2 000

　　　　　　银行存款　　　　　　　　　　　　　　　　　　　　　4 000

　　【例 5—5】某家庭财产两全保险保户要求退保，投保时交储金 2 000 元，已投保 16 个月，经业务部门审核同意退保，按保险费率计算，应收 2 年保费 20 元（注：其中已有 10 元上年作为应收利息处理了）。其会计分录为：

　　借：保户储金——家财两全险　　　　　　　　　　　　2 000

　　　　贷：保费收入　　　　　　　　　　　　　　　　　　　　　　10

　　　　　　应收利息　　　　　　　　　　　　　　　　　　　　　　10

　　　　　　库存现金　　　　　　　　　　　　　　　　　　　　1 980

5.2.3 保险业务支出的核算

1. 赔款支出的核算

保险赔款是指保险标的发生了保险责任范围内的保险事故后，保险人根据保险合同的规定，向被保险人支付的损失补偿金。投保人之所以购买保险商品，其原因就在于当被保险人遭受保险责任范围内的经济损失时，能够从保险人处获得补偿或给付。保险人能否及时支付保险赔款，对被保险人非常重要。

（1）赔款金额的确定方法

保险赔款的计算方式，因险种不同而有所不同。寿险给付保险金，以保单约定的保险金额为最高限额，不属于价值赔偿的范畴；责任保险的赔偿，是以法律责任或保险金额为最高赔偿限度。在我国，财产保险赔款数额的确定方法主要有三种：

①比例赔偿方式

这种方式在定值保险和不定值保险中有所不同。所谓定值保险，是指双方当事人在保险合同中事先确定保险财产的价值，并约定在发生保险事故时，无论保险财产的实际价值是多少，保险公司都按合同中订明的保险价值计算赔款。

在定值保险中，比例赔偿方式是指保险赔款额按保险标的受损的损失程度计算。计算公式为：

保险赔款＝保险金额×损失程度

$$其中：损失程度＝\frac{保险标的受损价值}{保险标的受损当时市场完好价值}×100\%$$

保险标的受损价值＝保险标的受损当时市场完好价值－残值

所谓不定值保险，是指双方当事人在保险合同中只事先确定保险金额，保险价值则在发生保险事故时按保险财产的实际市价估算。财产保险多数属于不定值保险。在不定值保险中，保险金额是投保时约定的，作为保险赔偿的最高限度。保险事故发生时，若保险金额高于或等于财产的实际损失价值，则按照财产的实际损失价值十足赔偿；若保险金额低于财产的实际价值，则按保障程度赔偿。在不定值保险中，比例赔偿方式是指保险赔款额按保险保障程度计算。计算公式为：

$$保险保障程度 = \frac{保险金额}{保险标的受损当时市场完好价值} \times 100\%$$

保险赔款 = 保险标的损失价值 × 保险保障程度

②第一损失赔偿方式

这种赔偿方式将保险财产的损失分为两部分：在保险金额限度以内的损失作为第一危险损失，由保险公司承担赔偿责任；超过保险金额的损失作为第二危险损失，由被保险人自负。我国家庭财产保险就是采用这种赔偿方式。在第一损失赔款方式下，保险公司的赔款额只取决于保险金额和损失数额，只要被保险标的的损失小于等于保险金额，不论是否足额投保，保险金额与保险标的的实际价值是否相符，保险公司均应在保险金额范围内赔偿其实际损失。

③限额责任赔偿方式

限额责任赔偿方式是指保险人仅在财产损失超过一定限度时才负赔偿责任。这种赔款方式适合于农作物收成保险。保险赔款是限额标准与农作物收获量之差的价值。所谓限额标准，是指保险所保障的收获量。实际收获量达到或超过保险保障的收获量的，保险人则不予赔偿；只有当实际收获量低于保障的收获量时，保险人才赔偿其差额的价值。例如，每亩水稻，约定限额标准 500 千克，因遭旱灾，实际收获量只有每亩 300 千克，保险人应赔偿每亩 200 千克的损失。

（2）赔款支出的会计核算

为了反映和监督保费收入的情况，应设置"赔付支出"、"预付赔付款"、"损余物资"、"应收代位追偿款"等账户。

"赔付支出"科目为损益类科目，核算保险公司非寿险保险业务按保险条款规定支付的赔款等。本科目借方记发生的赔款支出、理赔勘查费、施救费用等，贷方记收回损余物资转作物料用品、错赔和骗赔追回的赔款等。发生赔款支出时，借记"赔付支出"科目，贷记"库存现金"或"银行存款"等科目；取得损余物资及骗赔、错赔追回的赔款，借记"库存现金"或"银行存款"科目，贷记"赔付支出"科目。本科目按险种设置明细账，期末应转入"本年利润"科目。

"预付赔付款"科目为资产类科目，核算保险公司在处理各种理赔案件过程中按照保险合同约定预先支付的赔款。预付款项时，借记"预付赔付款"科目，贷记"银行存款"等科目;补付赔款及结案时,借记"赔付支出"科目,贷记"预付赔付款"科目。期末借方余额,反映实际预付的赔款。本科目按投保人或分保分出人设置明细账,进行明细核算。

"损余物资"科目为资产类科目,核算保险公司按原保险合同承担赔偿保险金责任后取得的损余物资。《企业会计准则第 25 号——原保险合同》规定,保险人承担赔偿保险金责任取得的损余物资,应当按照同类或类似资产的市场价格计算确定的金额确认为资产,并冲减当期赔付成本,借记"损余物资"科目,贷记"赔付支出"科目。处置损余物资时,按收到的金额借记"银行存款"等科目,按损余物资的账面余额贷记"损余物资"科目,按二者之间的差额借记或贷记"赔付支出"科目。期末借方余额,反映企业承担赔偿保险金责任取得的损余物资的价值。本科目按照损余物资种类进行明细核算。

"应收代位追偿款"科目为资产类科目,核算保险公司向赔案事故责任人追偿到的款项。确认代位追偿款时,借记"应收代位追偿款"科目,贷记"赔付支出"科目;收到追偿款时,借记"银行存款"、"库存现金"科目,若计提坏账准备的,借记"坏账准备"科目,差额部分借记或贷记"赔付支出"科目,按相关应收代位追偿款的账面余额,贷记"应收代位追偿款"科目。期末借方余额,反映企业已确认但尚未收回的应收代位追偿款项。本科目按照对方单位(或个人)进行明细核算。

①支付赔款的核算

理赔人员计算出赔偿金额后,填制"赔款计算书",连同被保险人签章的"赔款收据"送交会计部门。会计部门接到业务部门的"赔款计算书"后,应认真审查有关内容,例如:保险事故是否发生在合同有效期内,赔款计算是否合理,损余物资是否合理处理等。审核无误后,应根据不同情况分别处理。

【例5—6】某企业投保的车辆损失险出险,业务部门交来"赔款计算书",应赔款 317 000 元,经审核,开出转账支票支付赔款。其会计分录为:

借:赔付支出——车辆损失险   317 000
    贷:银行存款——活期户   317 000

若保险公司预先支付一笔赔款,其余的待结案时再行补足时,应通过"预付赔付款"科目核算。

②预付赔付款的核算

【例 5—7】某企业投保的企业财产险出险，尚未理清赔款金额，保险公司预先支付赔款 400 000 元。1 个月后，该案理赔结算完毕，保险公司应支付赔款 1 000 000 元，故保险公司再支付 600 000 元补足赔款。其会计分录为：

预付赔款时：

借：预付赔付款——企业财险　　　　　　　　　　　　　　400 000

　　贷：银行存款　　　　　　　　　　　　　　　　　　　　　　400 000

理赔完毕，补足赔款时：

借：赔付支出——企业财险　　　　　　　　　　　　　　1 000 000

　　贷：预付赔付款——企业财险　　　　　　　　　　　　　　400 000

　　　　银行存款　　　　　　　　　　　　　　　　　　　　600 000

③损余物资的核算

【例 5—8】某企业投保的企业财产险出险，损失额达 1 200 000 元，保险公司以转账支票支付赔款，同时得到损余物资价值 20 000 元。其会计分录为：

借：赔付支出——企业财险　　　　　　　　　　　　　　1 200 000

　　贷：银行存款　　　　　　　　　　　　　　　　　　　1 200 000

借：损余物资　　　　　　　　　　　　　　　　　　　　　20 000

　　贷：赔付支出——企业财险　　　　　　　　　　　　　　　20 000

④代位追偿款的核算

代位追偿款是指发生灾害事故致使保险标的受损，该项损失既属于保险责任范围，又是由第三者的侵权行为所致，被保险人在向保险人索赔并取得保险赔款的同时，应将向第三者（责任方）追偿的权利转移给保险人，由保险人向第三者追偿。追偿款在保险赔款金额以内，属于保险人所有；若追偿款收入超过保险人的赔款金额，则超过部分属于被保险人所有。业务核算举例如下：

【例 5—9】某运输公司投保货物运输保险，运输途中发生保险事故，经查属于第三者责任。保险公司支付赔款后，取得了向第三者追偿的权利，经多方努力，追回第三者赔款 15 000 元。保险公司已就该笔赔款确认了 20 000 元的应收代位追偿款以及 1 500 元的坏账准备。

确认代位追偿款时，其会计分录为：

借：应收代位追偿款——货运险   20 000

　　贷：赔付支出   20 000

收回代位追偿款时，其会计分录为：

借：银行存款   15 000

　　赔付支出   3 500

　　坏账准备   1 500

　　贷：应收代位追偿款——货运险   20 000

2. 手续费及佣金支出的核算

保险公司为了扩大业务承保面，降低经营成本，可以委托专业代理人和兼业代理人代为办理一定险种的保险业务。保险公司按照保费收入的一定比例向代理人支付酬金（称为手续费）。寿险公司向推销寿险个人营销业务的代理人支付的酬金为佣金。手续费和佣金支出是保险公司的主要成本之一。我国《保险公司财务制度》规定：公司可以根据实际业务经营情况确定某一险种、某一条款或不同形式代理人的代理手续费支付标准，但代理手续费支付总额最高不得突破实收保费的8%，佣金最高支付总额不得突破实收保费的5%。已支付佣金的营销业务不得再支付代理手续费。

为核算和监督手续费及佣金支出情况，保险公司应设置"手续费及佣金支出"账户，核算保险公司按规定支付给代理保险业务的代理人的劳务费用。发生手续费及佣金支付或计提应付未付的手续费及佣金时，借记"手续费及佣金支出"科目，贷记"银行存款"或"应付手续费及佣金"科目；期末余额结转利润时，借记"本年利润"科目，贷记"手续费及佣金支出"科目。该科目按险种设置明细账，期末应无余额。

【例5—10】某保险代理人，6月份收取了财产保险基本险保费100 000元，保险公司按5%支付手续费5 000元，并开出转账支票付讫，会计分录为：

保险公司收到保费时：

借：银行存款   100 000

　　贷：保费收入——财产基本险   100 000

保险公司支付手续费时：

借：手续费及佣金支出——财产基本险   5 000

　　　　贷：银行存款　　　　　　　　　　　　　　　　　　　　　　　5 000

　　【例5—11】业务部门交来的报表显示保险代理人取得保费收入34 000元，并随同交来银行转账支票30 000元，余额下月结清，手续费按8%计算，保险公司支付手续费2 000元。保险公司的会计分录为：

　　收到保费时：

　　借：银行存款　　　　　　　　　　　　　　　　　　　　　　　30 000

　　　　应收保费——财产险　　　　　　　　　　　　　　　　　　4 000

　　　　贷：保费收入　　　　　　　　　　　　　　　　　　　　　34 000

　　支付和计提应付手续费时：

　　借：手续费及佣金支出——财产险　　　　　　　　　　　　　　2 720

　　　　贷：银行存款　　　　　　　　　　　　　　　　　　　　　2 000

　　　　　　应付账款　　　　　　　　　　　　　　　　　　　　　720

　　代理人交来剩余保费时：

　　借：银行存款　　　　　　　　　　　　　　　　　　　　　　　4 000

　　　　贷：应收保费——财产险　　　　　　　　　　　　　　　　4 000

　　保险公司支付剩余手续费时：

　　借：应付账款　　　　　　　　　　　　　　　　　　　　　　　720

　　　　贷：银行存款　　　　　　　　　　　　　　　　　　　　　720

5.2.4　财产保险准备金的提取

　　财产保险准备金是保险公司为了履行其所承担的保险责任或者备付未来赔款，从所收取的保费中提存的准备。财产保险准备金包括未决赔款准备金、未到期责任准备金。

　　1. 未决赔款准备金

　　未决赔款准备金是指金融企业对保险事故已发生已报案或已发生未报案而按规定对未决赔款提存的准备金和理赔费用准备金。《保险法》第九十八条规定：保险公司应当根据保障被保险人利益、保证偿付能力的原则，提取各项责任准备金。根据《保险法》第一百四十条、一百四十一条的规定，保险公司未依照本法规定提取或者结转各项责任准备金，或者未依照本法规定办理再保险，或者严重违反本法关于资金运用的规定的，由保险监督管理机构责令限期改正，并可以责令调整负责人及有关管理人员；保险监督管理机构依法作出限期改正的决定后，保险公司逾期未改正的，国务院保险监督管理机构可以决定选派保险专业人员和指定该保险公司的有关人员组成整顿组，对公司进行整顿。

为了核算未决赔款准备金，保险公司应设置"保险责任准备金——未决赔款准备金"、"提取保险责任准备金——未决赔款准备金"科目。

期末提取未决赔款准备金时，应作如下会计分录：

借：提取保险责任准备金——未决赔款准备金

　　贷：保险责任准备金——未决赔款准备金

确定支付赔付款金额或实际发生理赔费用时，应作如下会计分录：

借：保险责任准备金——未决赔款准备金

　　贷：提取保险责任准备金——未决赔款准备金

期末，将"提取保险责任准备金——未决赔款准备金"余额转入"本年利润"，会计分录为：

借：本年利润

　　贷：提取保险责任准备金——未决赔款准备金

2. 未到期责任准备金

未到期责任准备金，是指保险公司对尚未到期的非寿险保险业务，为承担未来保险责任而按规定从保费收入中提取的准备金。《企业会计准则第 25 号——原保险合同》规定，保险人应当在确认非寿险保费收入的当期，按照保险精算确定的金额，提取未到期责任准备金，作为当期保费收入的调整，并确认未到期责任准备金负债。

（1）未到期责任准备金的计算

①年平均估算法

该种方法假定 1 年中的所有保单是在全年 365 天中逐日均匀开立的，每天开立的保险单数量和保险金额大体相等，每天收取的保费数额也大致相同，则 1 年的保险单在当年还有 50% 的有效部分尚未到期，应提留的准备金为有效保单金额的 50%。

②季平均估算法

该方法假定每一季度中的所有保单是逐日开立的，每天开出的保单数量、每份保单的保额及保险费大体均匀。因此，每季度末，已到期责任为 1/8，未到期责任为 7/8，此后每过一季，已到期责任准备金增加 2/8，未到期责任准备金减少 2/8，年末未到期责任准备金为：

$$\frac{\text{年末未到期}}{\text{责任准备金}}=\frac{\text{第一季度}}{\text{保费收入}}\times 1/8+\frac{\text{第二季度}}{\text{保费收入}}\times 3/8+\frac{\text{第三季度}}{\text{保费收入}}\times 5/8+\frac{\text{第四季度}}{\text{保费收入}}\times 7/8$$

③月平均估算法

该种方法假定 1 个月中的所有保单是在 30 天中逐日均匀开立的，每天开出的保单数量、每份保单的保额及保险费大体均匀，因此，对于 1 年期保险单来说，开立保单的当月末已到期责任为 1/24，其余 23/24 的保费则是未到期责任准备金。此后每过 1 个月，已到期责任准备金增加 2/24，未到期责任准备金减少 2/24。年末时，1 月份开立的保单的未到期责任准备金为 1/24，2 月份开立的保单的未到期责任准备金为 3/24，其余依次类推，则 12 月份开立的保单的未到期责任准备金为 23/24。年末未到期责任准备金的计算公式为：

$$\frac{\text{年末未到期}}{\text{责任准备金}}=\frac{\text{1 月份}}{\text{保费收入}}\times 1/24+\frac{\text{2 月份}}{\text{保费收入}}\times 3/24+\frac{\text{3 月份}}{\text{保费收入}}\times 5/24+\cdots+\frac{\text{12 月份}}{\text{保费收入}}\times 23/24$$

（2）未到期责任准备金的账务处理

为了核算未到期责任准备金，保险公司应设置"未到期责任准备金"、"提取未到期责任准备金"科目。

期末，按规定提取未到期责任准备金时，应作如下会计分录：

借：提取未到期责任准备金

　　贷：未到期责任准备金

经保险精算调整减少已提取的未到期责任准备金时：

借：未到期责任准备金

　　贷：提取未到期责任准备金

将"提取未到期责任准备金"的余额转入"本年利润"账户，结转后，"提取未到期责任准备金"应没有余额。

借：本年利润

　　贷：提取未到期责任准备金

5.2.5 财产保险公司财务报表举例

以中国平安保险（集团）股份有限公司 2012 年财务报表为例①，见表 5—3、表 5—4、表 5—5。

---

①　财务报表来自巨潮网（http：//www.cninfo.com.cn）。

表5—3   **中国平安保险（集团）股份有限公司**

合并资产负债表

2012 年 12 月 31 日   单位：百万元

项目	2012-12-31	2011-12-31
资产：		
货币资金	383 223	242 009
结算备付金	711	2 438
拆出资金	65 426	8 447
以公允价值计量且其变动计入当期损益的金融资产	27 755	29 880
衍生金融资产	972	818
买入返售金融资产	190 788	37 312
应收利息	28 668	22 735
应收账款	8 979	170 727
应收保费	18 756	12 089
应收分保账款	6 109	4 369
应收分保合同准备金	9 341	7 892
保户质押贷款	18 558	14 105
存货	1 119	106
存出保证金	409	302
发放贷款	709 402	611 731
定期存款	212 110	152 943
可供出售金融资产	295 976	306 691
持有至到期投资	566 009	480 005
应收账款类投资	136 000	31 826
长期股权投资	15 895	14 623
商誉	11 769	9 203

续表

项目	2012-12-31	2011-12-31
存出资产保证金	10 958	9 966
投资性房地产	15 049	9 206
固定资产	15 673	14 423
无形资产	25 568	24 251
递延所得税资产	10 680	13 383
其他资产	22 122	16 492
独立账户资产	36 241	37 452
资产总计	2 844 266	2 285 424
负债：		
短期借款	3 566	2 994
向中央银行借款	16 168	1 131
银行同业及其他金融机构存放款项	351 579	154 157
拆入资金	39 268	26 279
交易性金融负债	1 722	0. 00
衍生金融负债	952	732
卖出回购金融资产款	154 977	99 734
吸收存款	979 325	827 819
代理买卖证券款	7 611	8 230
应付账款	3 615	70 639
预收款项	4 331	3 210
预收保费	11 179	7 320
应付手续费及佣金	2 701	2 706
应付分保账款	6 475	4 689

项目	2012-12-31	2011-12-31
应付职工薪酬	9 567	7 649
应交税费	5 816	7 267
应付利息	11 497	9 645
应付赔付款	17 935	13 256
应付保单红利	21 681	17 979
保户储金及投资款	267 095	224 200
保护合同准备金	613 926	529 563
长期借款	9 734	11 134
应付债券	38 793	26 633
递延所得税负债	5 599	4 612
其他负债	13 264	15 052
独立账户负债	36 241	37 452
负债合计	2 634 617	2 114 082
所有者权益：		
股本	7 916	7 916
资本公积	84 121	72 226
盈余公积	6 982	6 982
一般风险准备	395	395
未分配利润	60 103	43 219
外币报表折算差额	100	129
归属于母公司所有者权益合计	159 617	130 867
少数股东权益	50 032	40 475
所有者权益（或股东权益）合计	209 649	171 342
负债和所有者权益（或股东权益）总计	2 844 266	2 285 424

表 5—4　　　　　　　　**中国平安保险（集团）股份有限公司**

合并利润表

2012 年度　　　　　　　　　　　　　　　　　单位：百万元

项目	2012 年度	2011 年度
一、**营业总收入**	299 372	248 915
营业收入	—	—
利息收入	74 852	39 314
已赚保费	213 144	186 662
手续费及佣金收入	10 891	8 614
房地产销售收入	—	—
其他业务收入	8 935	3 989
二、**营业总成本**	266 997	219 002
营业成本	—	—
利息支出	40 351	20 432
手续费及佣金支出	21 884	18 797
房地产销售成本	—	—
研发费用	—	—
退保金	5 341	4 407
赔付支出净额	74 654	54 270
提取保险合同准备金净额	71 929	76 012
保单红利支出	5 769	5 000
分保费用	8	20
其他业务成本	13 528	9 063
营业税金及附加	10 181	7 424
销售费用	53 383	39 486
管理费用	—	—
财务费用	1 758	1 254
资产减值损失	10 017	4 319

续表

项目	2012 年度	2011 年度
公允价值变动收益	105	−320
投资收益	32 996	32 572
其中：对联营企业和合营企业的投资收益	—	—
汇兑收益	255	−434
期货损益	—	—
托管收益	—	—
补贴收入	—	—
其他业务利润	—	—
三、营业利润	32 375	29 913
营业外收入	326	363
营业外支出	363	250
非流动资产处置损失	—	
利润总额	32 338	30 026
所得税费用	5 588	7 444
未确认投资损失	—	—
四、净利润	26 750	22 582
归属于母公司所有者的净利润	20 050	19 475
少数股东损益	6 700	3 107
五、每股收益		
基本每股收益（元/股）	2.53	2.50
稀释每股收益（元/股）	2.53	2.50
六、其他综合收益	12 073	−12 264
七、综合收益总额	38 823	10 318
归属于母公司所有者的综合收益总额	32 389	6 976
归属于少数股东的综合收益总额	6 434	3 342

表 5—5　　　　　　　　中国平安保险（集团）股份有限公司
合并现金流量表

2012 年度　　　　　　　　　　　　　　　　单位：百万元

项目	2012 年度	2011 年度
一、经营活动产生的现金流量		
销售商品、提供劳务收到的现金	—	—
客户存款和同业存放款项净增加额	348 928	45 390
向中央银行借款净增加额	—	—
向其他金融机构拆入资金净增加额	—	—
收到原保险合同保费取得的现金	231 045	204 147
收到再保险业务现金净额	—	—
保户储金及投资款净增加额	33 803	36 029
处置交易性金融资产净增加额		
收取利息、手续费及佣金的现金	71 046	36 756
拆入资金净增加额	—	17 231
回购业务资金净增加额	9 603	5 474
收到的税费返还	—	—
收到的其他与经营活动有关的现金	7 769	2 437
经营活动现金流入小计	879 700	449 811
购买商品、接受劳务支付的现金		
客户贷款及垫款净增加额	100 969	40 483
存放中央银行和同业款项净增加额	57 745	35 181
支付原保险合同赔付款项的现金	75 810	54 234
支付利息、手续费及佣金的现金	60 137	35 764
支付保单红利的现金	2 810	1 772
支付给职工以及为职工支付的现金	25 147	17 975
支付的各项税费	20 586	14 448
支付的其他与经营活动有关的现金	39 562	28 596

项目	2012 年度	2011 年度
经营活动现金流出小计	598 803	374 463
经营活动产生的现金流量净额	280 897	75 348
二、投资活动产生的现金流量		
收回投资所收到的现金	983 600	555 522
取得投资收益所收到的现金	47 893	32 445
处置固定资产、无形资产和其他长期资产所收回的现金净额	162	178
处置子公司及其他营业单位收到的现金净额	1 211	81 492
收到的其他与投资活动有关的现金	4 275	2 260
减少质押和定期存款所收到的现金	—	—
投资活动现金流入小计	1 037 140	671 897
购建固定资产、无形资产和其他长期资产所支付的现金	8 362	5 393
投资所支付的现金	1 213 050	692 939
质押贷款净增加额	4 453	5 674
取得子公司及其他营业单位支付的现金净额	5 113	—
支付的其他与投资活动有关的现金	—	—
增加质押和定期存款所支付的现金	—	—
投资活动现金流出小计	1 230 980	704 006
投资活动产生的现金流量净额	−193 840	−32 109
三、筹资活动产生的现金流量		
吸收投资收到的现金	551	16 353
其中：子公司吸收少数股东投资收到的现金	—	—
取得借款收到的现金	4 051	3 347
发行债券收到的现金	11 998	5 991
收到其他与筹资活动有关的现金	—	—
筹资活动现金流入小计	62 155	25 691
偿还债务支付的现金	4 734	2 789

项目	2012 年度	2011 年度
分配股利、利润或偿付利息所支付的现金	7 900	7 614
支付其他与筹资活动有关的现金	512	366
筹资活动现金流出小计	12 634	39 030
筹资活动产生的现金流量净额	49 521	-13 339
附注		
汇率变动对现金及现金等价物的影响	-173	-357
现金及现金等价物净增加额	136 405	29 543
期初现金及现金等价物余额	110 481	80 938
期末现金及现金等价物余额	246 886	110 481
净利润	26 750	22 582
少数股东损益	—	—
未确认的投资损失	—	—
资产减值准备	10 017	4 319
固定资产折旧、油气资产折耗、生产性物资折旧	1 595	1 061
无形资产摊销	1 630	1 098
长期待摊费用摊销	770	621
处置固定资产、无形资产和其他长期资产的损失	-31	-75
公允价值变动损失	-105	320
投资损失	-44 040	-38 742
经营性应收项目的减少	-172 968	-187 598
经营性应付项目的增加	376 876	184 635
经营活动产生现金流量净额	280 897	75 348
现金的期末余额	194 628	95 178
现金的期初余额	95 178	61 289
现金等价物的期末余额	52 258	15 303
现金等价物的期初余额	15 303	19 649
现金及现金等价物的净增加额	136 405	29 543

§5.3　寿险业务核算

人身保险是以人的寿命和身体为保险标的的保险。根据《保险法》第九十五条的规定，人身保险业务，包括人寿保险、健康保险、意外伤害保险等保险业务。限于篇幅，本书仅讲述人寿保险业务的核算。

5.3.1　人寿保险业务核算概述

人寿保险是指以人的生命为保险标的，以生、死为保险事故的一种人身保险。当被保险人在保险期限内因保险事故致死或未生存到保险期满，保险人给付保险金。按照保险事故（生存或死亡）、保险期限（定期或不定期）、交费方式、给付保险金方式（一次或多次）等不同标准，可以对人寿保险业务进行不同分类，但最为重要的是按保险事故进行的分类：生存保险、死亡保险、两全保险和年金保险。

1. 生存保险

生存保险是指以被保险人在一定期限届满生存为保险人给付保险金条件的人身保险。当被保险人一直生存到保险期限届满时，保险人给付保险金，若被保险人中途死亡，则保险人不给付保险金。

2. 死亡保险

死亡保险又可分为定期死亡保险和终身死亡保险。

（1）定期死亡保险

定期死亡保险又称为定期寿险，是一种以被保险人在规定期间发生死亡事故为保险人给付保险金条件的保险。定期死亡保险在合同中规定一定时期为保险有效期，若被保险人在约定期限内死亡，保险人即给付受益人约定的保险金；如果被保险人在保险期限届满时仍然生存，契约即行终止，保险人无给付义务，亦不退还已收的保险费。

（2）终身死亡保险

终身死亡保险又称为终身寿险，是一种不定期的死亡保险，即保险合同中并不规定期限，自合同生效之日起，无论被保险人何时死亡，保险人都必须向受益人给付保险金。由于终身寿险的保险期限比较长，而且无论寿命长短，保险公司的保险金是必付的，因此，其保费比定期死亡保险要高。终身寿险最大的特点是可以得到确定性保障，若投保人中途退保，可以得到一定数额的现金价值。

3. 两全保险

两全保险又称为生死合险，是指将定期死亡保险和生存保险结合起来的保险。若被保险人在保险合同规定的年限内死亡，则受益人领取保险合同约定的身故保险金；若被保险人继续生存至保险合同约定的保险期期满，则投保人领取保险合同约定的保险期满的人寿保险金。由于两全保险既保障期内死亡又保障到期生存，因此，两全保险不仅使受益人得到保障，同时也使被保险人本身利益得到保障。

4. 年金保险

年金保险是保险人在约定的期间内，按照一定的周期给付被保险人保险金的保险。其目的是为被保险人生活提供经济保障。被保险人在开始领取保险金之前，从其收入中支付一定量的保险费购买年金保险，交清所有保费，当到达约定领取条件时开始领取保险金，直到受领人死亡或规定的期限终了为止。

随着经济的发展以及为了满足人们的需求，一些新的险种逐渐走入人们的生活。

（1）投资连结保险，在美国也称变额保险或变额万能保险。投资连结保险不存在固定利率，保险公司将客户交付的保险费分成"保障"和"投资"两个部分。其中，"投资"部分的回报率是不固定的。如果保险公司投资收益比较好，客户的资金将获得较高回报；反之，如果保险公司投资不理想，客户也将承担一定的风险。

（2）分红保险，是指保险公司在每个会计年度结束后，将上一会计年度该类分红保险的可分配盈余，按一定的比例，以现金红利或增值红利的方式，分配给客户的一种人寿保险。

（3）万能险，是指保险人在缴纳首期保费后，可以任意支付保险费，以及任意调整死亡保险金给付金额的人寿保险。

5.3.2　寿险保费收入和保险金给付的核算

1. 寿险保费收入的核算

寿险保费也是由纯保费和附加保费两部分构成。其中，纯保费可分为风险保费和储蓄保费两个部分。附加保费可分为营运费用、安全附加和预计利润三个部分。纯保费和附加保费的计算原理与财产保险业务保费的计算原理基本相同。

为了核算和监督寿险保费的收取情况，应设置"保费收入"、"预收保费"、"应收保费"等账户。

"保费收入"科目为损益类科目，核算保险公司按保险合同或批单向保户收取的保险费。收取的保险费记入科目贷方。本科目按险种设置明细账，期末应无余额。

"预收保费"科目为负债类科目，核算保险公司在保险责任生效前向投保人预收的保险费。发生预收保费时，借记"银行存款"、"现金"科目，贷记本科目；转作保费收入时，借记本科目，贷记"保费收入"科目。本科目按保户设置明细账。期末贷方余额反映公司向投保人预收的保险费。

"应收保费"科目属于资产类科目，核算保险公司应向投保人收取的保费。期末借方余额，反映保险公司尚未收回的保险费。本科目按保户设置明细账，进行明细核算。

业务核算举例如下：

【例5—12】某保险公司预收投保人交来的现金保费2 142元。其会计分录为：

借：库存现金   2 142
　　贷：预收保费——××保户   2 142

【例5—13】经核保部门核保，同意承保并签发保单，预收保费转为实收保费。其会计分录为：

借：预收保费——××保户   2 142
　　贷：保费收入——终身寿险   2 142

2. 保险金给付的核算

人寿保险公司保险金的给付，是当被保险人发生保险事故时根据保险合同的约定给付保险金。对于被保险人或受益人提出的给付申请，保险人应尽快确定给付金额，办理给付手续。寿险保险金的给付分满期给付、死伤医疗给付和年金给付。

（1）满期给付

所谓满期给付，是指当被保险人生存至保险合同期满后，保险公司按照保险合同所订的保险金额给付。满期给付一般由被保险人本人受领。

为了核算和监督满期给付寿险业务的被保险人生存到保险期满时，保险公司按保险条款规定给付被保险人保险金的情况，应设置"赔付支出——满期给付"账户。

发生满期给付时，借记"赔付支出——满期给付"科目，贷记"银行存款"、"库存现金"等科目。保险公司满期给付时，若被保险人有贷款本息未还清，应将其从应支付的保险金中扣除，按应给付保险金数额，借记"赔付支出——满期给付"科目，分别按扣除应还借款数、应还利息数及实付金额，贷记"保户质押贷款"、"利息收入"、"银行存款"或"库存现金"科目。期末结转利润时，借记"本年利润"科目，贷记本科目。本科目按险种设置明细账，期末应无余额。

业务核算举例如下：

【例 5—14】某客户投保金额为 120 000 元的两全保险期限届满，保险人给付全额保险金。其会计分录为：

借：赔付支出——满期给付　　　　　　　　　　　　　　　120 000

　　贷：银行存款　　　　　　　　　　　　　　　　　　　　　　　120 000

【例 5—15】某客户投保金额为 80 000 元的两全保险满期，但尚有 10 000 元的保单质押贷款未归还，该笔贷款应付利息为 507 元，会计部门将贷款本息扣除后办理给付。其会计分录为：

借：赔付支出——满期给付　　　　　　　　　　　　　　　80 000

　　贷：保户质押贷款　　　　　　　　　　　　　　　　　　　10 000

　　　利息收入　　　　　　　　　　　　　　　　　　　　　　　507

　　　银行存款　　　　　　　　　　　　　　　　　　　　　69 493

（2）死伤医疗给付

死伤医疗给付是指被保险人在保险期限内发生保险责任范围内的死亡、伤残等保险事故，保险人按保险合同约定支付给受益人（或被保险人）保险金给付。死伤医疗给付可分为死亡伤残给付和医疗给付，保险公司对被保险人因保险事故永久性全部丧失劳动能力或死亡时的给付为死亡伤残给付，对被保险人因保险事故进行医疗时的给付为医疗给付。

为了核算和监督死伤医疗给付，保险公司应设置"赔付支出——死伤医疗给付"账户。

"赔付支出——死伤医疗给付"科目属于损益类科目，该科目应设置"死亡给付"和"医疗给付"两个明细科目。发生死伤医疗给付时，借记本科目，贷记"库存现金"或"银行存款"科目。若给付时，该保单有贷款本息未还清的，按应给付金额，借记本科目，按未收回的保户质押贷款本金，贷记"保户质押贷款"科目，按欠息数，贷记"利息收入"科目，按实际支付的金额，贷记"库存现金"或"银行存款"科目。若在保险合同规定的交费宽限期内发生死伤医疗给付，则按应给付金额，借记本科目，按投保人未交保费部分，贷记"保费收入"科目，按欠息数，贷记"利息收入"科目，按实际支付的金额，贷记"库存现金"或"银行存款"科目。期末，应将本科目的余额转入"本年利润"科目，结转后本科目应无余额。本科目按险种进行明细核算。

业务核算举例如下：

【例5—16】某保险公司的被保险人发生重大疾病，向保险人提出给付申请，保险人审查后同意给付全部保险金150 000元，但须扣除宽限期内尚未交付的保费5 300元，保单质押贷款5 000元，其利息193元。会计分录为：

借：赔付支出——死伤医疗给付——长期健康险   150 000
　　贷：保费收入   5 300
　　　　保户质押贷款   5 000
　　　　利息收入   193
　　　　库存现金   139 507

（3）年金给付的核算

年金给付是保险公司年金保险业务的被保险人生存至保单约定的年龄时保险人以分期的方式给付保险金的保险给付。

为了核算和监督年金给付，寿险公司应设置"赔付支出——年金给付"账户。

发生年金给付时，借记"赔付支出——年金给付"科目，贷记"库存现金"或"银行存款"科目。若年金给付时，有贷款本息未还清，按应给付金额，借记本科目，按未收回的保户质押贷款本金，贷记"保户质押贷款"科目，按欠息数，贷记"利息收入"科目，按实际支付的金额，贷记"库存现金"或"银行存款"科目。期末，应将本科目的金额转入"本年利润"科目，结转后本科目应无余额。本科目应按险种设置明细账。

业务核算举例如下：

【例5—17】某终身年金保险的被保险人生存至约定年金领取年龄，保险人审核后确认每月发给年金700元，直到被保险人死亡为止。其会计分录为：

每月发放年金时：

借：赔付支出——年金给付 700

　　贷：库存现金 700

5.3.3 寿险公司其他业务的核算

1. 退保业务的核算

寿险业务是长期性业务。在这个较长的过程中，由于种种原因，往往会发生保户要求退保的情况。《保险法》第四十七条规定：投保人解除合同的，保险人应当自收到解除合同通知之日起30日内，按照合同约定退还保险单的现金价值。《企业会计准则第25号——原保险合同》规定：原保险合同提前解除的，保险人应当按照原保险合同约定计算确定应退还投保人的金额，作为退保费，计入当期损益。

为了核算和监督退保金，寿险公司应设置"退保金"账户。

"退保金"科目属于损益类科目，该科目核算寿险保单的投保人申请退保时，保险人按合同规定退还的保单的现金价值。支付退保金时，借记本科目，贷记"银行存款"或"库存现金"科目；被保险人退保时，有贷款本息未还清者，扣除应归还本息，按应付退保金数借记本科目，分别按扣除应还贷款数、应还利息数及实付金额，贷记"保户质押贷款"、"利息收入"、"银行存款"或"库存现金"科目。有预交保费的，退还预交部分，分别按应付退保金数和应退预交保费数，借记本科目和"预收保费"科目，按实付金额贷记"库存现金"或"银行存款"科目。期末结转利润时，借记"本年利润"科目，贷记本科目。期末本科目应无余额。本科目按险种设置明细账，进行明细核算。

业务核算举例如下：

【例5—18】某养老保险保户因经济困难要求退保，经业务部门审查，同意支付退保金9 000元，会计部门核对有关单证后支付现金。其会计分录为：

借：退保金 9 000

　　贷：库存现金 9 000

2. 保户质押贷款业务的核算

寿险业务中的多数险种具有储蓄性，即保单经过一定时期后将积累一定量的现金价值。如果投保人有临时性的经济困难，可以向保险公司申请保单贷款。贷款金额以不超过保单当时现金价值的一定比例为限。我国一些储蓄性的普通寿险保单规定，投保人保险费交足 2 年，保险期限满 2 年的，可持"保险单"、"保费收据"等向保险公司申请保户质押贷款。

为了核算和监督保户质押贷款，应设置"保户质押贷款"、"利息收入"两个账户。

"保户质押贷款"科目属于资产类科目，核算保险公司根据寿险合同的规定对保户提供的保户质押贷款。保险公司也可以通过"贷款——保户质押贷款"科目来进行核算。发生保户质押贷款时，借记本科目，贷记"银行存款"或"库存现金"科目；收回保户质押贷款时，按贷款本金，借记"银行存款"科目，贷记本科目。本科目应按贷款人进行明细核算。

"利息收入"科目属于损益类科目，核算保户质押贷款的利息收入。每期计算贷款应收利息或收到贷款利息时，借记"应收利息"或"银行存款"科目，贷记"利息收入"科目；收回保户质押贷款时，按已计息部分，贷记"应收利息"科目，按未计息部分，贷记"利息收入"科目。

业务核算举例如下：

【例5—19】某简易人寿保险保户，因经济上急需资金，持有关单证向保险公司申请借款 10 000 元，经业务部门审查，同意此保户借款 10 000 元，期限 6 个月，月利率 0.4%。会计部门凭业务部门交来的有关单证，于 12 月 1 日付给保户现金。其会计分录为：

12 月 1 日以现金支付保户质押贷款 4 000 元时：

借：保户质押贷款——××保户   10 000

　　贷：库存现金   10 000

12 月至次年 4 月各月末计算应收利息时：

借：应收利息——××保户   40

　　贷：利息收入——保户质押贷款   40

5 月底保户用现金归还贷款本息时：

借：库存现金   10 240

　　　　贷：保户质押贷款——××保户　　　　　　　　　　　　　　10 000

　　　　　　应收利息——××保户　　　　　　　　　　　　　　　　200

　　　　　　利息收入——保户质押贷款　　　　　　　　　　　　　　40

　　3. 寿险保单转移的核算

　　被保险人因工作调动或迁居外省市，如投保的险种允许业务转移，且迁入地的同系统的保险公司也开办此类险种，投保人（或被保险人）可以要求将其保险关系转移。对此类业务，转出公司与转入公司均应进行会计处理。

　　【例5—20】某人投保养老保险，今因工作调动，需转移保险关系。该保户当年已交保费1 000元，经查该保户以前年度已提存寿险责任准备金3 800元。保险公司办理转移手续，并以银行存款支付有关款项。其会计分录为：

　　转出保险公司的账务处理为：

　　借：保费收入——养老保险　　　　　　　　　　　　　　　　1 000

　　　　保险责任准备金——寿险责任准备金——养老保险　　　　3 800

　　　　贷：银行存款——活期户　　　　　　　　　　　　　　　4 800

　　转入保险公司的账务处理为：

　　借：银行存款——活期户　　　　　　　　　　　　　　　　　4 800

　　　　贷：保费收入——养老保险　　　　　　　　　　　　　　1 000

　　　　　　保险责任准备金——寿险责任准备金——养老保险　　3 800

　　4. 寿险保单复效的核算

　　寿险保单因投保人没有按期交付保费而失效后，投保人可以保留一定时期申请复效权。《保险法》第三十六条规定：合同约定分期支付保险费，投保人支付首期保险费后，除合同另有约定外，投保人自保险人催告之日起超过30日未支付当期保险费，或者超过约定的期限60日未支付当期保险费的，合同效力中止，或者由保险人按照合同约定的条件减少保险金额。被保险人在前款规定期限内发生保险事故的，保险人应当按照合同约定给付保险金，但可以扣减欠交的保险费。《保险法》第三十七条规定：合同效力依照本法第三十六条规定中止的，经保险人与投保人协商并达成协议，在投保人补交保险费后，合同效力恢复。但是，自合同效力中止之日起满2年双方未达成协议的，保险人有权解除合同。保险人依照前款规定解除合同的，应当按照合同约定退还保险单的现金价值。

　　业务核算举例如下：

【例5—21】某保户投保养老保险，因经济原因，未按期交费，致使保单失效。1年后该保户申请复效。经审查，保险公司同意复效，计算应补交保费1 700元，利息65元，投保人交来现金。其会计分录为：

借：库存现金   1 765
　　贷：保费收入——养老保险   1 700
　　　　利息收入   65

5. 保单红利支出的核算

保单红利支出，是根据保险合同的约定，按照分红保险产品的红利分配方法及有关精算结果而估算，支付给保单持有人的红利。

为了核算和监督保险公司支付的红利，保险公司应设置"保单红利支出"账户。

"保单红利支出"科目属于损益类科目，该科目核算寿险公司按规定支付给投保人的红利。期末，按精算部门计算的应支付给保户的红利，借记本科目，贷记"应付保单红利"科目；发放保单红利时，借记"应付保单红利"科目，贷记"银行存款"或"库存现金"科目；结转利润时，借记"本年利润"科目，贷记本科目。本科目应按险种设置明细账，期末应无余额。

业务核算举例如下：

【例5—22】期末，精算部门计算应支付给某投保人保单红利5 000元，该保单约定以现金形式领取红利。其会计分录为：

计算应付红利时：

借：保户红利支出   5 000
　　贷：应付保单红利   5 000

以后实际支付红利时：

借：应付保单红利   5 000
　　贷：库存现金   5 000

6. 佣金支出的核算

佣金是指寿险公司向专门推销寿险保单的个人代理人支付的报酬。它是寿险公司经营过程中最重要的成本之一。我国《保险公司财务制度》规定，佣金最高支付总额不得突破缴费期内实收保费的5%。

佣金支出的核算在本章第二节中已经介绍，这里不再详细说明。

业务核算举例如下：

【例 5—23】保险公司计算应付某寿险代理人佣金 10 800 元，10 天后支付。
其会计分录为：

计算应付佣金时：

借：手续费及佣金支出　　　　　　　　　　　　　　　　　　10 800
　　贷：应付账款　　　　　　　　　　　　　　　　　　　　　　　　10 800

支付佣金时：

借：应付账款　　　　　　　　　　　　　　　　　　　　　　10 800
　　贷：库存现金　　　　　　　　　　　　　　　　　　　　　　　　10 800

5.3.4　寿险准备金的提转

1. 寿险责任准备金的提转

寿险责任准备金，是指保险人为履行尚未终止的人寿保险责任，从寿险保费中提取的准备金。寿险业务属于长期性业务，提取寿险责任准备金是基于保险费的交付期限与保险责任的期限不相等等原因。《企业会计准则第 25 号——原保险合同》规定：保险人应当在确认寿险保费收入的当期，按照保险精算确定的金额，提取寿险责任准备金、长期健康险责任准备金，并确认寿险责任准备金、长期健康险责任准备金负债。

为了核算和监督寿险责任准备金，应设置"保险责任准备金——寿险责任准备金"、"提取保险责任准备金——寿险责任准备金"账户。

"保险责任准备金——寿险责任准备金"科目为负债类科目，核算寿险公司为承担保险期内的责任提取的准备金。该科目借方记被保险人迁往他处转移保险关系而转出的寿险责任准备金，以及年终结转的寿险责任准备金数。该科目贷方记年终根据业务部门精算结果提取的寿险责任准备金，以及被保险人从外地转入保险关系而转入的寿险责任准备金。期末贷方余额，反映公司已提存但尚未转回的寿险责任准备金。该科目按险种设置明细账。

"提取保险责任准备金——寿险责任准备金"科目为损益类科目，核算公司人寿保险业务为承担保险期内的责任而按规定提存的准备金。该科目借方登记按规定提取、补提的寿险责任准备金，贷方登记按规定冲减的寿险责任准备金。公司按规定提存寿险责任准备金时，借记本科目，贷记"保险责任准备金——寿险责任准备金"科目。期末，应将本科目的余额转入"本年利润"科目，结转后本科目应无余额。本科目应按险种设置明细账。

业务核算举例如下：

【例5—24】寿险公司精算部门经过计算，本年度应提存寿险责任准备金284 362 000元。其会计分录为：

借：提取保险责任准备金——寿险责任准备金　　284 362 000
　　贷：保险责任准备金——寿险责任准备金　　　　　　　　284 362 000

【例5—25】某寿险公司冲减已提取寿险责任准备金320 000元。其会计分录为：

借：保险责任准备金——寿险责任准备金　　　　320 000
　　贷：提取保险责任准备金——寿险责任准备金　　　　　　　320 000

2. 长期健康险责任准备金的提转

长期健康险责任准备金，是指保险人为尚未终止的长期健康保险责任提取的准备金。长期健康险责任准备金有类似于寿险责任准备金的性质。由于长期健康险以人的健康为标的，未来给付更具不确定性，费率相对更高，应当将其与寿险责任准备金分开核算。

为了核算和监督长期健康险责任准备金，应设置"保险责任准备金——长期健康险责任准备金"和"提取保险责任准备金——长期健康险责任准备金"两个账户。

"保险责任准备金——长期健康险责任准备金"科目属于负债类科目，核算公司长期健康保险业务按规定提存的准备金。期末，公司按规定提取的长期健康险责任准备金，借记"提取保险责任准备金——长期健康险责任准备金"科目，贷记本科目。发生被保险人从外地转入保险关系而转入的长期健康险责任准备金时，借记"银行存款"科目，贷记本科目；被保险人迁往外地转移保险关系而转出长期健康险责任准备金时，借记本科目，贷记"银行存款"科目。本科目期末贷方余额，反映公司已提存的长期健康险责任准备金。本科目应按险种设置明细账。

"提取保险责任准备金——长期健康险责任准备金"科目属于损益类科目，核算公司长期健康保险业务按规定提存的准备金。期末，公司按规定提存的长期健康险责任准备金，借记本科目，贷记"保险责任准备金——长期健康险责任准备金"科目。年终决算，按规定减少长期健康险责任准备金账面余额时，借记"保险责任准备金——长期健康险责任准备金"科目，贷记"提取保险责任准备金——长期健康险责任准备金"科目。期末，应将本科目的余额转入"本年利润"科目，结转后本科目应无余额。本科目应按险种设置明细账。

【例 5—26】某寿险公司接受 A 客户投保，经精算部门计算，该笔业务本年度应提取长期健康险责任准备金 341 000 元。其会计分录为：

借：提取保险责任准备金——长期健康险责任准备金　　　　341 000

　　贷：保险责任准备金——长期健康险责任准备金　　　　　　　　341 000

【例 5—27】上述寿险公司于次年 4 月 12 日支付 A 客户保险合同赔付款项320 000 元。其会计分录为：

借：保险责任准备金——长期健康险责任准备金　　　　　341 000

　　贷：提取保险责任准备金——长期健康险责任准备金　　　　　　341 000

借：赔付支出　　　　　　　　　　　　　　　　　　　　320 000

　　贷：银行存款　　　　　　　　　　　　　　　　　　　　　　320 000

5.3.5　寿险公司财务报表举例

以中国人寿保险股份有限公司 2012 年财务报表为例，见表 5—6、表 5—7、表 5—8。

表 5—6　　　　　　　　**中国人寿保险股份有限公司**

资产负债表

2012 年 12 月 31 日

（除特别注明外，金额单位均为人民币万元）

项目	2012 年 12 月 31 日	2011 年 12 月 31 日
资产：		
货币资金	6 943 400	5 597 100
交易性金融资产	3 401 800	2 364 000
应收票据	—	—
应收账款	—	—
预付款项	—	—

项目	2012 年 12 月 31 日	2011 年 12 月 31 日
其他应收款	—	—
应收关联公司款	—	—
应收利息	2 892 600	2 294 600
应收股利	—	—
存货	—	—
其中：消耗性生物资产	—	—
一年内到期的非流动资产	—	—
其他流动资产	—	—
流动资产合计	—	—
可供出售金融资产	50 641 600	56 294 800
持有至到期投资	45 238 900	26 193 300
长期应收款	—	—
长期股权投资	2 899 100	2 444 800
投资性房地产	—	—
固定资产	1 686 500	1 683 000
在建工程	512 600	308 200
工程物资	—	—
固定资产清理	—	—
生产性生物资产	—	—
无形资产	649 800	656 400
开发支出	—	—
商誉	—	—
长期待摊费用	0.00	0.00
递延所得税资产	0.00	0.00
其他非流动资产	—	—

项目	2012 年 12 月 31 日	2011 年 12 月 31 日
非流动资产合计	—	—
资产总计	189 891 600	158 390 700
负债：		
短期借款	—	—
交易性金融负债	—	—
应付票据	—	—
应付账款	—	—
预收款项	—	—
应付职工薪酬	487 600	477 600
应交税费	42 500	114 300
应付利息	—	—
应付股利	—	—
其他应付款	—	—
应付关联公司款	—	—
一年内到期的非流动负债	—	—
其他流动负债	—	—
流动负债合计	—	—
长期借款	—	—
应付债券	6 798 100	2 999 000
长期应付款	—	—
专项应付款	—	—
预计负债	—	—
递延所得税负债	783 400	145 400
其他非流动负债	—	—
非流动负债合计	—	—
负债合计	167 581 500	139 051 900

项目	2012 年 12 月 31 日	2011 年 12 月 31 日
股东权益：		
实收资本（或股本）	2 826 500	2 826 500
资本公积	5 925 100	3 425 600
盈余公积	3 722 100	3 426 600
减：库存股	8 039 200	7 989 400
未分配利润	—	—
少数股东权益	201 600	185 800
外币报表折算价差	—	—
非正常经营项目收益调整	—	—
所有者权益（或股东权益）合计	22 310 100	19 338 800
负债和所有者权益（或股东权益）合计	189 891 600	158 390 700

表 5—7　　　　　　　中国人寿保险股份有限公司

利润表

2012 年度

（除特别注明外，金额单位均为人民币万元）

项目	2012 年度	2011 年度
一、营业收入	—	—
减：营业成本	—	—
营业税金及附加	117 300	95 200
销售费用	—	—
管理费用	2 404 200	2 220 300
勘探费用	—	—
财务费用	—	—
资产减值损失	3 105 200	1 293 900
加：公允价值变动净收益	12 800	16 500
投资收益	8 000 600	6 482 300

项目	2012 年度	2011 年度
其中：对联营企业和合营企业的投资收益	303 700	221 300
影响营业利润的其他科目	−338 800	−186 000
二、营业利润	1 095 500	2 054 600
加：补贴收入	—	—
营业外收入	13 700	10 100
减：营业外支出	12 400	13 400
其中：非流动资产处置净损失	—	—
加：影响利润总额的其他科目	—	—
三、利润总额	1 096 800	2 051 300
减：所得税费用	−30 400	202 200
加：影响净利润的其他科目	—	—
四、净利润	1 127 200	1 849 100
归属于母公司所有者的净利润	1 106 100	1 833 100
少数股东损益	21 100	16 000
五、每股收益	—	
（一）基本每股收益（元/股）	0.39	0.65
（二）稀释每股收益（元/股）	0.39	0.65

表 5—8　　　　　　　　中国人寿保险股份有限公司

现金流量表

2012 年度

（除特别注明外，金额单位均为人民币万元）

项目	2012 年度	2011 年度
一、经营活动产生的现金流量		
销售商品、提供劳务收到的现金	0.00	0.00
收到的税费返还	0.00	0.00
收到其他与经营活动有关的现金	32 426 300	32 113 500

项目	2012 年度	2011 年度
经营活动现金流入小计	32 426 300	32 113 500
购买商品、接受劳务支付的现金	——	——
支付给职工以及为职工支付的现金	1 225 600	1 088 600
支付的各项税费	785 400	651 700
支付其他与经营活动有关的现金	17 197 100	16 977 900
经营活动现金流出小计	19 208 100	18 718 200
经营活动产生的现金流量净额	13 218 200	13 395 300
二、投资活动产生的现金流量		
收回投资收到的现金	20 383 500	17 547 000
取得投资收益收到的现金	6 602 200	5 517 100
处置固定资产、无形资产和其他长期资产收回的现金净额	21 800	25 800
处置子公司及其他营业单位收到的现金净额		
收到其他与投资活动有关的现金	147 600	0. 00
投资活动现金流入小计	27 155 100	23 089 900
购建固定资产、无形资产和其他长期资产支付的现金	529 300	510 800
投资支付的现金	46 249 000	34 866 800
取得子公司及其他营业单位支付的现金净额		
支付其他与投资活动有关的现金	757 200	1 071 400
投资活动现金流出小计	47 535 500	36 449 000
投资活动产生的现金流量净额	−20 380 400	−13 359 100
三、筹资活动产生的现金流量		
吸收投资收到的现金	0. 00	0. 00
取得借款收到的现金	——	——

续表

项目	2012 年度	2011 年度
收到其他与筹资活动有关的现金	9 348 700	2 999 000
筹资活动现金流入小计	9 348 700	2 999 000
偿还债务支付的现金	—	—
分配股利、利润或偿付利息支付的现金	839 800	1 136 400
支付其他与筹资活动有关的现金	0.00	1 063 500
筹资活动现金流出小计	839 800	2 199 900
筹资活动产生的现金流量净额	8 508 900	799 100
四、汇率变动对现金的影响	—	–22 200
其他原因对现金的影响	—	—
五、现金及现金等价物净增加额	1 346 700	813 100
期初现金及现金等价物余额	5 598 500	4 785 400
期末现金及现金等价物余额	6 945 200	5 598 500
附注：		
1. 将净利润调节为经营活动现金流量		
净利润	1 127 200	1 849 100
加：资产减值准备	3 105 200	1 293 900
固定资产折旧、油气资产折耗、生产性生物资产折旧	158 100	158 000
无形资产摊销	21 800	17 400
长期待摊费用摊销	15 000	15 500
处置固定资产、无形资产和其他长期资产的损失	–7 400	–4 500
固定资产报废损失	—	—
公允价值变动损失	–12 800	–16 500
财务费用	—	—
投资损失	–7 612 000	–6 375 200
递延所得税资产减少		
递延所得税负债增加	—	–233 300
存货的减少	—	—

年度	2012 年度	2011 年度
经营性应收项目的减少	−520 800	−330 500
经营性应付项目的增加	−367 900	267 900
其他	17 311 800	16 753 500
经营活动产生的现金流量净额	13 218 200	13 395 300
2. 不涉及现金收支的重大投资和筹资活动		
债务转为资本	—	—
一年内到期的可转换公司债券	—	—
融资租入固定资产	—	—
3. 现金及现金等价物净变动情况		
现金的期末余额	—	—
减：现金的期初余额	—	—
加：现金等价物的期末余额	6 945 200	5 598 500
减：现金等价物的期初余额	5 598 500	4 785 400
加：其他原因对现金的影响	0.00	0.00
现金及现金等价物净增加额	1 346 700	813 100

§5.4　出口信用保险业务核算

5.4.1　出口信用保险业务概述

出口信用保险是各国政府为了保障本国出口商的利益，促进对外出口而为企业在出口贸易、对外投资和对外工程承包等经济活动中提供风险保障的一项政策性支持措施，属于非营利性的保险业务，是政府对市场经济的一种间接调控手段和补充。

在国际贸易中，竞争不仅表现在商品价格、产品质量方面，也表现在货款支付条件、支付方式等方面。出口商品的公司可能会因种种原因收不到货款而蒙受经济损失。为了减少或避免这种损失，许多国家都开办了向本国出口公司提供收汇风险保障的保险，即出口信用保险。出口信用保险实际上是保险公司对出口公司在出口商品或提供对外服务中因进口公司或买方不履行贸易合同规定的偿付义务所带来的损失承保的一种保险。我国于 2001 年 12 月正式成立了专门经营出口信用保险业务的中国出口信用保险公司，由中国人民保险公司和中国进出口银行各自代办的信用保险业务合并而成。

根据所承保的出口货物的不同和信用期限的长短，出口信用保险分为短期出口信用保险和中长期出口信用保险两大类。

1. 短期出口信用保险

短期出口信用保险是指出口合同的信用期不超过 180 天的出口信用保险。经保险公司书面同意，信用期可延长到 360 天。短期出口信用保险适用范围广，业务量大，有固定的保单格式和保单条款，其适用于凡是在中华人民共和国境内注册的，有外贸经营权的经济实体，采用付款交单（D/P）、承兑交单（D/A）、赊账（OA）等一切以商业信用付款条件，产品全部或部分在中国制造（军品除外），信用期不超过 180 天的出口。短期出口信用保险的经营方式与一般财产保险相似，业务管理较为规范，具有固定的程序。

2. 中长期出口信用保险

中长期出口信用保险是指保险责任期限为中期（1 年到 5 年）或长期（5 年到 10 年）的出口信用保险产品。它适用于出口资本性货物的长期信用贸易，承保范围主要集中在合同金额在 100 万美元以上，收汇期限超过 360 天的大型成套设备、机电产品或船舶等资本性或半资本性货物，或回报率较高的大型基础设施建设，如公路、桥梁、电站等融资项目。由于资本性货物的出口，需要买卖双方逐项谈判并签订合同，因此，保险公司也逐项地按买卖双方签订的合同承保。保险公司通常应介入合同谈判和可行性分析工作，对不同的合同，设计不同的保单，采用不同的费率。总体来说，中长期出口信用保险具有期限长、金额大、风险高等特点。

5.4.2　出口信用保险业务核算

出口信用保险业务一般具有经历的环节多、追偿期长等特点，因此必须采用较长的损益核算期以保证出口信用保险业务损益核算的真实和完整。按照国际惯例，出口信用保险业务实行 3 年（或 5 年，或 7 年）结算损益的核算办法，有些特殊合同的损益核算期限甚至更长。我国出口信用保险业务大多实行的是 3 年期核算损益的办法。3 年期核算损益的办法，是指每个业务年度的业务损益在第一、第二个会计年度里先不体现，对实际存在的营业收支（比如保费收入、赔款支出、手续费支出等）差额，通过提存长期责任准备金并于次年转回的方式滚存到第三个会计年度，等到第三个会计年度末才进行决算，核算财务成果，确认该业务年度的损益。此外，出口信用保险业务多涉及外币账务处理，可以先采用外币分账制核算办法，并实行以美元为主的计价单位进行核算。

1. 收入的核算

保险公司应设置"保费收入"账户，核算出口信用保险业务所取得的收入。

"保费收入"科目应按业务年度设立二级账户，按险种设立明细账户。在同一会计年度收取的保险费，可能属于三个不同的业务年度，应当分别记入所属业务年度的账户。

【例 5—28】某出口信用保险公司 2012 会计年度保费收入为 600 000 美元，其中，2011 业务年度保费收入为 280 000 美元，2012 业务年度保费收入为 320 000 美元。其会计分录为：

借：银行存款——美元户　　　　　　　　　　　　　　USD 600 000
　贷：保费收入——2011 业务年度（短期险）　　　　　　USD 280 000
　　　　　　　——2012 业务年度（短期险）　　　　　　USD 320 000
将业务收入转入"本年利润"：
借：保费收入——2011 业务年度　　　　　　　　　　　USD 280 000
　　　　　　——2012 业务年度　　　　　　　　　　　USD 320 000
　贷：本年利润——2011 业务年度　　　　　　　　　　USD 280 000
　　　　　　　——2012 业务年度　　　　　　　　　　USD 320 000

2. 赔款支出、手续费支出的核算

在同一会计年度支付的保险赔款、手续费，可能属于三个不同的业务年度。这些赔款和手续费支出，应分别记入所属业务年度的"赔付支出"账户和"手续费及佣金支出"账户。"赔付支出"账户和"手续费及佣金支出"账户，应按业务年度设立二级账户，按险种设立明细账。

【例 5—29】某出口信用保险公司 2012 年保险赔款支出为 520 000 美元，其中，2010 业务年度赔款支出 180 000 美元，2011 业务年度赔款支出 190 000 美元，2012

业务年度赔款支出 150 000 美元。2012 年手续费支年度出为 23 000 美元，其中
2010 年 8 000 美元，2011 年 9 000 美元，2009 年 6 000 美元。其会计分录为：

借：赔付支出——2010 业务年度（短期险）　　　　　　USD 180 000

　　　　　　——2011 业务年度（短期险）　　　　　　USD 190 000

　　　　　　——2012 业务年度（短期险）　　　　　　USD 150 000

　　手续费及佣金支出——2010 业务年度（短期险）　　USD 8 000

　　　　　　　　——2011 业务年度（短期险）　　　　USD 9 000

　　　　　　　　——2012 业务年度（短期险）　　　　USD 6 000

　贷：银行存款——美元户　　　　　　　　　　　　　USD 543 000

将其转入"本年利润"账户：

借：本年利润——2010 业务年度　　　　　　　　　　USD 188 000

　　　　　　——2011 业务年度　　　　　　　　　　USD 199 000

　　　　　　——2012 业务年度　　　　　　　　　　USD 156 000

　贷：赔付支出——2010 业务年度（短期险）　　　　USD 180 000

　　　　　　——2011 业务年度（短期险）　　　　　USD 190 000

　　　　　　——2012 业务年度（短期险）　　　　　USD 150 000

　　手续费及佣金支出——2010 业务年度（短期险）　USD 8 000

　　　　　　　　——2011 业务年度（短期险）　　　USD 9 000

　　　　　　　　——2012 业务年度（短期险）　　　USD 6 000

3. 保险责任准备金的提取与转回

出口信用保险实行 3 年期核算损益，每个业务年度承保的出口信用保险业
务，在第一、二会计年度不计算损益，只提取业务收支差额作为保险责任准
备金。

为了核算出口信用保险业务准备金的提取及转回，应设置"长期责任准备
金"、"提存长期责任准备金"、"转回长期责任准备金"科目。[①]

"长期责任准备金"科目属于负债类科目，核算保险公司出口信用保险业务
实行 3 年期结算损益方法，未到结算损益年度时按会计年度营业收支余额提取的
准备金。该科目贷方记年终提取的长期责任准备金，借方记转回上年提取的长期

---

① 内容参照《保险公司非寿险业务准备金管理办法（试行）》（2004）及《保险公司非寿险业务准
备金管理办法实施细则（试行）》（2005）。

责任准备金。该科目按业务年度设置二级账户，按业务种类设置明细账户。

"提存长期责任准备金"科目属于损益类科目，该科目核算公司实行 3 年结算损益的保险业务未到结算损益年度时按业务年度提取的长期责任准备金。会计年度末，按规定提存本期责任准备金时，借记本科目，贷记"长期责任准备金"科目。期末将本科目余额结转利润，借记"本年利润"科目，贷记本科目，期末本科目无余额。该科目应按业务年度设置二级账户，按险种设置明细账户。

"转回长期责任准备金"科目属于损益类科目，核算公司实行 3 年期结算损益的出口信用保险业务按规定转回上年提取长期责任准备金。年终转回长期责任准备金时，借记"长期责任准备金"科目，贷记本科目；期末将本科目余额结转利润时，借记本科目，贷记"本年利润"科目，期末本科目无余额。本科目应按业务年度设置二级账户，按险种设置明细账户。

【例 5—30】某出口信用保险公司 2011、2012 业务年度承担的某出口信用保险业务的收支情况如表 5—9 和表 5—10 所示。

表 5—9   **2011 年某保险业务营业情况表**   单位：美元

项目	业务年度		年终营业报表
	2011 年		
保费收入	670 000		670 000
赔付支出	345 000		345 000
手续费及佣金支出	40 000		40 000
提存长期责任准备金	285 000		285 000

表 5—10   **2012 年某保险业务营业情况表**   单位：美元

项目	业务年度		年终营业报表
	2011 年	2012 年	
转回长期责任准备金	285 000		285 000
保费收入	450 000	861 000	1 311 000
赔付支出	430 000	566 000	996 000
手续费及佣金支出	34 000	57 000	91 000
提存长期责任准备金	271 000	238 000	509 000

会计分录为：

（1）2011 会计年度

提取长期责任准备金时：

借：提存长期责任准备金——2011 业务年度　　　　　　　USD 285 000

　　贷：长期责任准备金——2011 业务年度　　　　　　　　　　USD 285 000

结转本年利润时：

借：本年利润——2011 业务年度　　　　　　　　　　　　USD 670 000

　　贷：赔款支出——2011 业务年度　　　　　　　　　　　　　USD 345 000

　　　　手续费及佣金支出——2011 业务年度　　　　　　　　　USD 40 000

　　　　提存长期责任准备金——2011 业务年度　　　　　　　　USD 285 000

借：保费收入——2011 业务年度　　　　　　　　　　　　USD 670 000

　　贷：本年利润——2011 业务年度　　　　　　　　　　　　　USD 670 000

（2）2012 会计年度

①2011 年业务。

提取长期责任准备金时：

借：提存长期责任准备金——2011 业务年度　　　　　　　USD 271 000

　　贷：长期责任准备金——2011 业务年度　　　　　　　　　　USD 271 000

转回长期责任准备金时：

借：长期责任准备金——2011 业务年度　　　　　　　　　USD 285 000

　　贷：转回长期责任准备金——2011 业务年度　　　　　　　　USD 285 000

结转本年利润时：

借：本年利润——2011 业务年度　　　　　　　　　　　　USD 735 000

　　贷：赔付支出——2011 业务年度　　　　　　　　　　　　　USD 430 000

　　　　手续费及佣金支出——2011 业务年度　　　　　　　　　USD 34 000

　　　　提存长期责任准备金——2011 业务年度　　　　　　　　USD 271 000

借：转回长期责任准备金——2011 业务年度　　　　　　　USD 285 000

　　保费收入——2011 业务年度　　　　　　　　　　　　　USD 450 000

　　贷：本年利润——2011 业务年度　　　　　　　　　　　　　USD 735 000

②2012 年业务。

提取长期责任准备金时：

借：提存长期责任准备金——2012 业务年度　　　　　USD 238 000
　　贷：长期责任准备金——2012 业务年度　　　　　　　　USD 238 000
结转本年利润时：
借：本年利润——2012 业务年度　　　　　　　　　　USD 861 000
　　贷：赔付支出——2012 业务年度　　　　　　　　　　　USD 566 000
　　　　手续费及佣金支出——2012 业务年度　　　　　　　USD 57 000
　　　　提存长期责任准备金——2012 业务年度　　　　　　USD 238 000
借：保费收入——2012 业务年度　　　　　　　　　　USD 861 000
　　贷：本年利润——2012 业务年度　　　　　　　　　　　USD 861 000

§5.5　再保险业务核算

5.5.1　再保险业务概述

1. 再保险的含义及意义

再保险，也叫分保险，是保险公司在直接承保合同的基础上，通过签订分保合同，将其所承保的部分风险和责任转移给其他保险公司的行为。我国《保险法》第二十八条规定：保险人将其承担的保险业务，以分保形式部分转移给其他保险人的，为再保险。从会计角度来说，《企业会计准则第 26 号——再保险合同》规定：再保险合同，是指一个保险人（再保险分出人）分出一定的保费给另一个保险人（再保险接受人），再保险接受人对再保险分出人由原保险合同所引起的赔付成本及其他相关费用进行补偿的保险合同。

保险公司可以通过再保险业务将保单分出给其他保险公司来提高自己的承保能力，从而扩大业务量。此外，再保险的一个重要作用在于分散风险。保险人通过签订再保险合同，将其所承保的风险和责任的一部分转移给其他保险公司或再保险公司，从而分散自己承保的风险。

在很多国家，再保险已经成为一种法定的要求，在保险法和保险条例中对再保险业务加以规范。我国《保险法》第一百零二条规定：经营财产保险业务的保险公司当年自留保险费，不得超过其实有资本金加公积金总和的四倍。第一百零三条规定：保险公司对每一危险单位，即对一次保险事故可能造成的最大损失范围所承担的责任，不得超过其实有资本金加公积金总和的 10%；超过的部分应当办理再保险。

2. 再保险的分类

按照分保责任的分配形式不同，再保险可以分为以保险金额为计算基础的比例再保险和以赔款金额为计算基础的非比例再保险。

（1）比例再保险

比例再保险即分保分出人与分保接受人签订分保合同，以保险金额的一定比例承担保险责任的一种再保险。与此相适应，分保分出人与分保接受人按照该比例分享保险费和分摊赔款额。比例分保又可分为成数再保险和溢额再保险。

成数再保险是分保分出人与分保接受人签订分保合同，分保分出人以保险金额为基础，对每一危险单位按一定比例即保险金额的一定成数作为自留额，将其余的一定比例转让给分保接受人，同时保险费和保险赔款按同一比例分摊。成数再保险由于分出人的每一笔保险业务都按确定的固定比例自动分让给分保接受人，分出公司有盈余或亏损，分入公司也相应有盈余或亏损，这种分保方式实际上具有合伙经营的性质。

溢额再保险是指分保分出人按照每一危险单位保险金额的一定额度作为自留额，超过自留额的部分称为溢额，溢额部分由分保接受人承担。分保分出人与分保接受人按自留额与分保额对总保险金额的比例分享保险费和分摊赔款。自留额是分出公司按业务质量的好坏和自己承担责任的能力，在订立溢额再保险合同时确定的，通常以固定数额表示，称为"线"。一"线"相当于分出公司的自留额。如自留额为 20 万元，分保额为四"线"，则分入公司最多接受 80 万元，则保险人对每一单位危险的承保能力可以达到 100 万元。溢额再保险与成数再保险的区别在于，成数再保险的比例是固定的，而溢额再保险中的分保比例并不是固定不变的，不同业务有不同的比例。

（2）非比例再保险

非比例再保险是以赔款为基础确定原保险人和再保险人分保责任的再保险。非比例再保险又可分为超额赔款再保险和超额赔付率再保险。

超额赔款再保险是由分保分出人与分保接受人签订协议，对每一危险单位损失或者一次巨灾事故的累积责任损失规定一个自负赔款的限度（自赔额），自赔额以内的损失，分保接受人不负责，损失超过自赔额以上的由分保接受人负担全部或大部分赔款。其中，以每一危险单位为基础确定自赔额的分保为险位超赔分保；以一次巨灾事故中多数危险单位的累积责任为基础计算自赔额的分保为事故超赔分保。

超额赔付率再保险是以一定时期（一般为 1 年）的积累责任赔付率为基础计算责任限额，当年度赔付率超过分出公司赔付率限度时，由分保接受公司负责超过部分赔款的一定限度。分保接受公司的赔款限度既有赔付率的限制，也有一定金额的责任限制，二者以较低的为准。

此外，按保险的安排方式不同，再保险可以分为临时再保险、合同再保险和预约再保险。按分保对象不同，再保险可以分为财产险再保险、货运险再保险、责任险再保险、人身险再保险等。

5.5.2　再保险业务的核算

1. 再保险业务核算的特点

（1）按再保险的业务险种，对分入、分出业务进行明细核算。再保险业务产生的资产、费用及相关收支应单独确认。《企业会计准则第 26 号——再保险合同》规定，再保险分出人不应当将再保险合同形成的资产与有关原保险合同形成的负债相互抵销。再保险分出人不应当将再保险合同形成的收入或费用与有关原保险合同形成的费用或收入相互抵销。

（2）分保账单（见表 5—11）是分保分出人与分保接受人之间核算分保业务的主要凭证，也是再保险双方当事人调整账务的依据。该账单一般按期编制，可以分为季度账单、半年账单和全年账单。分保账单由分保分出人编制并寄送分保接受人，双方在收支、损益核算上，借贷方向相反。同时，由于分保账单具有延时性，如比例合同分保一般每半年或每个季度出一期账单，因而再保险业务的核算也具有延时性。

（3）对分保分出人而言，再保险业务的核算主要是分出保费、摊回分保准备金、摊回赔付支出等内容；对分保接受人而言，其不直接向保险受益人支付赔款及有关费用，再保险业务的核算主要是分保费收入、分保赔款支出、分保费用支出、存出分保准备金等内容。由于再保险业务是在保险公司之间进行的，因此不涉及手续费支出和佣金支出的问题。

表 5—11　　　　　　　　　　　　　　　　分保账单

公司名称：　　　　　　　　　　　　　　　　　　　　　　险别：

接受人名称：　　　　　　　　　　　　　　　　　　　　合同名称：

账单期：　　　　　　　　　　　　　　　　　　　　　　货币单位：

业务年度：

借　方		贷　方	
项　目	金　额	项　目	金　额
分保手续费		分保费	
原手续费		未到期责任保费转入	
转分保手续费		利息	
分保赔款		保费准备金返还	
保费准备金扣存		赔款准备金返还	
赔款准备金扣存		赔款追回款	
税款及杂项		退回分保手续费	
原纯益手续费		退回转分保手续费	
未到期责任保费转出		返还现金赔款	
未决赔款转出		准备金利息	
分保费退回			
纯益手续费			
经纪人手续费			
应付你方金额		应收你方金额	
你方成分（%）			
备注	未决赔款：		

2. 分出业务的核算

（1）账户设置

核算分出业务时，需设置以下几个会计科目：

"应收分保账款"账户，核算保险公司开展分保业务而发生的应收取的款项。该科目可按再保险分出人或再保险接受人和再保险合同进行明细核算。期末借方余额，反映保险公司从事再保险业务应收取的款项。

"应付分保账款"账户，核算保险公司开展分保业务而发生的应付未付的款项。该科目可按再保险分出人或再保险接受人和再保险合同进行明细核算。期末贷方余额，反映保险公司从事再保险业务应付未付的款项。

"分出保费"账户，核算保险公司分出分保业务向分保接受人支付的分保费。其借方登记按规定向再保险接受人分出的保费及调整增加的分出保费，贷方登记按规定调整减少的分出保费。该科目应按业务年度和险别设置明细账。期末无余额。

"摊回赔付支出"账户，核算公司分出分保业务向再保险接受人摊回的应由其承担的赔款。其贷方登记向再保险接受人摊回的应由其承担的赔付成本及调整增加的金额，贷方登记按规定调整减少的金额。本科目应按险种设置明细账。期末，应将本科目的余额转入"本年利润"科目，结转后本科目应无余额。

"摊回分保费用"账户，核算公司分出分保业务向再保险接受人摊回的应由其承担的各项费用。期末，应将本科目的余额转入"本年利润"科目，结转后本科目应无余额。本科目应按险种设置明细账。

"摊回保险责任准备金"账户，该科目核算公司分出分保业务向再保险接受人摊回的保险责任准备金。再保险分出人也可单独设置"摊回未决赔款准备金"、"摊回寿险责任准备金"、"摊回长期健康险责任准备金"等科目进行核算。本科目应按保险责任准备金类别和险种设置明细账。期末，应将本科目的余额转入"本年利润"科目，结转后本科目应无余额。

"应收分保合同准备金"账户，该科目核算公司分出分保业务确认的应收分保未到期责任准备金以及向再保险接受人摊回的保险责任准备金。再保险分出人也可单独设置"应收分保未到期责任准备金"、"应收分保未决赔款准备金"、"应收分保寿险责任准备金"、"应收分保长期健康险责任准备金"等科目进行核算。本科目应按再保险接受人和再保险合同设置明细账。期末借方余额，反映保险公司从事保险业务应收取的分保合同准备金。

"存入保证金"账户，该科目核算公司分出分保业务按合同约定扣存再保险接受人的保费形成的保证金。本科目按再保险接受人设置明细账。期末贷方余额，反映公司扣存的尚未退还的分保保证金。

"预收赔付款"账户，该科目核算公司分出分保业务按保险合同约定预收的分保赔款。本科目应按再保险接受人设置明细账。期末贷方余额，反映公司尚未转销的预收分保赔款。

"预付分出保费"账户，该科目核算再保险分出人支付给非比例再保险接受人的最低预付保费。本科目应按再保险接受人设置明细账。期末借方余额，反映公司预付的保费余额。

（2）账务处理

①分出保费的核算

保险公司按照相关再保险合同的约定，分出保费时：

借：分出保费

　　贷：应付分保账款

当原保险合同解除相应冲减分出保费时：

借：应付分保账款

　　贷：分出保费

②摊回分保费用的核算

保险公司按照相关再保险合同的约定，计算确定应向再保险接受人摊回的分出保费时：

借：应收分保账款

　　贷：摊回分保费用

冲减摊回分保费用时：

借：摊回分保费用

　　贷：应收分保账款

③摊回赔付支出的核算

保险公司按照相关再保险合同的约定，计算确定应向再保险接受人摊回的赔付成本时：

借：应收分保账款

　　贷：摊回赔付支出

④应收分保合同准备金及摊回保险责任准备金的核算

再保险分出人在确认原保费收入的当期，应按合同的约定，计算确认应收分保合同准备金。

借：应收分保合同准备金——未到期责任准备金

　　贷：提取未到期责任准备金

借：应收分保合同准备金——未决赔款准备金

　　贷：摊回保险责任准备金——未决赔款准备金

借：应收分保合同准备金——寿险责任准备金

　　贷：摊回保险责任准备金——寿险责任准备金

借：应收分保合同准备金——长期健康险责任准备金

　　贷：摊回保险责任准备金——长期健康险责任准备金

若补提分保合同准备金，应按再保险合同约定，计算确定的金额，做上述相关会计分录。

在确定赔付款项或实际发生理赔费用而冲减原保险合同各准备金余额时，应收分保合同准备金应相应冲减。

借：提取未到期责任准备金

　　贷：应收分保合同准备金——未到期责任准备金

借：摊回保险责任准备金——未决赔款准备金

　　贷：应收分保合同准备金——未决赔款准备金

借：摊回保险责任准备金——寿险责任准备金

　　贷：应收分保合同准备金——寿险责任准备金

借：摊回保险责任准备金——长期健康险责任准备金

　　贷：应收分保合同准备金——长期健康险责任准备金

⑤存入保证金的核算

再保险分出人发出分保业务账单时，应当根据分保业务账单，确认本期应收到和归还的分保保证金。

借：应付分保账款

　　贷：存入保证金

按账单标明的金额，返还上期扣存分保保证金及计算分保保证金利息。

借：存入保证金

　　　利息支出

　　贷：应付分保账款

⑥预收分保赔款和预付分出保费的核算

再保险分出人收到再保险接受人预付的摊回分保款时：

借：银行存款

　　贷：预收赔付款

　　将预收分保赔款确认为摊回分保赔付成本时：

　　借：预收赔付款

　　　　贷：摊回赔付支出

　　发生超赔业务，再保险分出人提前支付再保险接受人分出保费时：

　　借：预付分出保费

　　　　贷：银行存款

　　按照保险合同计算当期分出保费，冲减相应预付款项时：

　　借：分出保费

　　　　贷：预付分出保费

　　冲减至零后，应确认应付分保账款。

　　【例 5—31】甲保险公司 2012 年与乙保险公司签订火险成数分保合同，火险合同保费总金额为 500 万元，甲保险公司按 20% 比例将业务分给乙公司，按合同规定，甲保险公司扣存分出保费的 30% 作为保证金，根据业务部门提供的分保账单，甲保险公司须向乙保险公司摊回分保赔款 80 万元，摊回手续费、税款、杂项 40 万元，则甲保险公司应编制如下会计分录：

　　发出分保账单时：

　　借：分出保费　　　　　　　　　　　　　　　　1 000 000

　　　　贷：应付分保账款　　　　　　　　　　　　　　　　1 000 000

　　扣存存入保证金时：

　　借：应付分保账款　　　　　　　　　　　　　　300 000

　　　　贷：存入保证金　　　　　　　　　　　　　　　　　300 000

　　摊回分保赔款时：

　　借：应收分保账款　　　　　　　　　　　　　　800 000

　　　　贷：摊回赔付支出　　　　　　　　　　　　　　　　800 000

　　摊回分保费用时：

　　借：应收分保账款　　　　　　　　　　　　　　400 000

　　　　贷：摊回分保费用　　　　　　　　　　　　　　　　400 000

　　或直接：

　　借：分出保费　　　　　　　　　　　　　　　　1 000 000

借：应收分保账款   500 000
　　贷：存入保证金   300 000
　　　　摊回赔付支出   800 000
　　　　摊回分保费用   400 000

期末将分保业务收支转入"本年利润"科目。

借：本年利润   1 000 000
　　贷：分出保费   1 000 000

借：摊回赔付支出   800 000
　　摊回分保费用   400 000
　　贷：本年利润   1 200 000

3. 分入业务的核算

(1) 账户设置

为了核算分保业务，分保接受人应设置以下科目：

"应收分保账款"和"应付分保账款"账户，核算公司之间开展分保业务而发生的各种往来款项。

"存出保证金"账户，核算再保险接受人按合同约定存出的分保业务保证金。本科目按再保险分出人设置明细账。期末借方余额，反映再保险接受人存出的分保业务保证金余额。

"保费收入"账户，核算保险公司接受分入分保业务向再保险分出人收取的分保费。公司发生分入分保业务时，按分保业务账单中标明的分入保费等项目金额，借记"应收分保账款"等科目，贷记本科目及其他有关科目。该科目应按业务年度和险种等设置明细账。期末结转"本年利润"科目后无余额。

"赔付支出"账户，核算保险公司接受分保业务而向再保险分出人支付的分保赔款。发生分保赔款支出时，借记本科目，贷记"应付分保账款"科目。期末将本科目余额结转利润时，借记"本年利润"科目，贷记本科目。本科目应按业务年度和险种设明细账。期末无余额。

"分保费用"账户，核算保险公司接受分保业务而向再保险分出人支付的各项费用。根据分保业务账单标明的费用支出额，借记本科目，贷记"应付分保账款"科目。期末将本科目余额结转利润时，借记"本年利润"科目，贷记本科目。该科目应按业务年度和险别设置明细账。期末结转"本年利润"科目后无余额。

（2）账务处理

再保险接受人应根据经审核无误的再保险分出人发来的分保业务账单进行账务处理。收到再保险分出人发来的分保分出业务账单时，按分保费收入，借记"应收分保账款"等科目，贷记"分保费收入"。

按分保业务账单中列明的应向分保分出人支付的赔款金额，借记"分保赔付支出"，贷记"应付分保账款"。

按分保业务账单中列明的应向再保险分出人支付的手续费、税款及杂项等，借记"分保费用"，贷记"应付分保账款"。

按再保险接受人确认分保赔付成本时相应的分保准备金余额，借记"未到期责任准备金"、"保险责任准备金——未决赔款准备金"、"保险责任准备金——寿险责任准备金"、"保险责任准备金——长期健康险责任准备金"，贷记"提取未到期责任准备金"、"提取保险责任准备金——未决赔款准备金"、"提取保险责任准备金——寿险责任准备金"、"提取保险责任准备金——长期健康险责任准备金"。再保险接受人提取分保准备金时，比照原保险合同的相关规定处理。

按分保业务账单中标明的再保险分出人扣存的本期的分保保证金，借记"存出保证金"，贷记"应收分保账款"；按分保业务账单中标明的再保险分出人应返还上年同期的分保保证金，借记"应收分保账款"，贷记"存出保证金"；按合同约定计算存出分保保证金利息时，借记"应收分保账款"，贷记"利息收入"。

【例5—32】上例中，乙保险公司的会计分录为：

借：存出保证金　　　　　　　　　　　　　　300 000
　　赔付支出　　　　　　　　　　　　　　　800 000
　　分保费用　　　　　　　　　　　　　　　400 000
　　贷：保费收入　　　　　　　　　　　　　　　　1 000 000
　　　　应付分保账款　　　　　　　　　　　　　　　500 000

期末，将分保业务收支转入"本年利润"：

借：保费收入　　　　　　　　　　　　　　1 000 000
　　本年利润　　　　　　　　　　　　　　　200 000

　　贷：赔付支出   800 000
　　　　分保费用   400 000

★ 本章小结

　　1. 保险是指投保人根据合同约定，向保险人支付保险费，保险人对于合同约定的可能发生的事故因其发生所造成的财产损失承担赔偿保险金责任，或者当被保险人死亡、伤残、疾病或者达到合同约定的年龄、期限等条件时承担给付保险金责任的商业保险行为。

　　2. 保险会计是指保险公司运用的专业会计。它是通过把会计学的基本原理和方法运用于保险公司来反映和监督保险公司的各种经济业务活动。

　　3. 保险业务可分为财产保险业务和人身保险业务。

　　所谓财产保险，是指以物质财产及其有关利益为保险标的的保险。根据《保险法》的规定，财产保险业务，包括财产损失保险、责任保险、信用保险、保证保险等保险业务。

　　人身保险是以人的寿命和身体为保险标的的保险。根据《保险法》第九十五条的规定，人身保险业务，包括人寿保险、健康保险、意外伤害保险等保险业务。限于篇幅，本书仅讲述人寿保险业务的核算。

　　4. 出口信用保险是各国政府为了保障本国出口商的利益，促进对外出口而为企业在出口贸易、对外投资和对外工程承包等经济活动中提供风险保障的一项政策性支持措施，属于非营利性的保险业务，是政府对市场经济的一种间接调控手段和补充。

　　5. 再保险，也叫分保险，是保险公司在直接承保合同的基础上，通过签订分保合同，将其所承保的部分风险和责任转移给其他保险公司的行为。

　　从会计角度来说，《企业会计准则第 26 号——再保险合同》规定：再保险合同，是指一个保险人（再保险分出人）分出一定的保费给另一个保险人（再保险接受人），再保险接受人对再保险分出人由原保险合同所引起的赔付成本及其他相关费用进行补偿的保险合同。

★ 关键概念

　　保险　社会保险　政策性保险　原保险　再保险　重复保险　共同保险　财

产保险　人身保险　保险会计　责任保险　信用保险　保费　保险赔款　代位追
偿款　财产保险准备金　人寿保险　满期给付　年金给付　保单红利支出　寿险
责任准备金　出口信用保险

★ 综合训练

5.1　单项选择题

1. 我国《保险法》将保险公司经营的业务分为(　　　)。

A. 财产保险与人寿保险　　　　　B. 财产损失保险与人寿保险

C. 责任保险与信用保险　　　　　D. 财产保险与人身保险

2. 以下说法正确的是(　　　)。

A. 重复保险与共同保险并无实质区别

B. 重复保险与共同保险的唯一区别在于重复保险签发多张保险单而共同保
　　险只签发一张保险单

C. 重复保险的保险金额总和必定超过保险价值，共同保险的保险金额总和
　　必定小于或等于保险价值

D. 共同保险和重复保险均属于再保险

3. 保险在一定条件下分担了个别单位和个人所不能承担的风险，由此形成
的保险特征是(　　　)。

A. 经济性　　　　B. 契约性　　　　C. 互助性　　　　D. 科学性

4. 保险公司对保险合同提取的准备金属于(　　　)。

A. 资产类科目　　　　　　　　　B. 负债类科目

C. 损益类科目　　　　　　　　　D. 资产负债共同类科目

5. 某出口信用保险公司采用三年期核算损益办法核算 2010 年至 2012 年的
三年期出口信用保险，其中 2010 年保费收入 400 000 元，赔款支出 120 000 元，
手续费及佣金支出 20 000 元，2011 年保费收入 500 000 元，赔款支出 140 000
元，手续费及佣金支出 30 000 元，则 2011 年保险公司结算损益为(　　　)。

A. 650 000 元　　　　　　　　　B. 590 000 元

C. 260 000 元　　　　　　　　　D. 不结算损益

5.2　多项选择题

1. 以业务承办方式为标准，保险可以分为(　　　)。

A. 原保险   B. 再保险

C. 重复保险   D. 共同保险

2. 下列对保险会计的特点描述正确的有(   )。

A. 由于保险期往往与会计年度不一致，所以按照权责发生制原则的要求，为了正确计算各个会计年度的经营成果，要把不属于当年收益的保费以未到期责任准备金的形式，从当年收益中提出，作为下一年收入

B. 保险成本发生与收入的补偿顺序与一般行业相反

C. 保险产品是无形产品，因此与一般企业相比，保险业存货项目较少，年终决算的重点在于估算负债

D. 保险企业年度之间的利润可比性较差

3. 保险人应当在附注中披露与原保险合同有关的(   )信息。

A. 代位追偿款的有关情况

B. 损余物资的有关情况

C. 各项准备金的增减变动情况

D. 提取各项准备金及进行准备金充足性测试的主要精算假设和方法

4. 下列属于财产保险的有(   )。

A. 运输工具保险   B. 工程保险

C. 农业保险   D. 两全保险

5. 下列关于再保险业务的说法，错误的有(   )。

A. 再保险分出人不应当将再保险合同形成的收入或费用与有关原保险合同形成的费用或收入相互抵销

B. 分保账单是分保分出人与分保接受人之间核算分保业务的主要凭证，由分保接受人编制并寄送分保分出人

C. 对分保接受人而言，由于其直接向保险受益人支付赔款及有关费用，因此也要核算手续费支出和佣金支出

D. 再保险接受人确认分保赔付成本时无需核算相应的分保准备金余额

5.3 思考题

1. 保险会计的特点是什么？

2. 财产保险会计的特点是什么？

3. 人身保险会计的特点是什么？

4. 什么是再保险？其作用是什么？

5. 什么是出口信用保险？出口信用保险的特点是什么？

5.4　练习题

练习题 1

一、目的：练习财产保险业务的核算。

二、要求：做出会计分录。

三、资料：

某财产保险公司 12 月份发生如下业务：

1. 某企业投保财产基本险，保费 20 万元，约定 10 天后交付。

2. 10 天后收到上述保费。

3. 收到家庭财产两全保险保户储金 1 万元，并存入银行。

4. 上述保户储金本年应收利息 40 元，转作保费收入。

5. 业务部门交来家庭财产保险保费日报表及保费收据存根，以及现金 2 万元，该业务在保单生效时收到全部保费。

6. 某保户出险，业务部门交来赔款计算书，应赔款 16 万元，经审核，开出转账支票赔付。

7. 某家庭财产两全保险保户要求退保。投保时交储金 200 元，已投保 8 个月，经业务部门审核同意退保，按预定费率计算，应交 1 年保费 16 元。

练习题 2

一、目的：练习寿险业务的核算。

二、要求：做出会计分录。

三、资料：

某寿险公司 12 月份发生业务如下：

1. 收到某保户交来团体寿险保费 10 000 元，存入银行。

2. 收到某单位预交团体养老保险保费，转账支票 8 000 元。

3. 交费期已到，将上述预交保费转作保费收入。

4. 某简寿险保户期满，以现金支付保险金 2 000 元。

5. 某团体人寿保险的被保险人，在保险有效期内死亡，保险公司给付保险金 5 000 元。

6. 某简寿险保户要求退保，经审核同意退保，应付给退保金 2 000 元，但此人尚有 400 元借款未还，借款利息 58 元。

7. 某养老金险保户要求转移保险关系，经审查同意转出。该保户当年已交保费 1 680 元，已提寿险责任准备金 8 000 元。以银行存款支付有关款项。

8. 保险公司支付某保户利差 800 元。

9. 年末提存寿险责任准备金 4 000 万元，减少上年同期提存的寿险责任准备金 3 600 万元。

10. 年末提存长期健康险责任准备金 600 万元，减少上年同期提存的长期健康险责任准备金 450 万元。

练习题 3

一、目的：练习再保险业务的核算。

二、要求：做出甲保险公司和乙保险公司的会计分录。

三、资料：

甲保险公司 2012 年与乙保险公司签订火险分出分保合同，将 200 万元的火险业务保费分给乙公司，按合同规定，甲保险公司扣存分出保费的 30% 作为保费准备金，根据业务部门提供的分保账单，甲保险公司须向乙保险公司摊回分保赔款 60 万元，摊回手续费、税款、杂项 20 万元。

第6章

期货会计

★ 导读
§6.1　期货会计概述
§6.2　期货等衍生金融工具业务核算
★ 本章小结
★ 关键概念
★ 综合训练

★ 导读

　　期货是一种标准化合约。期货交易在带来高收益的同时，也存在着巨大的风险。期货会计是从事期货交易业务的会计主体对期货经营活动进行核算和监督的专业会计。由于期货的高风险、不确定等特点，对期货等衍生工具进行会计核算一直是困扰会计界的难题。本章首先介绍期货的含义和特点，引出期货会计的特点，从期货经纪公司和期货交易所两个角度介绍商品期货会计的核算，最后根据2006年颁布的《企业会计准则》介绍自营衍生工具业务的会计核算。

§6.1 期货会计概述

6.1.1 期货的含义与特征

期货（futures），是由期货交易机构统一制定的，规定在将来某一特定的时间和地点交割一定数量和质量标的物的标准化合约。期货交易是买卖双方支付一定数量的保证金而在期货交易所内进行的、以期货合约为对象或标的物的交易，它是在现货交易基础上逐渐产生和发展起来的，最早出现于19世纪40年代美国的芝加哥期货交易所（CBOT）。期货交易所、期货经纪公司、期货投资者和期货结算机构四者是期货的市场交易主体。其中，期货交易所是买卖期货合约的场所，以会员制方式向交易者提供有关设施，制定交易规则，为商品期货合约制订标准化条款，维护平等竞争，其会员除从事自营交易业务外，还从事经纪业务，代客户买卖，会员单位每年必须向交易所缴纳会费，其缴纳的金额因会员单位占用的交易席位多少而不同。期货经纪公司接受期货投资者的委托进行期货交易，赚取手续费。未取得交易所会员资格的期货投资者应委托期货经纪公司代理期货交易。期货结算机构是期货交易所下设的职能机构，主要功能是对成交的合约进行结算，监督实物交割，报告交易数据。

与现货相比，期货及其交易具有以下几个方面特征：

（1）期货可以是开放的，向前滚动的（即延续至下一期），或者是匹配的，并且只要愿意就可以终止，因而可以满足不断变动的需要。

（2）期货合约是标准化的，交易对象是合约，交易受到一定条件的限制。标准化的期货合约包含标的资产内容和等级、交割资产数量、合约交割地点与时期、合约报价和价格限制、头寸限额等方面特性。在期货交易过程中，买入或卖出期货合约为"开仓"，已买入或卖出的期货合约尚未平仓为"持仓"。了结期货合约的方式主要有"平仓"和"实物交割"两种，其中期货交易者卖出或者买入与其所持期货合约的品种、数量及交割月份相同但方向相反的期货合约的行为为"平仓"，它可通过对冲买卖和实物交割两种方式完成；期货合约到期时，交易双方通过该期货合约所载商品所有权转移，了结未平仓合约的过程为"交割"。由于经营者可以在现货市场与期货市场之间建立一个对冲机制，因而期货交易具有转移价格风险的功能。

（3）期货交易是一种零和博弈，其目的在于通过交易规避风险或者获得利益，交易一方的盈利是另一方的亏损。在期货交易所中，会员盈亏包括持仓盈亏和平仓盈亏两种。其中，持仓盈亏（又称浮动盈亏）是会员单位的持仓合约随着合约价格波动所形成的潜在盈利或亏损。作为持仓合约尚未实现的盈亏，它是反映期货交易风险的重要指标。平仓盈亏是会员单位通过卖出或买入以前所持有买入或卖出的合约以了结交易所发生的已实现的盈亏。

（4）期货交易实行保证金制度，保证金一般只占合约总值的一个很小的比例，因而期货交易具有"以小搏大"的特点。保证金分为结算准备金和交易保证金两种。其中，结算准备金是会员存入期货交易所或客户存入期货经纪公司的、为交易结算预先准备的款项，是未被合约占用的保证金。其使用事项包括按规定划扣的交易保证金、支付交易手续费、税金和违规罚款、每日无负债结算制度下交易所对会员当日亏损的划扣、转作交割货款、会员提走的平仓合约盈余、会员退会时交易所支付的结算准备金余额等。交易保证金是从结算准备金中划转的、被合约占用的保证金，根据成交合约的数量及规定比例计算。当交易双方买卖成交后，交易所按持仓合约价值的一定比例向交易双方收取交易保证金。对冲平仓或实物交割了结期货交易，则相应减少交易保证金。

（5）期货交易在期货交易所集中进行，通过公开竞价形成期货合约的价格，期货交易所对会员采用每日无负债结算制（又称逐日盯市）。当期货合约升值时，期货交易所的结算机构将盈利增加到买方的保证金账户中，当期货合约贬值时，则将损失从买方的保证金账户中减去。当该账户的金额少于最低保证金时，期货交易所的结算机构会要求买方立即补交保证金。

（6）金融期权合约、金融期货合约的签订，给企业带来一定的权利或义务并不来自过去发生的交易或者事项，而是来自未来发生的交易或者事项，具有衍生金融工具的特殊性，其金额难以确定。

6.1.2　期货的分类

按照期货合约标的物的不同，期货可以分为商品期货和金融期货两类。其中，商品期货以商品为标的物，最初出现于农产品，以后逐渐扩大到金属、能源和其他产品。作为一种可以反复买卖的远期合约（forward contract），商品期货以规定交易各方交割或占有商品，或者支付或收入现金的时间的方式，为交易一方转移商品价格风险提供了保险手段。在我国，目前商品期货市场的主要交易所及其交易品种分别为：大连商品交易所，品种是大豆、豆粕、玉米、豆油、棕榈油、线型低密度聚乙烯；上海期货交易所，品种是黄金、铜、铝、锌、燃料油、天然橡胶；郑州商品交易所，品种是棉花、硬麦、强麦、菜籽油、白糖、PTA（精对苯二甲酸）。此外，还有中国金融期货交易所，目前还没有品种上市。金融期货的出现，与 20 世纪 70 年代原生市场（或基础市场）资产价格的急剧波动密切相关，是在传统的商品期货交易基础上发展起来的。1972 年，美国推出了世界上第一笔金融期货交易，此后英国、新加坡、日本、中国香港等国家和地区也相继开展了金融期货交易，目前金融期货主要包括利率期货、外汇期货、股指期货和期权等品种。

根据投资者进行期货合约买卖的动机和目的，期货交易可以分为套期保值交易和投机交易两种类型。在期货市场上以回避现货价格风险为主要目的的期货交易是套期保值交易，包括买入套期保值与卖出套期保值。由于期货价格与现货价格具有平行性，即两者价格走势基本一致，随着期货合约到期日的临近，期货价格趋同于现货价格，因而为了达到规避风险的目的，可以在期货市场和现货市场做相等且相反的操作，即在两个市场上进行数量相等、方向相反的交易，以此来对冲风险。在期货市场上以获取价差收益为目的的期货交易是投机交易。

6.1.3　期货交易会计的含义和特点

1. 期货交易会计的含义

期货交易会计是从事期货交易业务的会计主体对期货经营活动进行核算和监督的专业会计，其会计对象是期货交易过程中的资金运动及结果。在期货交易会计规范上，1984 年美国财务会计准则委员会（FASB）所发布的第 80 号财务会计准则《期货合约的会计处理》，是世界上第一个期货会计准则，它对商品期货交易和利率期货交易进行了规范。1990 年，日本企业会计审议会（BADC）发布了《对期货期权合同会计准则的意见》和相应的准则。20 世纪 80 年代以来，在国际会计准则委员会和美、英、加等国所发布的金融工具会计准则中，对所涉及的各种期货合约会计处理也进行了规范。此外，英国关于衍生工具的惯例推荐书，对金融期货会计核算也进行了规定。在我国，2000 年财政部发布了《企业商品期货业务会计处理补充规定》、《期货经纪公司商品期货业务会计处理暂行规定》和《交易所商品期货业务会计处理暂行规定》，2006年发布了新《企业会计准则》等，对期货会计处理进行了进一步规范。

2. 期货交易会计的特点

期货交易会计的内容与特点，与期货交易的特点及管理要求密切相关，其具体分类和内容特点如下：

（1）按照会计主体划分，期货交易会计可分为企业期货交易会计、期货经纪公司会计和期货交易所会计。这三个会计主体在业务上存在对应关系，在会计核算上也相互衔接。在此其中，就期货经纪公司而言，作为市场的中介，它通过向客户收取手续费而获得收入，收入构成类似于服务业。而其代理客户进行期货合约的买卖，在交易形式上则具有一般商品流通企业的特征。因而，期货经纪公司会计兼具这两个行业的某些特性。从期货交易所来看，由于它作为非营利服务性法人组织机构，承担交易履约的监督责任，而不以营利为目的，税后利润不分红，因此，其会计同时具有股份公司会计和非营利组织会计的特点。

（2）按照期货合约标的物划分，期货交易会计可分为商品期货交易会计和金融期货交易会计。目前，从规范角度来看，商品期货交易会计比金融期货交易会计更为成熟。

（3）按照期货交易目的划分，期货交易会计可分为套期保值期货交易会计和投机期货交易会计，其会计处理并不完全相同。只有满足特定限制条件的业务才能作为套期保值处理，否则只能作为投机处理。对于为套期保值目的而建立的头寸，如果形成风险暴露的条件发生变化，风险暴露不再存在，则期货合约就不应再作为套期保值会计处理。

（4）期货市场具有高度风险性，进行风险监控是期货管理的关键。目前，期货交易所普遍采用保证金制度、涨跌停板制度、限仓制度、大户报告制度等风险控制管理制度。期货经纪公司也按照向客户收取手续费的一定比例提取风险准备金，实行保证金制度、每日结算制度、强制平仓制度等，以提高其抵御风险的能力。期货会计不仅充分反映了期货业务风险管理的特点，而且其所提供的期货会计数据也成为风险管理的重要信息基础。例如，对于风险准备金，期货交易所会计和期货经纪公司会计均通过设立"风险准备"负债类科目进行单独核算，提取风险准备所增加的费用在"管理费用"科目或"营业费用"科目下所增设的"提取期货风险准备"明细科目反映。为了对经纪公司的整体持仓风险情况进行反映，经纪公司在资产负债表日按结算价计算出全体客户持仓所形成的浮动盈亏金额，在会计报表补充资料中予以披露。

§6.2 期货等衍生金融工具业务核算

6.2.1 商品期货业务的核算

商品期货交易的会计处理主要涉及投资、交纳期货保证金、平仓了结合约、实物交割等内容，应针对其业务特点，通过设置专门的账户进行核算。

1. 期货经纪公司

期货经纪公司的业务主要包括两部分，即与期货交易所发生的经济往来（如有关会员席位和日常交易中保证金的存取及清算等）以及与客户发生的经济往来（如客户保证金的收取和退还、盈亏的结转等）。按照中国期货协会2007年6月发布的《期货公司会计科目设置及核算指引》的规定，期货经纪公司的主要会计科目如表6—1所示。

表6—1　　　　　　　　　　　　期货经纪公司主要会计科目表

资产类	负债类	损益类
期货保证金存款	应付货币保证金	手续费收入
应收货币保证金	应付质押保证金	佣金收入
应收质押保证金	应付手续费	佣金支出
应收结算担保金	应付佣金	提取期货风险准备金
应收风险损失款	期货风险准备金	业务及管理费——监管费、年会费、席位使用费、客户服务费、提取期货投资者保障基金等
应收佣金	应付期货投资者保障基金	
期货会员资格投资	所有者权益类	
	一般风险准备	

（1）会员资格费的核算

期货经纪公司应在现行会计制度的基础上增设"期货会员资格投资"科目，核算为取得会员资格而以交纳会员资格费的形式对交易所进行的投资。交纳会员资格费时，按交纳的会员资格费金额，借记"期货会员资格投资"科目，贷记"银行存款"科目。如果期货经纪公司转让或被取消会员资格，应按实际收到的转让费或交易所实际退还的会员资格费，借记"银行存款"科目，按经纪公司会员资格投资的账面价值，贷记"期货会员资格投资"科目，按二者的差额，借记或贷记"投资收益"科目。

（2）席位占用费的核算

期货经纪公司取得会员资格后，同时获得一个基本交易席位。如果一个席位不能满足期货经纪公司的交易需要，经纪公司可以通过交纳席位占用费，获得更多的交易席位。对于申请增加交易席位而支付的席位占用费，期货经纪公司应通过"业务及管理费——席位使用费"科目核算。向交易所交纳席位占用费时，借记"业务及管理费——席位使用费"科目，贷记"银行存款"科目。期货经纪公司也可以向交易所退还申请增加的交易席位，此时交易所应全额退还收取的席位占用费。经纪公司取得的基本席位之外的席位不得转让。

（3）缴纳会费的核算

期货经纪公司应按期货交易所的规定，定期缴纳年费，一般是一年缴一次。缴纳的年会费，应记入"业务及管理费——年会费"科目。当期货经纪公司实际支付年费款项时，借记"业务及管理费——年会费"科目，贷记"银行存款"等科目。

（4）手续费的核算

期货经纪公司从事代理业务向客户收取的手续费，包括为交易所代收的部分以及属于期货经纪公司营业收入的部分。其中，属于期货经纪公司营业收入的部分应通过"手续费收入"科目核算，而从客户保证金中划转的、为交易所代收代付的手续费，则应在"应付手续费"科目核算。期货经纪公司向客户收取手续费，按照实际划转的款项，借记"应付货币保证金"科目，其中，属于经纪公司收入的部分，贷记"手续费收入"科目，属于为交易所代收代付的部分，贷记"应付手续费"科目。

期货经纪公司向交易所支付手续费，应按结算单据列明的金额，借记"应付手续费"科目,贷记"应收货币保证金"科目。

期货公司收到期货交易所返还的手续费时,按收到返还的手续费金额,借记"应收货币保证金"科目,贷记"手续费收入"科目。当期货交易所减收手续费时,按减收的手续费金额,借记"应付手续费"科目,贷记"手续费收入"科目。

（5）货币保证金的核算

对于期货交易所划出和追加的用于办理期货业务的保证金,期货经纪公司应设置"应收货币保证金"科目进行核算。该科目应按交易所进行明细核算。当期货经纪公司存入交易所保证金或追加保证金时,借记"应收货币保证金"科目,贷记"期货保证金存款"科目或"银行存款"科目。期货经纪公司从交易所划回货币保证金时,按划回的货币保证金金额,借记"期货保证金存款"科目或"银行存款"科目,贷记"应收货币保证金"科目。

期货经纪公司收到期货交易所划回的货币保证金利息时,按划回的利息金额,借记"应收货币保证金"科目,贷记"利息收入"科目。

同时,期货经纪公司还应设置"应付货币保证金"科目,核算收到客户划入的保证金,将投资者保证金与自有资金进行分户存放和核算。该科目应按客户进行明细核算。当收到客户划入的保证金时,借记"期货保证金存款"科目,贷记"应付货币保证金"科目。客户划出保证金时做相反的会计分录。

客户期货合约实现盈利时,期货经纪公司按交易所结算单据列明的盈利金额,借记"应收货币保证金"科目,贷记"应付货币保证金"科目。客户期货合约发生亏损时,期货经纪公司按交易所结算单据列明的亏损金额,借记"应付货币保证金"科目,贷记"应收货币保证金"科目。

（6）质押保证金的核算

质押保证金是指期货经纪公司代客户向期货交易所办理有价证券充抵保证金业务形成的可用于期货交易的保证金。

客户委托期货经纪公司向期货交易所提交有价证券办理充抵保证金业务时,期货经纪公司按期货交易所核定的充抵保证金金额,借记"应收质押保证金"科目,贷记"应付质押保证金"科目。

有价证券价值发生增减变化、期货交易所相应调整核定的充抵保证金金额时,期货经纪公司按调整增加数,借记"应收质押保证金"科目,贷记"应付质押保证金"科目；按调整减少数，借记"应付质押保证金"科目，贷记"应收质押保证金"科目。

期货交易所将有价证券退还给客户时，期货经纪公司按期货交易所核定的充抵保证金金额，借记"应付质押保证金"科目，贷记"应收质押保证金"科目。

客户到期不能及时追加保证金、期货交易所处置有价证券时，期货经纪公司按期货交易所核定的充抵保证金金额，借记"应付质押保证金"科目，贷记"应收质押保证金"科目；按处置有价证券所得款项金额，借记"应收货币保证金"科目，贷记"应付货币保证金"科目。

(7) 结算担保金的核算

结算担保金用来核算分级结算制度下结算会员（包括全面结算会员和交易结算会员）按照规定向期货交易所缴纳的结算担保金。

结算会员向期货交易所划出结算担保金时，按划出的结算担保金额，借记"应收结算担保金"科目，贷记"银行存款"科目。结算会员从期货交易所划回结算担保金时，按划回的结算担保金额，借记"银行存款"科目，贷记"应收结算担保金"科目。结算会员收到期货交易所划回的结算担保金利息时，按期货交易所划回的利息金额，借记"银行存款"科目，贷记"利息收入"科目。

结算会员的结算担保金被期货交易所动用抵御其他违约会员的风险时，结算会员按期货交易所分摊的金额，借记"其他应收款"科目，贷记"应收结算担保金"科目；同时，结算会员应按向期货交易所追加的结算担保金额，借记"应收结算担保金"科目，贷记"银行存款"科目。期货交易所向违约会员追索成功后，结算会员按收回金额中应享有的份额，借记"应收结算担保金"科目，贷记"其他应收款"科目。被动用的结算担保金最终确定无法收回时，结算会员应按确定无法收回的金额，借记"业务及管理费"科目，贷记"其他应收款"科目。结算会员划回多余的结算担保金，按划回的结算担保金额，借记"银行存款"科目，贷记"应收结算担保金"科目。

(8) 风险准备的核算

按现行制度的规定，期货经纪公司可以从手续费净收入中提取一定比例的期货风险准备，通过"期货风险准备金"科目核算。同时，应设置"应收风险损失款"科目，并以其"客户垫付"明细科目核算经纪公司在违约客户保证金不足时，为客户实际垫付的风险损失款项；以其"客户罚款"明细科目核算因客户有违约、违规等行为对其实施的罚款。

提取风险准备时，按实际提取的金额，借记"提取期货风险准备金"科目，贷记"期货风险准备金"科目。出现风险事故时，若由经纪公司自身原因造成，则其中应由有关当事人负担的部分，借记"其他应收款"科目，应由经纪公司负担的部分，借记"期货风险准备金"科目，按实际向交易所划转的金额，贷记"应收货币保证金"科目，按实际向客户划转的金额，贷记"应付货币保证金"科目。

若事故是由客户的责任造成的，需要经纪公司代为垫付，则应按实际向交易所划转的金额，借记"应收风险损失款——客户垫付"科目，贷记"应收货币保证金"科目。收回为客户垫付的风险损失款时，借记"应付货币保证金"科目，贷记"应收风险损失款——客户垫付"科目。核销难以收回的垫付的风险损失款时，借记"期货风险准备金"科目，贷记"应收风险损失款——客户垫付"科目。

期货经纪公司对客户的违约、违规行为进行罚款时，借记"应收风险损失款——客户罚款"科目，贷记"营业外收入"科目。实际收到客户支付的款项时，借记"银行存款"科目，贷记"应收风险损失款——客户罚款"科目。

期货经纪公司在交易时，若发生错单，导致平仓产生亏损的，应按结算单据列明金额，借记"期货风险准备金"科目，贷记"应付货币保证金"科目。若错单平仓实现盈利，则做相反的会计分录。

期货经纪公司应按规定以本年实现净利润的一定比例提取一般风险准备。按提取的一般风险准备金额，借记"利润分配——提取一般风险准备"科目，贷记"一般风险准备"科目。期货经纪公司发生风险损失，使用一般风险准备弥补的，借记本科目，贷记"利润分配——一般风险准备补亏"科目。

（9）期货投资者保障基金

期货经纪公司按规定提取期货投资者保障基金时，按提取的期货投资者保障基金额，借记"业务及管理费——提取期货投资者保障基金"科目，贷记"应付期货投资者保障基金"科目。实际缴纳期货投资者保障基金时，借记"应付期货投资者保障基金"科目，贷记"应收货币保证金"科目。

（10）佣金收入与佣金支出的核算

期货经纪公司可以按规定向客户收取佣金，作为佣金收入核算。期货经纪公司确认佣金收入时，借记"应收佣金"科目，贷记"佣金收入"科目。实际收到佣金时，借记"银行存款"等科目，贷记"应收佣金"科目。

佣金支出核算期货公司发生的与其经营活动相关的支出。发生佣金支出时，期货经纪公司应借记"佣金支出"科目，贷记"银行存款"、"库存现金"、"应付佣金"等科目。

【例6—1】某期货经纪公司 2013 年 1 月 2 日缴纳会员资格费 6 000 元，席位占用费 2 000 元。据有关凭证，经纪公司做如下会计分录：

借：期货会员资格投资　　　　　　　　　　　　　　　　6 000
　　贷：银行存款　　　　　　　　　　　　　　　　　　　　6 000
借：业务及管理费——席位使用费　　　　　　　　　　　2 000
　　贷：银行存款　　　　　　　　　　　　　　　　　　　　2 000

【例6—2】某期货经纪公司 2012 年 12 月 20 日缴纳年会费 2 000 元。据有关凭证，经纪公司做如下会计分录：

借：业务及管理费——年会费　　　　　　　　　　　　　2 000
　　贷：银行存款　　　　　　　　　　　　　　　　　　　　2 000

【例6—3】某期货经纪公司收到客户 A 划入的保证金 20 000 元。

借：银行存款　　　　　　　　　　　　　　　　　　　20 000
　　贷：应付货币保证金——A　　　　　　　　　　　　　20 000

【例6—4】某期货经纪公司收到 B 交易所划转的保证金存款利息 1 000 元。据有关凭证，经纪公司做如下会计分录：

借：应收货币保证金——B　　　　　　　　　　　　　　1 000
　　贷：利息收入　　　　　　　　　　　　　　　　　　　　1 000

【例6—5】2012 年 3 月 12 日，某期货经纪公司向某交易所保证金账户中注资 900 000 元，准备代理 C 客户做籼米期货。据有关凭证，经纪公司做如下会计分录：

借：应收货币保证金——某交易所　　　　　　　　900 000
　　贷：银行存款　　　　　　　　　　　　　　　　　　900 000

【例6—6】承上例，2012 年 3 月 14 日该经纪公司第一次下单买入合约成交，向某交易所交纳手续费 500 元，经纪公司向 C 客户收取的手续费为 3 000 元。据有关凭证，经纪公司做如下会计分录：

向 C 客户收取手续费时：

借：应付货币保证金   3 000

　　贷：应付手续费——某交易所   500

　　　　手续费收入   2 500

向交易所交纳手续费时：

借：应付手续费——某交易所   500

　　贷：应收货币保证金——某交易所   500

【例6—7】承上例，某交易所的当日盈利结算单据显示，该经纪公司代理 C 客户籼米期货合约的平仓盈利为 50 000 元。据有关凭证，经纪公司做如下会计分录：

借：应收货币保证金——某交易所   50 000

　　贷：应付货币保证金——C 客户   50 000

【例6—8】6 月 20 日，某交易所的当日盈利结算单据显示亏损 70 000 元。

借：应付货币保证金——C 客户   70 000

　　贷：应收货币保证金——某交易所   70 000

【例6—9】某经纪公司代理甲客户在上海期货交易所进行铜的期货交易，在交易日应向交易所追加支付交割货款 200 000 元。由于甲客户未能按时将交割款汇入交易所，按规定被处以交易额的 2% 的罚款。交易所先从经纪公司的结算准备金账户中扣除，会计分录为：

借：应付货币保证金——甲客户   200 000

　　贷：应收货币保证金——上海期货交易所   200 000

借：应收风险损失款——客户罚款   4 000

　　贷：应收货币保证金——上海期货交易所   4 000

客户向经纪公司交纳交割违约款，会计分录为：

借：应付货币保证金——甲客户   4 000

　　贷：应收风险损失款——客户罚款   4 000

2. 期货交易所

期货交易所业务主要包括与会员席位相关的会员资格费、席位占用费及年费的核算，与交易相关的业务包括结算准备金、交易保证金增减的核算，与交割相关的业务核算，与交割仓库的业务核算，风险准备金的核算等。

在办理商品期货业务时，交易所应在现行会计制度的基础上设置以下会计科目：

"应付货币保证金"，负债类科目，核算交易所收到会员划入的各种保证金，期末贷方余额反映会员结余的保证金。该科目按会员保证金的内容分别设置"结算准备金"和"交易保证金"明细科目，分别核算会员划入交易所尚未被合约占用的保证金，以及会员划入交易所已被合约占用的保证金。

"会员盈亏"科目，核算会员期货合约当日发生的盈亏。该科目借方反映会员的净盈利额，贷方反映会员的净亏损额，期末无余额。

"应付交割款"科目，核算应付给买方或卖方会员的实物交割款项。

"交割货物"科目，核算实物交割时卖方会员违约而由交易所征购货物的价值。当买方会员违约，交易所从卖方会员接管并进行拍卖货物的价值，也由该科目核算。

"期货风险准备金"科目，核算交易所按规定提取的期货风险准备，期末贷方余额，反映交易所结余的期货风险准备。

"应收风险损失款"科目，核算交易所在违约会员保证金不足时，向受损会员实际垫付的风险损失款项，期末借方余额，反映交易所向受损会员垫付的风险损失款项余额，按会员进行明细核算。

"手续费收入"科目，核算交易所按规定向会员收取的交易、交割等手续费。

"年会费收入"科目，核算交易所按规定向会员收取的年会费。

"业务及管理费"科目下增设"监管费"明细科目，核算交易所按规定向期货监管部门交纳的监管费。

【例6—10】某商品交易所于2012年4月20日分别收到A、B会员单位交纳的会员资格费各100万元。据有关凭证，交易所做会计分录如下：

借：银行存款　　　　　　　　　　　　　　　　　　　2 000 000
　　贷：实收资本——A　　　　　　　　　　　　　　　　　1 000 000
　　　　　　　　——B　　　　　　　　　　　　　　　　　1 000 000

【例6—11】某商品交易所的C会员单位在入市交易前先存入交易所资金1 000 000元，按照交易所规定，其中600 000元为结算准备金最低余额。3个月后C会员单位盈利300 000元并将其全部提现。据有关凭证，交易所做会计分录如下：

C 会员单位存入资金 1 000 000 元时：

借：银行存款   1 000 000

  贷：应付货币保证金——结算准备金——C 会员单位   1 000 000

C 会员单位提现时：

借：应付货币保证金——结算准备金——C 会员单位   300 000

  贷：银行存款   300 000

【例6—12】A 会员单位在某商品交易所做铜期货套期保值。4月2日初次开仓卖空 10 月份到期的铜期货合约 200 手，每手 15 吨，计 3 000 吨，成交价为 3 500 元/吨，交易所保证金为 6%，手续费为 5 元/手。

A 会员单位应交的交易保证金=3 000×3 500×6%=630 000（元）

手续费=200×5=1 000（元）

据有关凭证，交易所做会计分录如下：

借：应付货币保证金——结算准备金——A 会员单位   631 000

  贷：应付货币保证金——交易保证金——A 会员单位   630 000

    手续费收入——交易手续费收入   1 000

【例6—13】承上例，4月2日 A 会员单位所持铜期货合约的结算价仍为 3 500 元/吨，4月3日的结算价为 3 300 元/吨。

4月3日 A 会员单位发生持仓盈利=（当日结算价-上一交易日结算价）×持仓量

=3 000×（3 500-3 300）=600 000（元）

4月3日结算的交易保证金为 594 000 元（3 000×3 300×6%），与4月2日交易保证金 630 000 元相比，4月3日应调减 36 000 元。据有关凭证，交易所做会计分录如下：

借：会员盈亏   600 000

  应付货币保证金——交易保证金——A 会员单位   36 000

  贷：应付货币保证金——结算准备金——A 会员单位   636 000

【例6—14】承上例，A 会员单位在9月12日将持有的 10 月份铜期货合约全部对冲平仓。交易所退还9月11日铜期货合约所占用的交易保证金 521 000 元。据有关凭证，交易所做会计分录如下：

借：应付货币保证金——交易保证金——A 会员单位   521 000

　　　贷：应付货币保证金——结算准备金——A 会员单位　　　　　　521 000

【例 6—15】交易所向期货监管部门交纳监管费 1 000 元。

　　　借：业务及管理费——监管费　　　　　　　　　　　　　　　1 000

　　　　　贷：银行存款　　　　　　　　　　　　　　　　　　　　1 000

6.2.2　自营衍生工具业务的核算

　　《企业会计准则第 22 号——金融工具确认和计量》规定，衍生工具，是指本准则涉及的、具有下列特征的金融工具或其他合同：

　　（1）其价值随特定利率、金融工具价格、商品价格、汇率、价格指数、费率指数、信用等级、信用指数或其他类似变量的变动而变动，变量为非金融变量的，该变量与合同的任一方不存在特定关系；

　　（2）不要求初始净投资，或与对市场情况变化有类似反应的其他类型合同相比，要求很少的初始净投资；

　　（3）在未来某一日期结算。

　　衍生工具包括远期合同、期货合同、互换和期权，以及具有远期合同、期货合同、互换和期权中一种或一种以上特征的工具。

　　关于衍生工具的处理，国际会计准则与我国会计准则基本一致，但在公允价值的确定上，《国际会计准则第 39 号——金融工具确认和计量》规定得更详细一些。其特别指出，用于估计特定金融工具公允价值的适当技术应包含关于市场状况的可观察市场数据和其他可能影响该工具公允价值的因素。一项金融工具的公允价值应以下列因素为基础：货币时间价值、信用风险、外汇兑换价格、商品价格、权益价格、波动性、预付风险和履约风险、金融资产或金融负债的服务成本。[①]

　　1. 金融期货

　　金融期货（financial futures）是交易双方约定在将来某个日期按确定的条件买入或卖出一定标准数量某种金融工具的可转让合约。交易双方可以通过与已买卖合约相同金额、相同种类和相同交易日的冲销活动，达到终止头寸的目的。按标的物的不同，金融期货可分为外汇期货、利率期货和股票指数期货等。1972

---

　　① 王建新：《国际财务报告准则简介及与中国会计准则比较》，471～472 页，北京，人民出版社，2008。

年 5 月，外汇期货首先在美国交易所上市。1975 年美国又推出以短期国库券期货合约和中长期国债期货合约为内容的利率期货。1982 年在美国出现了股票指数期货。金融期货的产生，提高了标的资产交易的流动性，对标的资产的风险控制和资产组合的管理具有重要意义。

衍生金融工具的会计处理问题是会计的四大难题之一。关于衍生金融工具的会计准则的制定，美国财务会计准则委员会与国际会计准则委员会不约而同地都从列报、披露问题入手，而后处理确认与计量等问题；在确认与计量上都主要采用公允价值计量原则。2000 年底我国财政部颁布了《商品期货交易会计处理暂行规定》。2005 年 8 月，财政部颁布了《金融工具确认和计量暂行规定（试行）》。2006 年，财政部新颁布的企业会计准则中与衍生金融工具相关的有《企业会计准则第 22 号——金融工具确认和计量》、《企业会计准则第 23 号——金融资产转移》、《企业会计准则第 24 号——套期保值》、《企业会计准则第 37 号——金融工具列报》。这一系列新会计准则的颁布，在衍生金融工具会计处理的国际趋同上，迈出了坚实的一步。

（1）外汇期货

外汇期货交易是交易双方在交易所内通过公开竞价买卖在未来某一时日以既定汇率交割一定数量外汇的期货合约的外汇交易，具有合约金额标准化、汇率标价标准化、合约到期日标准化等特征。外汇期货具体规格因各个期货交易所各自规定而异，主要外汇期货交易市场有国际货币市场、纽约期货交易所、新加坡国际货币交易所以及东京国际金融期货交易所等。

外汇期货套期保值的会计处理包括现汇市场交易会计处理和期货市场交易会计处理两部分，而外汇期货投机活动则只需进行期货市场交易会计处理。

【例 6—16】假设甲公司于 2012 年 9 月 1 日在外汇期货市场买入购买外国货币（X）200 000 元的 90 天期货合同，并用本国货币（Y）交纳了 10% 的初始保证金。该合同存续期间的汇率变动如表 6—2 所示。

2012 年 11 月 29 日，甲公司用现金结算平仓。

期货合同存续期间，甲公司会计分录如下：

2012 年 9 月 1 日：

借：外汇期货投资　　　　　　　　　　　　　　　　168 000
　　贷：应付外汇期货合同款　　　　　　　　　　　　　　　　168 000

表 6—2   汇率变动表

日期	即期汇率	90 天远期汇率	60 天远期汇率	30 天远期汇率
2012 年 9 月 1 日	0.81 X /1Y	0.84 X /1Y		
2012 年 9 月 30 日	0.82 X /1Y		0.835 X /1Y	
2012 年 10 月 30 日	0.83 X /1Y			0.825 X /1Y
2012 年 11 月 29 日	0.82 X /1Y			

借：应收货币保证金——外汇期货（200 000×0.84×10%）　16 800

　　贷：银行存款　　　　　　　　　　　　　　　　　　　　　　　16 800

2012 年 9 月 30 日：

借：应收货币保证金——外汇期货（200 000×（0.84−0.835））　1 000

　　贷：银行存款　　　　　　　　　　　　　　　　　　　　　　　1 000

借：公允价值变动损益　　　　　　　　　　　　　　　　　1 000

　　贷：外汇期货投资　　　　　　　　　　　　　　　　　　　　　1 000

2012 年 10 月 30 日：

借：应收货币保证金——外汇期货（200 000×（0.835−0.825））2 000

　　贷：银行存款　　　　　　　　　　　　　　　　　　　　　　　2 000

借：公允价值变动损益　　　　　　　　　　　　　　　　　2 000

　　贷：外汇期货投资　　　　　　　　　　　　　　　　　　　　　2 000

2012 年 11 月 29 日：

借：应付外汇期货合同款　　　　　　　　　　　　　　　168 000

　　银行存款（16 800−（0.825−0.82）×200 000）　　　15 800

　　投资收益（200 000×（0.84−0.82））　　　　　　　　4 000

　　贷：应收货币保证金——外汇期货　　　　　　　　　　　　　19 800

　　　　公允价值变动损益　　　　　　　　　　　　　　　　　　　3 000

　　　　外汇期货投资　　　　　　　　　　　　　　　　　　　165 000

（2）股票指数期货

股票指数，是选择一个市场上所有或者部分有代表性的股票，通过运用加权平均或者算术加权平均计算出某一时间这些股票的市场价格，然后与基准期相比较而得到的数字。它是股市价格变化的指示器，具有多种分类方法。例如，根据其样本情况，可以分为全样本指数、部分样本指数和固定样本指数；根据其计算方法，可以分为市值加权平均指数和简单算术加权平均指数。

股票指数期货是以股票市场的价格指数为基础交易物（标的物）的期货合约。参与股票指数期货市场的买卖双方根据事先约定好的价格约定在未来某一特定时间进行股票指数交易，其合约价值以股票市场的价格指数衡量，根据结算日指数与约定值的差异计算盈亏，交割方式为现金。股指期货为市场投资者提供了对冲风险的途径，活跃了股票市场，增加了市场流动性。1982 年 2 月，美国 KCBT 首次开发并推出了第一个股价指数期货合约——价值线综合指数期货合约的交易。随后，欧洲的 LIFFE 也开始上市股价指数期货。1986 年 5 月，中国香港期货交易所（HKFE）推出恒生指数期货，同年 10 月新加坡 SIMEX 开始交易日经 225 种股票指数期货。目前，在近 40 个国家和地区的金融中心城市进行的各种股票指数交易，已成为仅次于利率期货的世界第二大金融衍生工具。

【例 6—17】某投资银行为了规避风险，于 6 月 16 日卖出 40 份 3 月期的美国价值线综合指数期货合约，指数价格为 293.43 点，该日期货的收市指数为 293 点，合约单位为 1 000 美元。当日投资银行的会计分录如下：

结算盈利 ＝（293.43－293）×1 000×40＝17 200（美元）

借：应收货币保证金   17 200

  贷：投资收益   17 200

2. 期权业务

期权合约（option contracts），是一种选择性合同，该合同持有人（即期权买方）拥有在合约到期前或到期时以规定的价格购买或销售一定数量某种资产的权利。据此，期权买方向期权卖方支付的期权选择权费用，既是期权买方可能损失的上限，也是期权卖方可能收益的上限。作为一种衍生工具，期权合约是在期货基础上发展起来的，其风险收益特征是期权的持有者拥有履行合约的权利，而非义务，可以只进入对其最为有利的市场进行交易。

按交易性质，期权可分为看涨期权和看跌期权。其中，购买某特定资产的权利被称为看涨期权，出售某特定资产的权利被称为看跌期权。按行使期权的时间，期权可分为欧式期权和美式期权。持有欧式期权，买方只能在合同到期日才能行使权利；持有美式期权，买方可以在合同到期前的任何一天行使权利。按照标的物的不同，期权可分为货币期权、利率期权、期货期权、指数期权等。期权原理、方法和结论在经济领域具有广泛的应用性，1997 年诺贝尔经济学奖授予两位对现代期权定价理论有突破性贡献的经济学家，即梅隆·斯科尔斯（Myron S. Scholes）和罗伯特·莫顿（Robert C. Merton），显示了全世界对期权理论研究和实际应用重要性的认可。

在期权业务的会计核算上，场内交易的期权的公允价值为交易所的报价，场外交易的期权的公允价值的确定一般需要采用估值模型，如 Black–Scholes 模型，但估值模型一般都要用到假设，所以应用时应谨慎。关于期权模型的应用，本书不作进一步讨论。例 6—18 以股票期权为例，介绍了期权发行者和持有者的会计核算过程。

【例 6—18】甲公司于 2012 年 7 月 1 日从 A 证券公司买入了以乙公司股票为标的证券的 6 个月欧式看涨期权 100 000 份，期权合同约定，到期日甲公司可以以 7 元/股的价格购买乙公司的股票，当日乙公司股票在证券市场上挂牌交易价格为 10 元/股。甲公司为该期权合同支付期权费每份 3 元，合计 300 000 元。A 证券公司当日从证券市场购入 100 000 股乙公司股票，以备甲公司行权之用。2012 年 9 月 30 日，乙公司股票价格为 13.50 元/股，A 证券公司发行的看涨期权价值上升至 7 元/份。2012 年 12 月 31 日，乙公司股票价格为 12.00 元/股，A 证券公司发行的看涨期权价值变为 6 元/份，甲公司于当日选择行权。

A 证券公司和甲公司会计分录如下：

（1）甲公司会计分录

2012 年 7 月 1 日：

借：衍生工具——看涨期权　　　　　　　　　　　　　　300 000

　　贷：银行存款　　　　　　　　　　　　　　　　　　　　　　300 000

2012 年 9 月 30 日：

借：衍生工具——看涨期权　　　　　　　　　　　　　　400 000

　　贷：公允价值变动损益——衍生工具　　　　　　　　　　　　400 000

其他月份期权价值变动的核算方法与此相同。

2012 年 12 月 31 日：

借：公允价值变动损益——衍生工具　　　　　　　　　　100 000

　　贷：衍生工具——看涨期权　　　　　　　　　　　　　　　　100 000

借：交易性金融资产——成本　　　　　　　　　　　　1 200 000

借：公允价值变动损益——衍生工具   300 000

　贷：银行存款   700 000

　　衍生工具——看涨期权   600 000

　　投资收益   200 000

（2）A 证券公司会计分录

2012 年 7 月 1 日：

借：银行存款   300 000

　贷：衍生工具——看涨期权   300 000

借：交易性金融资产——成本   1 000 000

　贷：银行存款   1 000 000

2012 年 9 月 30 日：

借：公允价值变动损益——衍生工具   400 000

　贷：衍生工具——看涨期权   400 000

借：交易性金融资产——公允价值变动   350 000

　贷：公允价值变动损益——交易性金融资产   350 000

2012 年 12 月 31 日：

借：公允价值变动损益——交易性金融资产   150 000

　贷：交易性金融资产——公允价值变动   150 000

借：衍生工具——看涨期权   100 000

　贷：公允价值变动损益——衍生工具   100 000

借：银行存款   700 000

　衍生工具——看涨期权   600 000

　公允价值变动损益——交易性金融资产   200 000

　贷：交易性金融资产——成本   1 000 000

　　——公允价值变动   200 000

　公允价值变动损益——衍生工具   300 000

3. 互换业务

互换（swap）业务，包括货币互换和利率互换，是资产负债表外金融工具中使用最为广泛的一种。其中，货币互换是指交易双方拥有一定数量对方所需要的不同货币，交易双方将各自拥有的货币和利息支付义务进行交换。利率互换是协议双方同意按同一货币名义本金互相交换不同形式利率，并于事先确定的一系列未来日期向对方定期支付利息。互换在"店头市场"上交易，其合约范围与期限范围均非常广泛（利率互换的期限最长可达 30 年）。互换的重要性在于，尽管交易者在有比较优势的市场上借款比较便宜，但这种借款方式往往不符合其需要。例如，低信用等级的借款者为了消除利率波动风险，可能偏好固定利率的借款，而其在浮动利率市场上具有比较优势。通过利率互换，向其交易对手支付固定利息，以交换其浮动利息，从而将浮动利率的债务转换为固定利率债务。由于借款者可以利用其浮动利率债务上的比较优势，因此互换比直接从固定利率市场上借款更可取。同样，偏好浮动利率债务，但在固定利率市场上具有比较优势的市场参与者也能获得类似的好处。

一般的，互换常与现货市场的利率或交易结合起来使用，其现金流可以包括以下三个环节：首先互换双方在合约生效时相互交换约定数额的名义本金（但这只有在名义本金为不同货币时才有意义）；其次互换双方根据合约的规定定期交换由名义本金带来的利息（所有的互换都包含这一部分）；最后把第一个环节交换的名义本金再交换回来。固定利率与浮动利率的互换及浮息互换是常见的利率互换两种形式。例如，某银行在 2 年前获得一笔 5 年期、利率水平为 9.50% 的固定利率贷款。当时，市场上 5 年期的报价为"9.20% 换 6 个月 LIBOR 平价"。通过互换，该银行固定利率负债转变为浮动利率负债，成本为 LIBOR+30BP。现在，市场互换利率已经下降，3 年期每半年支付的互换利率报价为"6.20% 换 LIBOR 平价"。经过互换，该银行的浮动利率负债又转换为固定利率负债，银行负债成本最终变为 6.50%（6.20%+30BP），与原来 9.50% 的固定利率负债相比，后 3 年的实际成本下降了 3.00 个百分点。

在会计处理上，利率互换与货币互换的核算方法相同。下面以利率互换为例进行说明。

当换出利率高于换入利率时，应按照利率差额乘以名义本金的金额，支付对方利息费用，会计分录为：

借：财务费用

　　贷：银行存款

当换入利率的公允价值下降时，会计分录为：

借：公允价值变动损益——衍生工具

贷：衍生工具——利率互换业务

当换入利率的公允价值上升时，会计分录为：

借：衍生工具——利率互换业务

贷：公允价值变动损益——衍生工具

★ 本章小结

1. 期货是由期货交易机构统一制定的、规定在将来某一特定的时间和地点交割一定数量和质量标的物的标准化合约。

2. 期货交易会计是从事期货交易业务的会计主体对期货经营活动进行核算和监督的专业会计，其会计对象是期货交易过程中的资金运动及结果。

3. 期货经纪公司的业务主要包括两部分，即与期货交易所发生的经济往来（如有关会员席位和日常交易中保证金的存取及清算等）以及与客户发生的经济往来（如客户保证金的收取和退还、盈亏的结转等）。

4. 期货交易所业务主要包括与会员席位相关的会员资格费、席位占用费及年费的核算，与交易相关的业务包括结算准备金、交易保证金增减的核算，与交割相关的业务核算，与交割仓库的业务核算，风险准备金的核算等。

5. 外汇期货交易是交易双方在交易所内通过公开竞价买卖在未来某一时日以既定汇率交割一定数量外汇的期货合约的外汇交易，具有合约金额标准化、汇率标价标准化、合约到期日标准化等特征。

股票指数是选择一个市场上所有或者部分有代表性的股票，通过运用加权平均或者算术加权平均计算出某一时间这些股票的市场价格，然后与基准期相比较而得到的数字。

6. 期权合约是一种选择性合同，该合同持有人（即期权买方）拥有在合约到期前或到期时以规定的价格购买或销售一定数量某种资产的权利。

7. 互换业务包括货币互换和利率互换，是资产负债表外金融工具中使用最为广泛的一种。其中，货币互换是指交易双方拥有一定数量对方所需要的不同货币，交易双方将各自拥有的货币和利息支付义务进行交换。

★ 关键概念

期货　期货交易所　质押保证金　结算担保金　金融期货　外汇期货　股票

指数　股票指数期货　期权合约　互换业务

★ 综合训练

6.1　单项选择题

1. 以下说法不正确的是(　　)。

A. 通过期货交易形成的价格具有周期性

B. 系统风险对投资者来说是不可避免的

C. 套期保值的目的是规避价格风险

D. 因为参与者众多、透明度高，期货市场具有发现价格的功能

2. 以下不是期货交易所职能的是(　　)。

A. 监管指定交割仓库　　　　　　　B. 发布市场信息

C. 制定期货交易价格　　　　　　　D. 制定并实施业务规则

3. 作为投资者来说，购买(　　)可以获得在期权合约有效期内根据合约所确定的履约价格买进一种特定商品或资产的权利。

A. 商品期货　　　B. 看涨期权　　　C. 看跌期权　　　D. 金融期货

4. 期货经纪公司为取得会员资格而交纳的会员资格费应(　　)。

A. 借记"业务及管理费"科目　　　B. 贷记"应付手续费"科目

C. 贷记"期货会员资格投资"科目　　D. 借记"期货会员资格投资"科目

5. 公司自营期货业务市场价格变动应通过(　　)科目核算。

A. 期货损益　　　　　　　　　　　B. 投资收益

C. 公允价值变动损益　　　　　　　D. 应收结算担保金

6.2　多项选择题

1. 金融期货包括(　　)。

A. 利率期货　　　B. 外汇期货　　　C. 股票期货　　　D. 股指期货

2. 根据《企业会计准则》的规定，衍生工具是指具有下列(　　)特征的金融工具或其他合同。

A. 价格具有较强的波动性，且不能根据已有的信息对价格变化进行准确估计

B. 价值随特定利率、金融工具价格、商品价格、汇率、价格指数、费率指数、信用等级、信用指数或其他类似变量的变动而变动，变量为非金融

变量的，该变量与合同的任一方不存在特定关系

C. 不要求初始净投资，或与对市场情况变化有类似反应的其他类型合同相比，要求很少的初始净投资

D. 在未来某一日期结算

3. 按照期货交易目的划分，期货交易会计可分为(　　)。

A. 套期保值期货交易会计　　　　　　B. 投机期货交易会计

C. 商品期货交易会计　　　　　　　　D. 金融期货交易会计

4. 下列科目属于资产类科目的有(　　)。

A. 期货会员资格投资　　　　　　　　B. 期货风险准备金

C. 一般风险准备　　　　　　　　　　D. 期货保证金存款

5. 下列关于互换业务表述正确的有(　　)。

A. 货币互换是指交易双方拥有一定数量对方所需要的不同货币，交易双方将各自拥有的货币和利息支付义务进行交换

B. 利率互换的重要性在于，尽管交易者在有比较优势的市场上借款比较便宜，但这种借款方式往往不符合其需要，通过利率互换，利用各自比较优势，比直接从市场上借款更可取

C. 固定利率与浮动利率的互换及浮息互换是常见的利率互换两种形式

D. 在会计处理上，利率互换与货币互换的核算方法基本相同

6.3　思考题

1. 简述期货交易的基本特征。

2. 如何理解企业期货套期保值交易及其会计处理？

3. 如何理解期货会计的特点？

6.4　练习题

练习题 1

一、目的：练习期货经纪公司业务的核算。

二、要求：做出会计分录。

三、资料：

2012 年 1 月，某期货经纪公司为满足交易需要，向 L 交易所增加 2 个交易席位，按交易所规定支付席位占用费 40 万元时，支付席位使用费 5 万元。2012 年 2 月 10 日，该经纪公司向交易所保证金账户中注资 700 000 元，准备代理甲

客户做铜期货。2012 年 2 月 20 日，该经纪公司第一次下单买入合约成交向交易所交纳手续费 600 元，公司向甲客户收取手续费 4 000 元。2012 年 4 月 5 日，交易所的当日盈利结算单据显示亏损 50 000 元，交易所结算金额小于经纪公司与甲客户结算金额共 30 000 元。据有关凭证，做出经纪公司的相应会计分录。

练习题 2

一、目的：练习期货交易所业务的核算。

二、要求：做出会计分录。

三、资料：

某公司 2012 年 2 月 12 日缴纳会员资格费 3 400 元成为期货交易所的会员。为了满足交易的需要，该公司又取得 1 个额外的席位，为此，缴纳席位占用费 800 元。2012 年 12 月 30 日又缴纳年会费 600 元。该公司在 2012 年 3 月 1 日存入保证金 1 000 000 元，3 月 15 日开仓买入 9 月到期的丙商品期货合约 100 手（5吨/手），成交价 13 000 元/吨。7 月 13 日丙商品现货交易尚未完成，企业平仓该套期保值合约，卖出丙商品期货合约 100 手，盈利 570 000 元，交易手续费为 500 元，平仓了结后转回套期保值合约占用的保证金 600 000 元。9 月 15 日完成丙商品现货交易，将套期保值实现的盈利 322 100 元冲减丙商品采购成本。按照交易所规定，交易保证金为 6%。做出该公司相应的会计分录。

练习题 3

一、目的：练习企业期货交易的核算。

二、要求：做出会计分录。

三、资料：

乙会员单位在大连商品交易所做啤酒期货套期保值。5 月 11 日初次开仓卖空 12 月份到期的啤酒期货合约 100 手，每手 10 吨，计 1 000 吨，成交价为 1 500 元/吨，交易所保证金为 5%，手续费为 4 元/手。5 月 12 日乙会员单位所持啤酒期货合约的结算价仍为 1 500 元/吨，5 月 13 日的结算价为 1 300 元/吨。乙会员单位在 12 月 10 日将持有的 12 月份啤酒期货合约全部对冲平仓。交易所退还 12 月 9 日啤酒期货合约所占用的交易保证金 521 000 元。据有关凭证，做出交易所相应的会计分录。